乔金霞 著

农民工随迁子女的 社会融合

SOCIAL INTEGRATION OF MIGRANT WORKERS'
CHILDREN

From the Perspective of Education

基于教育的视角

社会科学文献出版社
SOCIAL SCIENCES ACADEMIC PRESS (CHINA)

教育部人文社会科学研究"农民工子女社会融合教育研究"（11YJC880087）项目资助

黑河学院学术著作出版基金资助

目　录

第一章

导 论

改革开放以来，城市化作为我国社会经济发展的一支重要推动力量，在各级政府的大力支持下迅猛发展。2012年9月李克强总理在推进城镇化建设研讨班学员座谈会上，明确把城市化作为"实现现代化的重大战略选择"。城市化的基本含义为人口的城市化，即农村人口迁移到城市转变为城市人口或农村地区转变为城市地区使农村人口转变为城市人口，由此使城市人口规模增大、比重提高的过程。[①]在推动城市化的过程中，大批农民涌入城市建设美好城市的同时，渴求城市优质的教育资源，纷纷携儿带女入城接受教育。在2000年第五次全国人口普查中，随农民工入城的14周岁及以下的流动儿童有1410万人，占流动人口总数的13.78%，其中农业户口占70.9%。[②]2010年第六次全国人口普查数据显示，我国流动人口规模已经超过2.6亿人，其中18岁以下流动人口4271万人，占全部流动人口的16.37%。[③]据2015年全国1%人口抽样调查

---

① 王桂新：《城市化基本理论与中国城市化的问题及对策》，《人口研究》2013年第6期。

② 段成荣、梁宏：《我国流动儿童状况》，《人口研究》2004年第1期。

③ 数据根据"第六次全国人口普查汇总资料"计算所得，http://www.stats.gov.cn/tjsj/pcsj/rkpc/6rp/index ch. htm，最后访问日期：2018年4月11日。

数据，2015 年流动人口总数为 29247 万人，同 2010 年第六次全国人口普查相比，流动人口数增加了 3108 万，增长 11.89%。可见，流动人口总数在不断攀升，随迁入城的农民工子女数量也随之不断地增加。于是，不断涌入的处于义务教育阶段的、亟待接受教育的适龄流动儿童与城市有限的教育资源之间，出现了供应远远小于需求的紧张局面，入城受教育的愿望与城市优质教育资源的供应不足，成为随迁子女在城市中接受教育的主要难题，也成为流入地政府和教育部门所面临的棘手问题，城市化发展所带来的农民工子女入城接受教育成为现今中国教育上的一大问题。更为重要的是，大量农民工及其子女由农村到城市的迁移，发生变化的不仅仅是地理区间上的跨越与转移，他们自身也经历了由迁移带来的身份、心理、文化等各种外显的或内在的不适、压力、冲突。尤其对正处于身心成长发展关键期的少年儿童来说，他们不仅要面临地理空间与社会环境转换带来的学习与生活的适应问题，城市生态中的整个微观环境如学校、社区、班级中的教师和同学以及由各种关系所组构而成的中观环境，如家庭与社区、学校的关系、师生交往、同伴关系等，还有城市的教育政策、人文氛围、价值观念等宏观环境，均在较大程度上影响着随迁子女与城市社会的互动、交往的深度和宽度。同时，随迁子女父母的自身年龄、受教育水平以及经济收入，影响着他们对城市的看法、城市生活满意度以及居留意愿。从更深层次来说，农民工与城市社会融合状况的好坏将直接影响其随迁子女的城市融合程度及健康成长。因此，随迁子女与城市社会以及与教育的融合问题成为继上学难问题基本解决之后的又一大难题。正如李克强总理提出"人的城镇化"概念时所明确强调的"城镇化的核心在于人的城镇化"，我国城市化发展的核心，在于作为发展主体的人的城市化。进城务工的农民工及其随迁子女作为城市化发展的主体，他们与城市社会的融合程度是他们城市化的主要方面；他们与城市社会的互动、共融既是城市化的核心概念，也是人口城市化的美好愿景。

第一节 研究缘起

一 理论意义

改革开放后的四十年间，随着我国城市化进程不断加速，越来越多的农村土地变成城市用地，更多的城郊农民由失地农民转变为城市中的农民工。在城乡资源与经济相互推拉之下，越来越多的农民离开农村走向城市，成为各行各业的建设者。由于城乡二元户籍体制的阻隔，农民工及农民工群体已经成为离开农村到城市生活、工作而户籍还保留在农村的一群农民的特殊称谓，他们也已然成为城市中的一类特殊群体。随着农民工子女越来越多地进入城市，这些孩子又构成了城市中的另一类特殊群体——农民工随迁子女群体，并随着入城农民工数量的增加而有继续增加之势。对正处于接受义务教育时期的农民工随迁子女群体而言，他们的教育问题由于受到城乡二元分割体制的制度壁垒及城乡身份区别所带来的惯性思维与观念歧视的多重排挤，成为农民工在解决温饱之余的又一大难题，也成为我国教育公平与和谐社会建设中亟须解决的问题之一。已有专家指出："现在外来务工人员子女受教育的现状，完整地复制了中国城乡之间不平等的关系，也损害了基础教育的义务性、公平性和完整性的原则。"① 事实的确如此，农民工随迁子女在城市中遇到的教育问题，暴露了我国城市与农村、东部与中西部教育发展的极大不均衡。农民工随迁子女受教育问题不能顺利解决，势必影响教育公平，进而影响我国公平、公正的和谐社会建设。

同时，农民工随迁子女的教育问题是进城务工农民工整个家庭中的重要问题，其子女教育问题的解决有助于农民工家庭的和谐与

---

① 吕邵青、张守礼：《城乡差别下的流动儿童教育——关于北京打工子弟学校的调查》，《战略与管理》2001 年第 4 期。

稳定。在以往及本书的研究中，发现目前进城务工农民工特别看重教育因素对就业和提升个人社会与经济地位的重要影响，他们历经艰难携带子女入城接受教育的原因，一方面出于情感上的需要，为了自己能够更好地呵护子女的健康成长；另一方面在很大程度上是为了子女能够接受更好更优质的教育。对子女教育的重视，在"80后"农民工身上表现得尤为明显。他们中的很多人通过自身的奋斗，通过购房等途径在一些沿海开放城市或者省会城市落脚，成为真正意义上的新市民。他们宁愿背负沉重的房贷压力而努力换取城市户口的一纸证明，除却满足自身向社会上层流动的愿望之外，更多的是为了子女能够随迁来城，能够在城市中接受更为优质的教育。除了这小部分取得城市户籍的农民工外，更多的农民工无法顺利地为其子女找到享受城市优质教育资源的门径，农民工随迁子女的教育问题成为进城农民工家庭之中最为重要的问题。

农民工家庭作为城市家庭中的一部分，解决好其子女的教育问题也关乎农民工家庭的未来。农民工家庭是当今家庭结构与整个社会结构中的重要组成部分。身为随迁子女的父母，农民工在自身经历诸多艰苦的工作打拼和生活磨难，以及掺杂诸多委屈与辛酸的城市就业和生活经历后，更加寄希望于教育，期望通过城市优质的教育来改变子女的命运。子女的发展往往关系家庭的幸福和前途。根据法国社会学家皮埃尔·布尔迪厄的资本累积与传递理论，农民工对其子女的经济、文化等资本的投入，会对子女及其家庭后代产生后继影响。

另外，解决好随迁子女的义务教育问题会对未来社会发展产生重大影响。随着我国城市化进程的加快，将有更多的进城务工人员及其子女涌入城市，随迁子女接受义务教育的质量在很大程度上决定了他们自身素质的提升，这些也成为他们日后平等地参与社会竞争、获取社会资本的重要保障，也有助于提高社会整体劳动力水平，进而推动经济和社会的健康发展。教育对人的自身发展的重要性已毋庸置疑。同样，教育对促进人的社会性发展，对促进人在不同环境的转换中更好地适应新的生活也具有同样重要的影响。因此，本书主要通过对随迁子女在城市社会生活中的融合现状分析，揭示教育在随迁子女社会融合中的重要作用，并希望通过各种形态教育的参与和努力，共同构建促进随迁子女社会融合的教育模式。

二　对现实问题的思考

从 20 世纪 50 年代开始，由于受经济发展水平的制约，我国采取城市优先发展的策略，在各种资源向城市倾斜的过程中，也逐渐限制农村户口人群向城市迁移，开始形成独特的城乡二元户籍制度。自此以后，我国广大的人民群众被严格地限定在不同的行政区域之内，开始形成以户籍为准绳的固定身份，居住在农村从事农业劳动的群体被称为农民，而居住在城镇从事工业劳动的群体就是市民，完全形成了以地域与职业为主的户口划分方式。被限制在城乡两个行政区划内的人口，尤其是农村人口失去了自主流动的自由。

1978 年十一届三中全会后，随着改革开放的深入发展，我国经济很快复苏并驶入发展的快车道。城市经济的快速发展对劳动力的需求日益旺盛，同时出于对更美好生活的追求，大量的农民开始到城市里寻求自身及家庭生活质量的改善。随着大批农民进入城市工作与生活，在原有的二元户籍制度下，不仅形成了我国特有的农民工群体，而且由城乡户籍制度阻隔所带来的身份限制等问题也随之而来。一方面，大批农民工涌入城市，广泛参与到城市经济建设与发展中，他们的生活空间与生活方式、工作空间与工作方式都发生了较大的变化，由付出体力与智慧而得的物质生活相较农村有了较大程度的改善；另一方面，由于步入新的城市生活，他们早期在农村生活中所积累的经验无法适用于当前城市生活，城市的生活方式又很难被他们快速地接纳、吸收、同化，所以在面对城市社会与生活时，一些不适应问题随即凸显出来，成为他们融入城市社会与生活的障碍。正如有学者研究指出，当农民工通过自身的艰苦努力驻足于城市生活与工作空间时，满怀热望，希冀通过他们的勤劳和辛苦融入城市，以改变自身的生存条件和环境时，他们却感受到来自户籍及其他强势集团的巨大压力和排斥，转而寻求自身群体在城市社会中的一种身份认同，以对抗来自城市的情感与制度的歧视和排斥。① 同时，农村生活的长期濡染多少又保留了他们作为农民的身份记忆，他们设定的生活目标往往由于制度及其他城市排斥的存在而无法实现。所以，虽然很多农民进入城市工作，实现了职业身份由农民到工人的转换，但二元户籍制约所形成的农民身份仍是他们无法跨越的障碍，也成为影响他们真正走进城市生活、融入城市发展的关键性因素。

与农民工在城市工作与生活中所遇到的问题一样，随迁子女也面临城乡文化、教育上的种种差异及由此带来的碰撞、冲突和适应问题。值得一提的是，尽管都是从农村进入城市，随父母进城的少年儿童由于其成长阶段的特殊性，他们与成年外来务工者在融入城市的历程上并不尽相同。有学者认为，进城务工人员在城市经历着"经济融入—社会交往融入—心理融入"的渐进性社会融入过程。② 也有学者提出，进城务工人员存在制度融入、政策融入和社会资本融入等多层面的融入轨道。③ 笔者认为，儿童与成人作为个体发展阶段不同的两个群体，其社会融合的过程与经历有很大的不同。儿童处于身心成长中的特殊重要时期，既有儿童自己的生活世界，也需要接受来自生活中的重要场域及重要他人——家庭、学校、社会的关怀与呵护、培育与教化，是需要接受来自各方教育的关键时期。因此，随迁子女的社会融合首先是教育融入，并依靠教育的力量来促进他们心智上的成长以及优化他们的生活体验，促进他们与城市

---

① 潘泽泉：《社会排斥与发展困境：基于流动农民工的经验研究》，《浙江社会科学》2007 年第 2 期，第 99 页。江立华、胡杰成：《社会排斥与农民工地位的边缘化》，《华中科技大学学报》（社会科学版）2006 年第 6 期，第 114 页。

② 朱力：《论农民工阶层的城市适应》，《江海学刊》2002 年第 6 期。田凯：《关于农民工的城市适应性的调查分析与思考》，《社会科学研究》1995 年第 5 期。

③ 王春光：《对中国农村流动人口的"半城市化"的实证分析》，《学习与探索》2009 年第 5 期。刘传江、周玲：《社会资本与农民工的城市融合》，《人口研究》2004 年第 5 期。

社会的互动与融合。

流动、迁徙的经历，使随迁子女在不同的环境中不停地转换，与成年父辈一样经历动荡、不确定、矛盾与隔离，这将直接导致他们的生活世界不同于正常生活环境下城市中非流动儿童的生活世界。尽管处于年少成长阶段，随迁子女却有着复杂的生活经历和情感体验。他们中的一些人虽然出生于城市，但囿于家庭经济状况的拮据与父母工作生活的忙碌，不得已只好暂住农村，由祖父母代养，只待父母生活条件有所好转再接其到城市生活；有的出生于农村，父母工作安定后被接到城市生活；有的生于城市、长于城市，一直跟随父母生活。不同的迁徙与流离经历决定了他们不同的生活状态，或者分时期、分阶段来到城市学习与生活，或者一开始便在城市生活，从表面上看他们有千差万别的个体经历，却面临共同的困惑与难题：如何在新的城市中寻找适合自己的新学校，如何在环境转换中较快地适应城市生活与教育。他们虽然没有经历太多农村生活，多数时间生活在城市但又经受因户籍制度带来的羁绊；他们既受到父母农村价值观、思维方式、生活方式的影响，又受到城市中同伴群体、学校等外在的城市生活与教育方式的影响。对正处于接受教育阶段的他们，如何尽快适应城市社会与教育，突破面临的困惑与不适，是来自各方的教育形态所应努力的方向。毋庸置疑，教育是儿童生活世界中极其重要的一部分，教育在促进儿童社会化方面的功效已得到实证性的结论。因此，随迁子女与城市社会的融合，关键就是要用教育的手段，包括家庭教育、学校教育及社会教育等整个大的教育环境的包容、濡染与培育，同时让随迁子女在学会自我教育的过程中，快乐无忧地融入整个社会。

简要言之，随迁子女的社会融合要依附于家庭、依托于学校、依从于同辈群体以及扎根于周围所处的社会才是农民工随迁子女融入城市社会的现实操作路径。源于此，本书力图从教育的角度去思考处于受教育时期的随迁子女，在由乡到城的空间转换中所遭遇的适应与融合问题，探求解决乡城转变与过渡时期农民工随迁子女社会融合中的教育之道。

同时，就随迁子女置身其中的社会性因素来说，家庭、学校、社会乃至同辈群体都处于一个大的生态系统之中。按照人类发展生态学理论来说，作为个体发展中重要的生态组成部分，无论是学校、家庭、社会这些构成因素彼此之间的相互关系以及整个社会的价值观、文化氛围等，还是影响随迁子女的微观系统、中观系统、宏观系统，都是整个生态系统中的子系统，不仅是随迁子女日常生活中容身其中的各种场域，也是他们要适应、要融入的重要环节，这些场域对随迁子女的成长发展都产生着重要的影响，也都是他们身边随时随地的教育因素。因此，从人类发展生态学理论出发，把随迁儿童的社会融合问题放置于家庭、学校、社会各个教育场域以及相互联系中去思量解决的途径与方法，同时考量各个教育因素或场域对随迁子女社会融合的影响，这也是本书分析与探讨随迁子女社会融合问题的解决框架。

第二节　研究现状

对随迁子女的研究起步于 20 世纪 90 年代，至今形成了良好的研究现状与研究态势，积累了相当多的文献资料，这些为后继研究的纵深与外拓都提供了基本的资源和素材。本书的主体关键词为随迁子女，因此对这方面文献的搜集与梳理是整个课题研究的基础性工作，欲通过对相关文献的爬梳，厘清问题研究的基本思路。故此，大量的文献搜集与分析是开展研究的首要工作。文献查询主要通过电子检索工具获取文章和书籍名录，论文类主要通过中国学术期刊检索系统、中国博士学位论文全文数据库、中国优秀硕士学位论文全文数据库，以及检索、查阅教育类核心期刊等；书籍类使用的是"中国国家图书馆馆藏检索系统"，网络资源主要运用常见的百度、谷歌搜索引擎以及读秀等专业搜索渠道，以"农民工子女教育""社会融合""农民工子女社会融合""融合教育"等为关键词，搜索相关论文、研究报告和书籍等。

一 国内对农民工随迁子女教育的研究

百年大计，教育为本。教育事业始终被看作国家、民族发展的根本，保证每一个儿童都享有平等接受教育的权利，是整个国家和社会一直不断追求的目标。随着农民工子女入城就学人数的增多，其中的教育问题也随之凸显。有问题就会引起关注。从20世纪90年代开始，此类问题首先得到了国内一些新闻记者和学者的关注，他们开始呼吁政府和社会要重视农民工子女教育问题。国内最早关注农民工随迁子女教育问题的报道是1995年1月21日刊登在《中国教育报》上的一篇文章——《流动的孩子哪上学——流动人口子女教育探讨》，该报道引起了社会的广泛关注，也引起了国家的重视。从1996年下半年开始，国家开始组织有关部门分别对北京、天津、上海、浙江、河北、深圳六省市流动儿童的就学情况，开展了广泛深入的调研。此后，学术界与国家开始逐渐关注与重视这一群体及其发展，国家相继颁布了各项相关政策法规，社会各界也展开热烈讨论，相关的研究文章也逐渐增多。概括起来，国内对农民工随迁子女教育的研究主要集中于以下几个方面。

（一）对随迁子女义务教育问题现状与成因的研究

对农民工随迁子女在义务教育阶段的就学与学习方面遇到的问题开展调查研究的学者较多，成果也比较多。有的学者从政府宏观治理的视角，提出农民工随迁子女在义务教育阶段主要存在的问题有：政府在关于农民工随迁子女教育方面的体制与机制不够健全，各级政府之间的权责问题没有理顺；公共教育资源紧缺，对优质教育资源的需求出现供应不良的状况；政府在政策落实方面存在一定的问题；民办学校的办学质量存在隐患，政府缺乏对民办学校的有效监督与扶持。① 从同一研究视角出发，范先佐及彭

---

① 葛新斌：《外来工子女接受义务教育的现状及政策建议——以广东省珠江三角洲地区为例》，《教育理论与实践》2009年第9期。

湃认为，造成农民工随迁子女教育问题的根本原因在于政府的权责不明确导致义务教育的经费缺乏；流入地政府不愿承担农民工随迁子女的义务教育费用及义务教育的供需关系不明确等。[①] 还有的学者从农民工随迁子女在义务教育中遇到的总体问题出发，认为农民工随迁子女在城市教育中遇到的主要问题是上不了学、上不了好学校、没条件上学、升学困难等。[②] 对于农民工随迁子女接受义务教育的现状，还有学者从区域研究的视角进行了相关研究。如龙一芝、杨彦平在《上海市闵行区农民工子女教育现状调查报告》中以闵行区作为调研的中心并以此为例，从农民工子女本身、学校、家长三个方面的基本情况进行了调查，经过分析数据得知，该区学生总体的生活适应较好，学习接受能力及成绩方面略显欠缺；生活方式单一，娱乐生活比较枯燥；教师的生存压力大，教学能力有待提高；家长的教育期望过高，家庭教育方式不甚理想，并就此提出了相关的建议，如转变家庭教育观念、加强政策扶持力度、加强教师队伍建设、提高农民工子弟学校的办学质量等。[③] 另外，游艳玲在《农民工学龄子女教育选择研究——基于广东省的实践调查》中，以广东省的农民工学龄子女作为调研对象，设计问卷采集了大量的研究数据，经过分析得出，政府发布信息与农民工接收信息的不对称和农民工随迁子女入学受教育的机会不均等制约了农民工随迁子女享受优质、平等的教育资源。[④] 针对随迁儿童在城市就学中存在的上述种种问题，有的学者指出原因在于流入地与流出地政府双方的权利与责任不够明晰；各级地方政府对投资兴办公办义务教育事业的积极性不高；专门招收农民工随迁子

[①] 范先佐、彭湃：《农民工子女义务教育经费保障机制构想》，《中国教育学刊》2009 年第 3 期。

[②] 冯帮：《近十年流动儿童教育问题研究述评》，《现代教育管理》2011 年第 3 期。

[③] 龙一芝、杨彦平：《上海市闵行区农民工子女教育现状调查报告》，《上海教育科研》2008 年第 3 期。

[④] 游艳玲：《农民工学龄子女教育选择研究——基于广东省的实践调查》，《福建论坛》（人文社会科学版）2009 年第 2 期。

女的民办私立学校地位不稳定及教育质量相对不高等。诸多原因致使农民工随迁子女义务教育问题的解决长期以来未能达到既定目标。史柏年等人也指出相关法律法规在落实方面缺乏有效的监控，而失去了应有的约束力，地方政府出于综合利益的考虑，不愿接受更多的农民工随迁子女；而且解决农民工随迁子女义务教育问题需要各个部门的协同合作，缺乏有力的总体协调使政策的落实不够到位。① 另外，有的学者也认为农民工随迁子女就学难问题主要是我国城乡二元结构的不均衡、政府教育体制机制的制约、教育资源的紧缺以及学校老师及流动人口家庭等多方面原因造成的。②

在对农民工随迁子女义务教育现状及问题的研究中，学者们将其中的原因主要归结为政府宏观参与治理力度不够、地方各级政府对随迁子女义务教育的权责不明、优质公共教育资源的供需关系紧张及随迁子女家庭教育存在一定问题等。其实，不可忽视的是，随迁子女所置身其中的社区乃至家庭是他们深受濡染的微观环境。另外，随迁子女作为教育发展的主体，其主体性的发挥同样对于自身的教育功能不可小觑。因此，学者对随迁子女义务教育现状及原因的研究，过多地集中于宏观的政策制度方面，而忽略了作为义务教育主体的随迁子女及其置身其中的家庭与社区等教育场域的因素。

（二）对随迁子女教育政策的研究

在对农民工随迁子女教育政策的研究方面，既有对近年来国家颁布政策法规的全面梳理，也有对某一方面政策的具体解读与评析。在全面梳理随迁子女教育政策方面，学者杨颖秀按照时间发展顺序，把1996～2007年十年间的农民工随迁子女就学政策的演进历程划分为三

---

① 史柏年等编著《城市边缘人——进城农民工家庭及其子女问题研究》，社会科学文献出版社，2005，第23页。

② 郭彩琴：《城市中"农民工子女"受教育不公平现状透视》，《学海》2001年第5期。

个阶段，并从农民工职业身份的转变、政府教育责任的转变和履行义务向依法保证的转变三个维度分析了农民工随迁子女就学政策的逐步深化过程，进而指出在现实条件下这些政策本身存在的问题及改进建议。① 学者张丽与孙中民就当前农民工随迁子女教育政策执行中的影响因素进行了相关研究，指出影响农民工随迁子女教育的政策因素主要有政策出台前缺乏高屋建瓴式的整体建构，造成政策整体的可操作性不高；政策实施过程中的执行主体模糊不清，造成责任相互推诿，利益不明确等；同时政策执行过程中执行主体对政策缺乏有效的理解而且对政策的执行缺乏有效的监控，造成政策的落实不到位，难以把握政策的实际成效。② 对此，钱再见、耿晓婷提出了比较明晰的建议，从农民工随迁子女教育的现状出发，具体分析了我国所制定的一系列农民工随迁子女教育政策条例的演变历程，提出了有效推进农民工随迁子女教育政策执行效果的多维度建议，比如完善随迁子女教育政策、明确中央及各级政府责任、开发多元教育资源等。③ 项继权在《农民工子女教育：政策选择与制度保障——关于农民工子女教育问题的调查分析及政策建议》中，就目前农民工子女的规模和结构做了一个初步的分析，指出解决农民工子女的教育必须在城乡统筹规划的基础上，进一步完善现行的法律和制度。④ 另外，还有学者从地方立法的角度，讨论了农民工随迁子女义务教育政策问题，指出有关随迁子女教育问题的真正改善，还必须从教育立法方面加强，并指出"两个为主"教育政策的真正落实必须基于

① 杨颖秀：《农民工子女就学政策的十年演进及重大转变》，《东北师大学报》（哲学社会科学版）2007 年第 6 期。

② 孙中民：《当前流动人口子女教育政策的执行困境与出路》，《湖南第一师范学院学报》2010 年第 1 期。张丽：《公共政策视野下农民工子女教育问题分析及其对策》，《经济论坛》2011 年第 6 期。

③ 钱再见、耿晓婷：《论农民工子女义务教育政策有效执行的路径选择》，《南京师大学报》（社会科学版）2007 年第 2 期。

④ 项继权：《农民工子女教育：政策选择与制度保障——关于农民工子女教育问题的调查分析及政策建议》，《华中师范大学学报》（人文社会科学版）2005 年第 3 期。

中央及地方整个财政体制的全面改革和城乡二元户籍制度改革的深入推进，从立法层面和政策制定层面加强对非户籍常住随迁儿童的教育创新工作，通过良好的法制基础和政策措施来解决非户籍随迁儿童的义务教育问题。①

众多学者或者从政策演进的角度，或者从政府治理的角度，抑或者从改善现有教育政策的角度，多维度论证了随迁子女教育政策的建立与完善，对于解决义务教育阶段随迁子女的上学与学习等教育问题的重要性。学者们对于该问题的解决多从完善国家法规政策及增强执法力度、改革现有制约随迁子女义务教育及升学问题的城乡二元户籍制度、进一步从法律上规范与保证农民工子弟学校的办学质量、建立专项随迁子女教育基金、整合多方力量共同促进随迁子女的教育发展等方面，提出了合理化的建议与对策。

（三）对随迁子女义务教育阶段后教育问题的研究

农民工随迁子女在义务教育阶段的入学难问题逐步得到基本解决之后，义务教育阶段后的受教育问题日渐得到学界更多的关注。尤其在 2012 年国家颁布相关政策后，各地为解决农民工随迁子女义务教育阶段后的教育问题，纷纷出台了异地升学方案，为一些希望在城市中继续接受教育的农民工随迁子女及其家长带来了机遇。对随迁子女义务教育阶段后教育问题的研究，在硕士学位论文、博士学位论文方面主要有：尤锐锐的《北京市外来务工人员随迁子女义务教育阶段后教育政策研究》，在对北京市颁布的有关农民工子女教育政策解读的基础上，分析了北京市农民工随迁子女义务教育阶段后教育政策的不足，并对此提出相应的对策建议；② 袁娴的《在沪农

---

① 葛新斌、胡劲松：《非户籍常住人口子女义务教育的地方立法与政策探索——一项基于广东省东莞市的实地研究》，《华南师范大学学报》（社会科学版）2007 年第 5 期。
② 尤锐锐：《北京市外来务工人员随迁子女义务教育阶段后教育政策研究》，硕士学位论文，中央民族大学，2013。

民工随迁子女高中阶段入学问题研究》一文，对上海市某区的农民工随迁子女高中入学现状进行梳理，对在沪的随迁子女接受初中以上教育问题进行了探讨；[1] 王晓宇的《北京市流动儿童异地中考政策执行研究》以北京市流动儿童异地中考政策为例，分析了北京市流动儿童异地中考政策执行中的问题；[2] 李慧的《农民工随迁子女城市普通高中就学政策研究》，对现行国家颁布的有关随迁子女义务教育阶段后的教育政策进行了详细的梳理与分析，结合调查分析现行政策与随迁子女城市入读高中之间的差距，提出了相应的对策建议。[3]

　　龚宝成等人合作所写的《农民工子女义务阶段后教育：问题与对策》认为随迁子女义务教育阶段后教育中存在的一系列问题，如户籍制度与考试制度的限制、城乡差异以及升学与就业的选择迷惑等，均成为随迁子女义务教育阶段后教育中的难题，并针对以上问题提出了相应的对策。[4] 徐晨莺等人的《异地高考政策中存在的问题及对策》对各地实施异地高考的现状进行了梳理，分析了异地高考中存在的主要问题及其原因。[5] 韩世强的《农民工子女义务教育后的升学保障及制度完善——以宁波调查为例》，从对宁波的实际调查出发，对农民工随迁子女义务教育阶段后的"中职模式"加以评析，论证了该种教育模式存在的弊端，并构建了全新的教育模式。[6] 黄娉婷的《高校招生考试制度变革：异地高考政策执行力的

① 袁娴：《在沪农民工随迁子女高中阶段入学问题研究》，硕士学位论文，上海交通大学，2013。
② 王晓宇：《北京市流动儿童异地中考政策执行研究》，硕士学位论文，首都师范大学，2014。
③ 李慧：《农民工随迁子女城市普通高中就学政策研究》，博士学位论文，东北师范大学，2014。
④ 龚宝成等：《农民工子女义务阶段后教育：问题与对策》，《教育发展研究》2012年第7期。
⑤ 徐晨莺等：《异地高考政策中存在的问题及对策》，《教学与管理》2015年第4期。
⑥ 韩世强：《农民工子女义务教育后的升学保障及制度完善——以宁波调查为例》，《宁波经济》2011年第8期。

视角》从政策执行力视角，揭示了异地高考政策受限的影响因素。① 魏毅的《农民工子女初中后阶段教育需求及其影响因素分析》分析了农民工随迁子女就学初中后教育的影响因素，并提出了相应的对策。② 景安磊的《多源流理论视域下的异地高考政策议程分析》以多源流理论为分析框架，分析了异地高考政策制定的内部机理。③ 葛新斌等人的《农民工随迁子女异地高考困局的成因与对策》分析了阻碍农民工随迁子女异地高考困局的多重因素。④ 张健的《多源流模型框架下的异地高考政策议程再分析》运用多源流分析理论对异地高考中的动力性要素进行了分析。⑤ 夏雪等人的《随迁子女异地高考问题中的利益团体衍生——基于团体理论模型的视角》从团体理论入手，分析了随迁子女异地高考中利益团体的形成及其衍生。⑥

综上可以看出，学界对随迁子女义务教育阶段后的教育问题研究，主要开始于 2012 年国家相继颁布有关政策逐步解决随迁子女义务教育入学难问题后。上述研究的焦点集中于两大方面：其一是对随迁子女义务教育阶段后教育政策的关注；其二是对随迁子女异地高考问题的关注。两个方面囊括了随迁子女义务教育阶段后接受教育的主要问题，分别为随迁子女义务教育阶段后教育的前期政策保障与后期教育出路提供了解决思路和执行模式。

---

① 黄娉婷：《高校招生考试制度变革：异地高考政策执行力的视角》，《高教探索》2014 年第 6 期。
② 魏毅：《农民工子女初中后阶段教育需求及其影响因素分析》，《农林经济管理学报》2014 年第 6 期。
③ 景安磊：《多源流理论视域下的异地高考政策议程分析》，《全球教育展望》2014 年第 3 期。
④ 葛新斌等：《农民工随迁子女异地高考困局的成因与对策》，《华南师范大学学报》（社会科学版）2014 年第 2 期。
⑤ 张健：《多源流模型框架下的异地高考政策议程再分析》，《教育学报》2014 年第 3 期。
⑥ 夏雪、杨颖秀：《随迁子女异地高考问题中的利益团体衍生——基于团体理论模型的视角》，《教育发展研究》2014 年第 10 期。

二 国外移民子女教育的研究现状

农民工及随迁子女的出现是我国特有的现象，是我国城市化进程的快速发展与城乡二元化管理体制还未消除情况下所产生的不兼容结果。因此，在国外的学术研究中并不存在"农民工"、"农民工子女"以及"农民工随迁子女"等相关的概念，亦没有针对随迁子女社会融合的相关研究成果出现。其中，国外对流动儿童教育的研究与我国的农民工随迁子女教育研究颇为相似，因此主要介绍国外关于流动儿童方面的研究。

简单看来，这些研究可以分为理论研究和经验研究两大部分。在理论部分，研究的焦点一般集中在教育公平理论上，这也是西方学者们在流动儿童教育研究中最为关注的理论之一。教育公平是西方社会自阶级社会产生以来一直存在并始终制约和影响教育发展乃至整个社会发展的重大问题。西方的教育公平思想起源于古希腊柏拉图的"公正"的招生原则，这一原则成为教育机会均等思想的起源。现代教育公平思想是在 18 世纪西方资产阶级反对封建专制而进行的斗争中，作为追求自由平等、保护个人利益的社会公平思想的一个组成部分而产生。因此在西方，教育公平一般被认为是社会公平思想在教育领域中的适用。当代关于教育公平理论研究的学者主要有三位，他们分别是詹姆斯·科尔曼、托尔斯顿·胡森和罗尔斯。首先是詹姆斯·科尔曼的研究。作为美国著名的社会学家，1966 年科尔曼在他的《教育机会均等的观念》，即被公认为 20 世纪关于"教育机会均等"研究的最重要文献之一的"科尔曼报告"中，把教育机会均等划分为五种类型，认为教育机会均等意味着无论儿童在进入学校之前的差异（家庭出身、个人资质等）如何，也无论学校在资源投入方面如何，最重要的是学校应该消除个人学业成绩上的差异，只有这样才有可能达到教育结果上的均等。其次是托尔斯顿·胡森的研究。胡森，瑞典教育学家，一生致力于教育基本理论、比较教育政策以及发展中国家教育发展问题的研究。在胡森看来，教育面前机会均等始终应该是教育本身的目的。再次是约翰·罗尔斯的"正义论"。罗尔斯的"正义论"体现的是一种"契约主义平等观"，是对胡森等人传统平等观的一种理论挑战。他认为，胡森等人所提出的"机会均等"实际上是不可能的，但为了社会的正义，我们只能向另一个目标努力，即追求建立一种社会制度，对社会财富进行重新分配，补偿个人自身不能控制的因素造成的社会损失，以达到结果的平等。三人对教育公平的不同理解与分析，均为弱势群体平等地享有公共教育资源乃至实现公平正义的社会制度提供了理论依据。

在经验研究方面，国外学者则大多集中在对流动儿童教育问题的研究上，主要是对西方社会中存在的流动儿童教育问题进行相关描述和说明，并进行了对策性的研究，这尤其体现在美国学者的研究中。首先，流动与迁徙对学生的影响研究，主要观点包括：流动学生的成绩相对较差；流动的学生往往更容易留级；流动学生的辍学率更高；流动对学生的情绪和行为有负面影响。其次，流动对学校和学区教育的影响研究，包括：高流动率影响了学校预算；不断接收新的学生使教师把精力花在补习而不是新课程上，而且由于学校不清楚学生的成绩记录，学校很难将学生安排在合适的班级；高流动率的学校和更稳定的学校之间存在成绩差距；在高流动率的学校，班级教学更可能是复习，并且教学进度更慢；高流动率的学校毕业率低，由此，学校在接收流动学生就读上的积极性一般也较低。再次，对策性的研究，所提出的对策主要包括：完善立法，如美国的"迁移者计划"与"教育券"的发放；采取措施减少学生流动；利用网络传递流动学生信息，保证流动学生学习的连续性；提前了解学生的流动可能以及早做准备；为流动学生及其家庭提供多方面的帮助等。

布兰兹·丝博（Branz-Spall）等人曾把美国的流动儿童称为

"路上的儿童"，认为他们在生活中面临诸如贫困、频繁搬迁、文化地理上的疏远、群种歧视及语言差异等难题，尤其是语言限制与住所的频繁更换，导致流动儿童在经济上和社会上逐渐被边缘化，从而导致学业成绩低下与学习滞后等教育困扰。① 萨勒诺（Salemo. A）与思迪克伯格（Stock-burger. C）认为影响流动儿童学业的主要因素在于教师，他们指出流入地的教师由于没有与流动儿童相关的教学经验，不能安置流动儿童以及不能采取有效的沟通技巧与之对话、交流，从而影响了流动儿童学业成就的获得与进步。②

　　另外，国内一些学者也对国外的移民子女教育进行了相关研究。张航从流动人口的管理和公共政策研究的角度，介绍了美国公立学校对待移民子女教育一视同仁的态度，并通过设立教育公司对面向移民子女开设的特许学校进行监管，以保证移民子女的教育质量。美国政府针对移民子女的教育现状，出台了"流动学生教育计划"，主要资助移民而来的中小学生，由联邦政府进行拨款，以招聘的方式雇用工作人员，作为信息传递的媒介，进而沟通学校和移民子女家庭之间的关系。③ 张绘、郭菲从管理和财政的角度分析了美国流动儿童的教育问题，指出了他们学业成绩低下、学校教育管理困难、学校与学区的财政困难等问题。④ 蒙在飞介绍了美国流动学生教育项目及其创新点，尤其是得克萨斯州实施的跨州电子信息转接系统、流动学生暑期获取资源计划（Summer Migrant Access Resources through Technology，SMART）以及鼓励学生通过技术学习获得学业成就、生活

---

① Branz-Spall, A. M. et al., "Children of the Road: Migrant Students, Our Nation's Most Mobile Population," *The Journal of Negro Education* 72 (2003): 55 – 62.

② Salemo, A., "Migrant Students Who Leave School Early: Strategies for Retrieval," *Attendance* 3 (1991): 57. Stock-burger, C., *The Impact of Interstate Programs on Continuity in Migrant Education* (Las Cruces, New Mexico: New Mexico State University, 1980), p. 11.

③ 张航：《美国解决流动人口子女教育问题的做法及启示》，《怀化学院学报》2010年第4期。

④ 张绘、郭菲：《美国流动儿童教育管理和教育财政问题及应对措施》，《比较教育研究》2011年第8期。

技 能 计 划（Encouraging Students through Technology to Reach High Expectation Learning Life-skills and Achievement，ESTRHELLA）。[1] 杨妮对美国加利福尼亚州流动学生教育计划的内容、特点以及实施成效进行了分析，并指出我国随迁子女教育应借鉴该项目中有益的经验，建立随迁子女电子学籍档案，保证随迁子女教育的连续性及促进教师专业发展，为随迁子女教育提供有力的软件支持等启示。[2] 郑素侠从媒介技术与流动儿童社会融合的视角，对伦敦大学"媒介与青少年研究中心"开展的大型跨国研究项目"Children in Communication about Migration"（CHICAM）予以详细的介绍，提出应加强我国流动儿童的媒介素养教育，培养他们的媒介参与意识，认真倾听他们的声音，让他们的声音通过媒介得以传达。[3]

通过对相关学者关于国外一些移民国家的移民政策，特别是关于移民子女教育方面的教育措施等相关研究的细密梳理，以期对本书有所启迪，达到借"他山之石"以"攻玉"的目的和作用。

三　国内有关农民工随迁子女社会融合的研究进展

国内学者对随迁子女社会融合的研究开始于 21 世纪初。2001 年蒋达勇的《重视第二代"城市边缘人群"》，首次关注随迁子女的社会融合问题。他认为随迁子女作为"边缘人第二代"，他们与其父辈相比，因为在社会心理方面不同于父辈，而有可能会趋于激进化。[4]

---

① 蒙在飞：《美国流动儿童教育的发展与启示》，《现代中小学教育》2010 年第10 期。

② 杨妮：《美国加州"流动学生教育计划"研究》，硕士学位论文，西南大学，2013。据中国优秀博硕士学位论文全文数据库：http://kreader.cnki.net/Kreader/CatalogViewPage.aspx? dbCode = cdmd&filename = 1013264757_nh&tableName = CMFD201302&cpn =7。

③ 郑素侠：《媒介技术与移民儿童的社会融合——欧洲 CHICAM 项目及其启示》，《新闻大学》2013 年第 4 期。

④ 蒋达勇：《重视第二代"城市边缘人群"》，《南方周末》2001 年 3 月 1 日，第 3 版。

同年，韩嘉玲在对北京 50 所农民工子弟学校小学四年级到高中一年级的 2161 名流动儿童进行问卷调查及数据分析的基础上，对流动儿童与城市社会的融合进行了一定的研究。① 2003 年，周皓、章宁以北京行知打工子弟学校为样本分析对象，采用统计方法分析了流动儿童与城市社会融合的影响因素，指出除迁入时间的长短是影响随迁子女社会融合的一个因素外，像父母的受教育水平、儿童自身的年龄、性别、迁出地的社会生活背景以及迁入地居民的接纳等，对随迁子女的社会融合程度影响较大。② 此后，尽管学界以"社会整合"、"社会适应"或者"社会融入"等不同的称呼指称，但研究的对象都一致指向随迁子女与城市社会的融合，随迁子女的社会融合问题逐渐进入不同学科研究者的视野，并成为目前研究的热点问题。从目前学界的主要关注点来看，对随迁子女社会融合的研究主要集中于以下几个方面。

（一）对随迁子女社会融合的表现和原因的研究

关于随迁子女社会融合的状况及其原因的研究较多，研究者们主要采用描述性统计分析的方法，对不同地域的随迁子女社会融合状况进行调查，展现他们在城市融入中的种种问题。巩在暖等人认为，随迁子女在融入城市的过程中遭遇一系列的矛盾冲突，如冲突与妥协、融入与排斥、社会支持与隔离等，而随迁子女就是在各种矛盾的不断转化中逐渐融入城市社会的。③ 汪长明、傅菊辉的《从"他者"到"群我"：城市化进程中随迁子女融入问题》，指出了农民工随迁子女在城市就学中存在的制度障碍与跨文化适应障碍，并就此提出开展社会建设、实现文化调适与文明融合等相应的破解路径。④ 刘庆的《流动人口随迁子女社会融入感的结构与影响因素分

---

① 韩嘉玲：《北京市流动儿童义务教育状况调查报告》，《青年研究》2001 年第 8 期。

② 周皓、章宁：《流动儿童与社会的整合》，《中国人口科学》2003 年第 8 期。

③ 巩在暖、刘永功：《农民工进城子女社会融合过程分析》，《科学社会主义》2010 年第 3 期。

④ 汪长明、傅菊辉：《从"他者"到"群我"：城市化进程中随迁子女融入问题》，《当代青年研究》2013 年第 6 期。

析》论证了在不同性质学校就读的随迁子女，影响其社会融入的结构与因素有较大的不同。[①] 学者们从不同层面与视角展现了随迁子女在迁入城市后所面临的种种生活、学习与心理上的不适。总括一句话，即是随迁子女的城市生活并不尽如人意，他们与城市社会融合的总体状况不佳，存在诸多的问题。随迁子女大多认同城市生活，但很难融入城市生活。[②]

另外，还有一些学者从不同的理论视角对随迁子女社会融合状况进行解释性研究。如有学者从生态系统论视角分析了随迁子女社会融合微观系统中的“生理－心理－社会”三维系统融入困难，中观系统中学校与家庭的互动不良以及宏观系统中制度因素的制约等。[③] 也有研究者从文化适应视角，对随迁子女在公办学校中的心理适应和社会文化适应两个方面进行考察，得出随迁子女文化适应情况偏好处于中等以上水平。[④] 另外，从社会排斥视角进行的相关研究也较多，研究者们认为随迁子女面临的社会排斥主要有制度排斥、资源排斥、心理排斥、文化排斥等，如户口差别使城市当地人具有天生的优越感，从而造成对外来人口的歧视与排斥，在一定程度上影响了流动人口及其子女融入城市的信心。[⑤] 随迁子女家庭的低收入不仅使其父母不能像城市人那样为子女挑选合意的学校，[⑥] 也导致子女受教育过程中的起点与过程的不公，[⑦] 强调了随迁子女社会融合中

① 刘庆：《流动人口随迁子女社会融入感的结构与影响因素分析》，《南京工程学院学报》（社会科学版）2014 年第 4 期。

② 雷有光：《都市“小村民”眼中的大世界——城市流动人口子女社会认知的调查研究》，《教育科学研究》2004 年第 6 期。

③ 张璐璐：《生态系统理论视阈下农民工子女社会融合教育探微》，《黑河学刊》2013 年第 4 期。

④ 鲍传友、刘畅：《小学流动儿童的文化适应状况及其改进——以北京市公办小学为例》，《教育科学研究》2015 年第 3 期。

⑤ 任远、邬民乐：《城市流动人口的社会融合：文献评述》，《人口研究》2006 年第 3期。

⑥ 左光霞、冯帮：《社会排斥与流动人口子女的教育公平》，《现代教育科学》2009 年第 3 期。

⑦ 冯帮：《经济排斥与流动儿童的教育公平》，《教育与经济》2011 年第 1 期。

的经济排斥因素。总之，随迁子女作为外来群体，在城市生活及教育的适应状况呈现不容乐观的整体态势，这不仅是随迁儿童真实教育生活面貌的呈现，也代表了学界的整体观察与集体呼声。

如何让这群在城市与农村边界徘徊的"非农亦非城"的边缘群体，尽快融入城市生活与相对优质的城市教育，达成与城市的互动、共融，成长为新一代的城市建设者，不仅仅是我国当前社会的一个教育问题，更是一个亟待解决的社会现实问题。在造成上述问题的原因剖析方面，大多学者的研究集中于对阻碍随迁子女社会融合的制度性与非制度性因素进行分析。其一，在影响随迁子女社会融合的制度性因素方面，大多学者认为本质的原因在于我国长期存在的城乡二元户籍制度与教育制度，归根结底在于户籍制度二元化带来的教育制度差异。有学者认为，城乡二元的户籍制度是造成随迁子女难以融入城市的根源，造成了城乡孩子在家庭环境、经济状况以及文化氛围等方面的差异，使随迁子女与城市孩子在言语、行为、服饰、学习方面存在诸多的差别，进而造成了随迁子女在学校人际交往与学习上的融入障碍。[1] 同时，户籍制度造成的文化隔阂与身份分类，使随迁子女的自我身份认同度较低，[2] 不管出生地是否在城市，其父母的工作是否稳定，大多数随迁子女不认同自己是城市人，或是对自己的身份产生模棱两可的感觉。[3] 户籍制度及与之相配套的社会福利政策是限制随迁子女社会融合的关键性因素，并导致了城乡教育的巨大差异以及城市教育对非户籍人口的排斥。[4] 其二，在影响随迁儿童社会融合的非制度性因素分析方面，学界主要集中于对

---

① 张俊良、黄必富：《城市化进程中农民工子女受教育问题探析》，《农村经济》2004 年第 11 期。

② 白云飞、徐玲：《流动儿童社会融合的身份认同问题研究——以北京市为例》，《中国社会科学院研究生学报》2009 年第 2 期。

③ 史柏年等编著《城市边缘人——进城农民工家庭及其子女问题研究》，社会科学文献出版社，2005，第 33 页。

④ 巩在暖、刘永功：《农村流动儿童社会融合影响因素研究》，《国家行政学院学报》2010 年第 3 期。

随迁儿童与城市儿童差异性所进行的研究，诸如二者在生活条件与习惯、行为方式与语言等方面的差别，这些区别也正是随迁子女在城市遭遇歧视，出现心理不适、学业不良等融合困难的原因。也有学者把随迁子女社会融合状况不良的非制度性原因归结为居住环境与城市主流地带的隔离、"污名"效应产生、城市社会的不接纳以及父辈社会地位与身份认同的限制和影响等。① 另外，有一些研究者认为城乡文化以及地域文化之间的矛盾与冲突，使随迁子女置身于身份认同与重构的错乱境地，从而导致随迁子女社会融合的困难。② 此外，也有一些研究者从随迁子女的能动性出发，分析了随迁子女个体不同归因风格对其社会融入的影响及其内在机制。③ 总之，研究者对影响随迁子女社会融合的因素分析方面，无论是在宏观还是在微观上均进行了较为详尽的探讨，为后继研究者提供了向纵深研究的素材与基础。

（二）不同教育场域对随迁子女社会融合的影响研究

对于随迁子女接触较多的家庭、学校与社区来说，学界对这些区域环境及其对随迁子女社会融合的影响研究较多。首先是对随迁子女最为熟悉的家庭的研究，包括家庭因素、家庭教育、亲子交流等方面。由于随迁儿童与城市本地儿童相比，二者的家庭生活背景、经济社会地位及其社会化发展等，都可能呈现不同的发展面貌，从而产生不同的环境适应行为。④ 如有研究者以家庭社会经济地位作为考察随迁子女发展的环境变量，探讨了家庭人力资本、社会资本以

---

① 王毅杰、梁子浪：《试析流动儿童与城市社会的融合困境》，《市场与人口分析》2007 年第 6 期。

② 赵霞：《农民工随迁子女社会融合研究报告》，《上海少先队研究》2013 年第 2 期。

③ 李思霓：《流动儿童的社会融入及其过程中的归因风格与挫折应对》，硕士学位论文，华东师范大学，2010。据中国优秀博硕士学位论文全文数据库：http://kreader.cnki.net/Kreader/CatalogViewPage.aspx? dbCode = cdmd&filename = 2010199228. nh&tableName = CMFD2011&cpn =5。

④ Chen, X. et al., *Peer Relationships in Cultural Context* (New York: Cambridge University Press, 2007), pp. 53 – 68.

及经济资本对随迁子女心理适应的影响。[①] 还有研究者对取得城市户籍的特殊农民工群体的家庭教育新特点予以描述，并分析各种家庭教育特点对随迁子女社会融合的影响。[②] 周建芳、邓晓梅的《家庭教育对流动儿童学校融合影响的研究——以南京为例》通过对南京数所小学的调查，论证了家庭教育是影响随迁子女学校融合的重要因素。[③]

其次是对影响随迁子女社会融合的学校环境的研究。随迁子女作为受教育者，学校不仅是他们接受教育的主区域，也是他们社会融合发生的主要场所。关于学校这一环境因素对随迁子女社会融合的研究也不在少数。周皓以北京石景山区的调查研究为依据，比较了就读于公办学校与农民工子弟学校的流动儿童的心理状况，得出农民工子弟学校流动儿童的心理适应状况较差的结论。[④] 然而，与之相反的是，郭元凯通过调查公办学校与随迁子女学校对随迁子女社会融合的影响，得出随迁子女整体社会融合状况较好的结论，不同教育安置方式与随迁子女社会融合之间存在显著性差异，公办学校对随迁子女的影响要优于随迁子女学校。[⑤] 两位学者的研究出现了对立性的结果。王红丽从教育人类学的角度，对北京一所专门招收农民工子女公办初中的青少年社会融合现状进行实地调查，呈现了学校在随迁子女社会融合方面的努力以及问题。[⑥] 还有研究者分析了公

---

① 李丹、徐鑫培等：《家庭环境与儿童的心理适应：关系与应对》，《北京社会科学》2015 年第 2 期。

② 乔金霞：《"新市民"家庭教育对儿童社会融合的影响》，《当代青年研究》2013 年第 6 期。

③ 周建芳、邓晓梅：《家庭教育对流动儿童学校融合影响的研究——以南京为例》，《教育导刊》2015 年第 2 期。

④ 周皓：《流动儿童的心理状况与发展——基于"流动儿童发展状况跟踪调查"的数据分析》，《人口研究》2010 年第 2 期。

⑤ 郭元凯：《教育安置方式对农民工子女社会融入的影响研究》，硕士学位论文，浙江师范大学，2013。据中国优秀博硕士学位论文全文数据库：http://kreader.cnki.net/Kreader/CatalogViewPage.aspx? dbCode = cmdd&filename = 1014104878. nh&tablename = CMFD201401&compose =2。

⑥ 王红丽：《公办农民工随迁子女学校的文化融合研究——对北京市石景山区蓝天第二中学教育活动的田野调查》，硕士学位论文，首都师范大学，2014。

办学校在促进农民工随迁子女社会融合中的意义、角色定位及其作用。① 在对随迁子女社会融合发生影响的场域因素分析中，很多学者认为不管接纳随迁子女的学校性质如何，学校作为促进其社会融合的主要角色与责任者，对随迁子女社会融合都有较大的影响，并提出了增进学校在随迁子女社会融合中的有效策略。熊少严认为，学校教育因其自身具有的社会整合功能，通过对流动儿童实施相应的适应性教育与有效的家庭教育指导，能够促进流动儿童与城市社会的有效整合。② 还有一些研究者从同伴交往与师生关系方面，论证了学校教育对随迁子女社会融合的影响。如有研究表明作为同辈群体的农民工随迁子女与城市儿童相比，由于他们原有受教育的模式与生活方式及心理认同方面的差异，他们之间在教育、社会与心理方面存在较大的社会距离。③ 师生关系亦是校园内影响随迁子女社会融合的一个重要因素，影响随迁子女对课堂教学活动的参与、学习适应及同伴关系。城市教师对随迁子女态度与行为的接受、转变角色构建新型的师生关系、建立稳固的师生关系是随迁子女社会融合的重要内容。④ 这些研究结论表明，随迁子女从农村进入陌生的城市教育环境，学校不仅是随迁子女进行有效社会融合的桥梁和纽带，而且校内的微环境如同伴关系、师生关系以及校园文化均成为随迁子女熟悉城市环境、融入城市生活的重要支撑力量。另外，随迁子女个人主观能动性的发挥，尽量适应城市教学环境与方法，建立新的同学、伙伴关系亦是相当重要的一个环节。

学界对上述学校领域内随迁子女社会融合的研究，以 2012 年为

① 乔金霞：《农民工随迁子女社会融合：公办学校的应为与可为》，《商丘师范学院学报》2015 年第 1 期。

② 熊少严：《城市流动儿童的社会整合与学校教育的指导策略》，《广东社会科学》2006 年第 1 期。

③ 胜令霞：《农民工子女和城市同辈群体间距的因素分析》，《当代青年研究》2008 年第 9 期。

④ 吴新慧：《融合教育：流动儿童师生关系及其校园适应》，《教育科学》2012 年第 5 期。

界有两个明显的特点。其一是 2012 年之前，学界对随迁子女社会融合的研究关注点主要在公办学校与农民工子弟学校的对比研究上，而且大多学者的研究结论倾向于公办学校更有利于随迁子女的社会融合。其二，2012 年之后，随着国家颁布的一系列保证随迁子女就读公办学校及异地高考的政策后，随迁子女大多实现了就读城市公办学校的愿望。学界的研究开始转向公办学校内部的随迁子女群体与本地儿童的同伴关系、师生交往以及课堂融入等方面的研究。

再次是对随迁子女所居住社区的研究。社区是社会学者的主要研究对象，他们较多关注社区对随迁子女社会融合的影响。社区作为随迁子女日常生活的一个主要区域，对他们社会融合的影响也极其重要。社区不仅为随迁子女与城市社会的融合提供了空间，也为随迁子女社会融合提供了有效的资源。但有关研究显示，社区在作为随迁子女顺畅参与城市生活、融入城市的有效指引者方面，仍有诸多的不足之处。无论在社区内外，都存在不利于随迁子女有效融入城市的种种因素，社区并未成为随迁子女参与城市生活的有效指引者与促进者。[1]

综上所述，对随迁子女社会融合直接起作用的影响场域也即微观环境来说，分析较多的仍然是教育在其中所起的作用。正如有学者指出，教育在促进随迁子女社会融合方面具有无法比拟的作用，能够促进他们与城市社会融合的关键在于教育自身具有的社会整合功能，教育不仅能促进整个民族文化水平的提升，加深对不同群体文化的认知与了解，也能够促进不同文化群体之间的文化互动共融，促进相互理解并达成共识。[2]

（三）随迁子女社会融合对策的研究

在随迁子女社会融合策略研究方面，学者们的研究主要分政策

---

① 汪萍：《外来工随迁儿童社区融入问题探讨》，《苏州大学学报》2011 年第 6 期。
② 张运江、冯增俊：《教育在社会融合中的作用研究》，《经济体制改革》2012 年第 6 期。

层面和实践层面两个方向进行。在政策层面，大多数学者认为影响随迁子女社会融合的深层次原因在于户籍与教育制度上的传统制约与政策失范。[①] 基于上述原因，学者们提出了以下对策。一是改革户籍制度。传统的城乡二元分割的户籍制度是随迁子女教育问题产生的根源，也是随迁子女社会融合困难的制约枷锁。要改变随迁子女的社会融合状况，必须消除现有的二元分割户籍制度，实施城乡户籍的一体化改革。二是改革现有的义务教育制度。现有的教育管理体制与差异化的教育财政政策是随迁子女不能正常享受城市优质教育的主要因素，随迁子女被当作城市教育体制外的特异群体。要实现城乡儿童同等的受教育机会与教育过程的平等，必须从改革义务教育体制或者从现有教育体制内寻求突破，平等对待城乡儿童。三是实施同城待遇。城乡二元体制的存在使城市人与乡下人、本地人与外地人之间的界限与差别清晰长久地烙在城乡居民的思想意识深处，也使二者之间存在严重的不信任与文化差异，表现在随迁儿童身上，就是遭遇城市居民与城市儿童的歧视和不公平待遇。要促进随迁子女的社会融合，必须实施城乡儿童的同城同等待遇。如湛卫清认为，在对待随迁子女教育方面，应与城市儿童一样，要体现教育的公平性，在师资配置、班级规模上要一视同仁，体现随迁儿童的主体地位，实现自然融合。[②] 也有部分学者认为，可以尝试从政策上保证农民工享受市民待遇，与城市居民一样公平地享有城市福利政策和公共资源，进而为其子女的社会融合奠定基础。[③]

还有一些学者从实践层面予以分析，提出了以下对策。第一，构建一体化的随迁子女社会融合教育模式。杨智慧、杜永红的《农

① 郑家裕：《促进城市流动儿童社会融合的政策诉求》，《青年探索》2006年第4期。
② 湛卫清：《农民工随迁子女融合教育的困惑与对策》，《教育发展研究》2008年第10期。
③ 栗治强、王毅杰：《掣肘与鼓励：农民工随迁子女城市社会融合机制研究》，《华东理工大学学报》（社会科学版）2014年第2期。熊易寒：《城市第二代移民的社会融入与社会稳定——以上海为例》，《中国社会公共安全研究报告》2013年第2期。

民工随迁子女学校融入的困境与路径探析》一文，对影响随迁子女学校融入的困境进行了剖析，提出应通过城市家长、学校与农民工家庭协力解决这一问题。① 石长慧的《融入取向与社会定位紧张——对北京市流动少年社会融合的研究》在对北京市流动少年考察的基础上，论证了国家、农民工子弟学校和城市居民的融合策略与北京市流动少年的融入取向之间形成了一定程度的紧张关系，构建了农民工子女与城市社会的互动融合关系模型。② 第二，开展融合教育。融合教育与农民工子女社会融合是紧密相关的学术研究领域，是随着农民工随迁子女社会融合问题的日益突出，学界提出的应对性教育措施。融合教育主要指使城乡学生、城乡文化、学校教育与家庭教育实现有机融合，进而使学校管理、家庭管理与社区管理有效融合起来。近年来，随着随迁子女就读公办学校问题的逐步解决，随迁子女与城市社会的融合问题日益得到关注，研究成果逐渐增多，研究者大多致力于将融合教育作为随迁子女与城市社会沟通互融的中介和纽带。湛卫清在 2009 年提出融合教育是实施随迁子女教育的有效策略。③ 黄兆信等人在阐释随迁子女社会融合概念与内涵上，提出应实施融合教育，在具体策略上应注重教育内容的多元化、教育实践的互动性以及教育机制的重新整合。④ 第三，提高农民工素质，提升随迁子女父母自身的社会融合能力。相关研究者认为只有提高农民工的整体素质，其子女才会有一个良好的家庭教育环境，其教育问题才能得到根本的解决。笔者通过对随迁子女社会融合措施研究的条分缕析，明晰了学界在解决该问题上的思路与方向，为本书拓宽了研究的视野。

---

① 杨智慧、杜永红：《农民工随迁子女学校融入的困境与路径探析》，《湖北第二师范学院学报》2014 年第 10 期。

② 石长慧：《融入取向与社会定位紧张——对北京市流动少年社会融合的研究》，《社会学评论》2013 年第 5 期。

③ 湛卫清：《融合教育：农民工随迁子女教育的新策略》，《人民教育》2009 年第 11 期。

④ 黄兆信、潘旦、万荣根：《农民工子女融合教育：概念、内涵及实施路径》，《社会科学战线》2010 年第 8 期。

四　国外关于移民子女社会融合的研究

"社会融合"的概念本就由西方学者提出，由于西方国家之间移民潮流在 20 世纪初就已经出现，尤其是工业经济较为发达的国家，移民现象更为突出。最初国外学者关注的是成人移民与所迁移国家的融入问题，后来随着移民儿童数量逐渐增多，甚至超出本地儿童，也逐渐出现了诸多的社会问题，而且这些问题的出现大多源于社会适应问题，学者逐渐开始关注对移民儿童社会融合问题的研究。

在西方学者对移民儿童社会融合的研究中，研究视角也经历了不同的演变历程。国外学者早期关注移民儿童的社会融合时，关注最多的是迁移本身是否对儿童的社会融合产生影响以及产生怎样的影响。有研究者认为迁移破坏了儿童原有的社会关系，造成儿童在新的迁移地的社会融入障碍和心理不适应。如芝加哥学派的早期代表 Burgess、Locke 与 Thomes 认为迁移破坏了原有的家庭机制，使家庭丧失了对成员的控制，而孩子进入陌生环境，对于没有迁移经历的儿童来说，他们要面临适应新的社区环境、学校以及重新结交同伴等问题。[①] 而有的学者却提出了相反的意见，认为迁移使儿童融入新的组织，结交了新的朋友，尤其是迁入地的社会发展与教育环境相对于迁出地来说如果更佳的话，将对儿童的发展更为有利。如 Fischer 认为某个人的社会生活是由社会阶层、种族等非生态因素决定的，而并非由居住地的迁移等生态地理的位移而决定，而且社会行为也主要是由经济地位、家庭地位与受教育程度等因素决定的。因此，影响移民儿童与迁入地的社会融合并不是迁移本身，而是与儿童密切相关的家庭背景等。[②] 在这些研究者看来，迁移是提高儿童社会融合的一种家庭策略，父母通过选择资源相对丰富的社区与居

① Burgess, Ernest Watson et al. , "The Family: from Institution to Companionship," *Marriage & Family Living* 15 (1953): 4.

② Fischer, Claude S. , "Toward a Subcultural Theory of Urbanism," *American Journal of Sociology* 80 (1975): 1319 - 1341.

住地而提升儿童的社会融合。

随着经济全球化时代的到来，一些发达国家的经济与社会结构经历了种种调整和变迁，使一些种族移民群体尤其是移民二代与迁入地的社会融合问题频繁出现，甚至出现了局部的社会不安与动荡。很多研究者的目光开始转移至移民群体尤其是移民二代与社会融合的问题上来，此时期研究者主要关注影响移民儿童社会融合的因素。如 Alejandro 和 Ruben 通过对美国移民二代群体的追踪调查，得出结论：移民儿童的家庭特征、迁入地居住社区、种族归属以及迁入地劳动的分层是影响移民二代社会融合的关键因素。进一步的研究结论表明，在上述因素的综合影响下，移民儿童的社会融合出现三种类型：向下同化，即融入不好而被主流社会边缘化；向上同化，努力适应主流社会，但由于种族歧视而时时受阻；向上同化，被主流社会接受。[1] 研究者 Hagan John、MacMillan Ross 和 Wheaton Blair 在 1996 年通过对加拿大多伦多移民儿童的追踪调查，认为家庭资本与生命历程对移民儿童未来的教育活动和社会地位有较大影响，尤其是家庭中父亲对家庭生活与子女的关注以及母亲的情感和心理支持，可以抵消由于迁移带给移民儿童的困扰，有利于儿童顺利度过迁入适应期。[2]

随着对社会融合研究的深入拓展，西方学者的研究逐步细化，开始对社会融合的内涵与具体操作层面进行研究，并在此基础上提出了社会融合的维度划分标准以及划分方法。首先，西方学者对社会融合的研究影响最大的有三种理论，即"融合论"、"区隔融合论"与"多元文化论"。"融合论"的代表 Park 与 Burgess 指出，社会融合是外来移民与当地居民之间不断交流、互动，实现相互渗透

---

[1]　Alejandro, Portes & Ruben, G. Rumbaut: *Legacies: The Story of the Immigrant Second Generation* (Oakland: University of California Press, 2011), p. 79.

[2]　John, Hagan & Ross, MacMillan & Blair, Wheaton, "New Kid in Town: Social Capital and the Life Course Effects of Family on Children," *American Sociological Review* 61 (1996): 368 – 385.

与融合，并最终整合于共同的文化生活之中，其过程与内容主要是经济、政治、社会和文化之间相互竞争、冲突、调整直至融合。[1]"区隔融合论"的代表认为当代移民的社会融合主要有与主流社会的完全融合及有选择性的融入两种类型。"多元文化论"的提出者霍勒斯·卡伦（Horace Meyer Kallen）与华裔学者周敏认为，外来移民进入包容性较大的社会时，不用迎合主流文化，也无须放弃自己原有的文化。一方面，他们运用自有的不同于本地文化的文化经历与体验以及价值观念，营建与塑造目前的生活驻地；另一方面，他们也可以自愿地接受迁入地的文化，主动融入当地文化。[2] 其次，在对社会融合的维度划分上，《童年移民和成年后的社会融合》的作者Scott于1999年提出社会融合包括结构整合和社会心理整合的观点。[3]也有学者认为社会融合包括心理融合和文化融合，如 Ward 在 1994年提出这种观点，认为心理融合是指心理健康与舒适、对新环境的满意度等，而文化融合则指能够学习新的社会工作技能以维持日常的社会文化生活等。[4] 社会融合操作化定义以帕森斯（T. Parsons）个体心理层面的身份认同、布劳（P. Blau）个体间行为层面的社会交往为主。总之，西方学者从不同学科、不同角度对移民的社会融合问题进行了详尽的研究，他们对社会融合的理解及其维度划分，为我国学者研究类似问题提供了理论基础。

五 已有研究的特点与不足之处

在借鉴国外学者对移民子女社会融合研究的基础上，我国学者

---

[1] Park, Robert Ezra, "Human Migration and the Marginal Man," *American Journal of Sociology* 33 (1928): 49.

[2] Kallen, Horace Meyor, *Culture and Democracy in the United States: Studies in the Groups Psychology of the American People* (New York: Anro Press and New Times, 1970), p. 126.

[3] Scott, Mayers M, "Children Migration and Social Integration in Adulthood," *Journal of Marriage and the Family* 61 (1991): 774–789.

[4] Ward, Colleen, "The Measurement of Socialcultural Adaption," *International Journal of Intercultural Relation* 4 (1999): 659–677.

结合我国国情，对农民工随迁子女社会融合问题也有相当丰富的研究。纵观国内外学者对随迁子女教育以及社会融合的研究，可以说这些研究涉及范围广泛，从多学科、多角度进行了大量研究，充分体现了作为社会科学学者们强烈的现实关怀情怀。这些研究成果在很大程度上对政府政策的出台、改革以及现实问题的解决起到了推动作用。当然，这些研究成果也为笔者提供了很好的研究基础，对于本书视野的拓宽有很大的帮助。但是，纵观已有研究成果，由于对随迁子女社会融合研究的历史比较短，还可以发现现存的缺失与遗漏，这为本书的研究提供了一些拓展的空间。

第一，从关于农民工随迁子女社会融合的研究现状来看，学者们虽然探讨了其中的社会排斥问题，这些研究大都是从一种权利与政治排斥的视角介入，而对社会融入这一概念和理论内容的关注还不是很多，已有的研究也仅把这一概念作为反社会排斥的代名词而已，缺乏从这一概念和理论体系入手对现实问题进行系统的研究。再者，我国学者对随迁子女与城市社会互动交流的本质概念完全是借鉴西方，这些概念的表述传入中国时，学者们并没有明晰其中的差异，对其运用也完全凭借个人的理解去翻译，有的译为"适应""同化"，有的译作"融入"或"融合"，还有的混用，这种直接"拿来"的做法没有考虑到词义的语境，也即中西国情的不同。随迁子女社会融合问题是我国城市化进程中的次生问题，考虑这一问题必须置于我国特定环境与时代中加以思量，而不能随意借用别国的理论或者方法。

第二，从这一问题的研究视角上看，目前学者们大都从教育融入这一视角切入研究的主题，而缺乏对社会融合较深层次的理论建构，而且由于学者们对社会融合的维度选择与评价标准不一，故此，对随迁子女社会融合状况的结论不一，无法为实践落实与政策制定提供有效的理论依据。

第三，从研究对象来看，国外学者对移民儿童教育及其社会融合的研究，主要集中于对教育或者迁移本身或者社会融合的单方面研究，而将移民儿童的教育与社会融合结合起来研究的情况较少。

另外，国内学者对随迁子女尤其是义务教育阶段子女教育的研究较多，而缺乏对学前阶段农民工随迁子女社会融合的关注。

第四，从研究方法上来说，过于追求数据分析的实证调查和过于强调思辨的人文研究都比较偏颇且研究较多，而运用实证与人文相结合的研究方法较少，尤其是定量与定性结合运用的研究方法比较少见。

第三节　研究思路与方法

一　研究思路

借助社会融合理论及符号互动理论，判定农民工随迁子女社会融合的现状及所出现的问题；调研随迁子女与城市社会融合的各个维度的具体情况及农民工家庭生活方式、工作性质、对子女教育的投入等情况；综合分析农民工及其子女与城市社会的互动和融合中的问题及原因，并提出在教育的观照下对随迁子女的社会融合问题进行阐释；运用人类发展生态学理论探讨农民工随迁子女社会融合的状况及教育应对措施，即在人类发展生态学理论框架下建构一种在多部门联合的基础上，促进农民工自身社会融合及其子女教育发展的生态支持网络，旨在促进农民工及其子女更有效地融入城市社会及城市社会主动接纳的和谐社会的营建。

二　研究方法

选择与课题贴切的研究方法是完成社会科学相关问题研究的重要保证和手段。本书综合运用研究社会科学必用的文献分析法、调查法、访谈法等研究方法。

1. 文献分析法

科学研究永远是建立在前人成果的基础上而不断前行的，因此需要了解前人的研究成果，在分析、鉴别、整理前人研究情况的基础上，明确自己的研究主题。文献分析法是一种传统的社会科学研究方法，是通过对文献进行查阅、整理和分析，从而找出研究对象本质属性的一种研究方法，包括文献的收集与查阅、鉴别与整理、解释与分析、研究等具体阶段。本书虽然是关于农民工随迁子女社会融合的实践和应用性的研究，但也需要在坚实的理论研究基础上进行实践分析，因此对现有文献和文献方法的重视绝不亚于纯理论的研究。本书所使用的文献形式主要包括国内外正式出版的学术研究成果、政府法律法规文本和政策文件、统计资料等。

2. 调查法

调查法主要以发放问卷的方法进行。主要选取不同城市公办中小学校中的随迁子女 500 名，以及学前儿童家长 300 名，以期对学前儿童及义务教育阶段儿童的社会融合情况加以描述性统计分析。

3. 访谈法

笔者对随迁子女的家长、就读公办学校的学校领导和教师等与随迁子女生活和学习至关重要的群体人物进行了深度访谈，以期揭示随迁子女在城市生活与学习中具体而真实的种种情景。

4. 定性研究和定量研究的综合运用

在本书的研究中，既有对农民工及其随迁子女日常生活世界问题的探讨与追寻，尤其是在日常工作和生活中体现出的文化、心理对城市社会的迎拒与适应，需要深入实地真切地体验与感受，也有关于农民工权利与制度等方面客观性和数量化的调查设计和统计分析。因此，偏重于哪一种研究方法对于本书的研究都将有失偏颇，采用定性分析和定量分析相结合，即既有访谈法、观察法等能体现微观细节的、柔性的定性分析方法，还有数据与调查分析等量化的、客观的分析方法。综合来看，本书的研究主要结合定性与定量分析方法的优势而做到综合利用。

在本书中，不论是采取注重细微与内在深入刻画的定性研究，还是运用较大量数据与图表进行相关描述性统计分析的定量研究，抑或者是深入调研第一线对研究对象进行实地探访性的田野调查，以及大量文献分析等社会学研究中常用的研究方法，大都存在各自不同的优点与不足。对"农民工子女社会融合教育研究"这一研究论题来说，不仅涉及一些典型性的小群体如已拥有城市户籍的农民工群体即"新市民"以及其子女"小市民"在社会融合方面具体的样本分析，还包括对农民工及其子女作为整体考量的综合性描述，另外还有对本书研究有帮助的二手文献的相关分析。基于研究对象的复杂与研究维度的多元，偏重于哪一种研究方法都不能使研究的结论归于合理且经得起推敲。因此，对于上述问题的思考促使我们在对研究方法的选择与利用上，不偏好或倾向于一种，而是灵活运用多种研究方法，做到宏观与微观、定性与定量、理论与经验兼顾并综合利用。另外，与本书研究对象相关的材料比较容易获得，使本书研究得以通过各种渠道获得相对丰富的资料信息，也为多种研究方法的综合运用提供了便利。

第四节　本书的创新与不足之处

一　本书的创新之处

本书通过对不同人群的数据调查与长期跟踪访谈，对随迁子女在不同受教育阶段的社会融合情况进行调查分析，并得出重要结论，在此基础上提出有针对性的建议和意见。综观本书内容，可能有的创新之处主要有以下几个方面。

第一，从样本的选取方面来看，数据的选取地点由中原到东北，选取郑州、武汉、哈尔滨等省会城市，突破了以往研究中样本选择地集中于北上广及沿海大城市的典型性模式，具体样本的选择包括了随迁子女及其生活学习环境中的父母、教师及同辈群体，具有一定的全面性和有效性。

第二，从理论的运用角度来看，本书运用的理论比较丰富，充分运用多学科如教育学的教育公平理论、社会学的融合理论与符号互动理论、生态学的系统理论等国内外先进理论等，并做到多理论的相互支撑与综合运用。

第三，从研究内容来看，对随迁子女不同受教育阶段如学前期与义务教育期的社会融合情况进行调查研究，内容视角不仅延展至学前期随迁子女，而且还关注真正取得城市户口的随迁子女的社会融合状况；不仅关注随迁子女中的一般群体，还留意他们中的特殊群体，由此得出结论，即教育不仅是各类随迁子女竭力要融入的一个关键地带，而且也是随迁子女社会融合的重要制约性因素，家庭教育、学校教育、社区教育是影响随迁子女社会融合的重要教育因素。

第四，从研究方法看，采用混合研究方法，做到研究方法的互补利用。在梳理和分析已有研究所采用的研究方法时，发现大多数研究者对研究方法的界定不甚明晰，存在模糊现象。特别是针对农民工随迁子女教育问题的研究，大多数研究者均采用质性或量化的研究方法，但对两者的界定存在差异，存在研究者自身对研究方法理解的偏差，也没有做好互补。为避免本书出现这些问题，同时针对该研究的研究对象及内容，不仅要对所有相关的文献等文本进行深入的解读，而且要对研究对象进行宏观视野上的把握，用数据说话。因此，本书的研究方法以遵循质性研究为主、质性研究与量化研究相结合的"混合研究方法"，尽量在真实、自然情境下，通过与研究对象的互动获得多种形式的原始资料，深切关注农民工随迁子女群体在社会融合过程中呈现的微观的、日常的生活世界，从而提炼理论并形成结论。

第五，从对策建议的创新角度看，本书结合国内外社会融合的相关理论，提出了一整套促进农民工随迁子女社会融合的一体化教育策略，这对从教育的角度出发在全国范围内做好随迁子女的社会融合工作具有一定的参考意义。

二 本书的不足之处

本书虽然耗费了笔者大量精力和时间，然而还存在诸多的不足，主要有以下几点。

第一，测量的量表与工具虽然综合国内外研发量表的可行之处，但在一定程度上还不甚符合我国的具体情形。因为这些量表主要针对国内的大城市及沿海沿江发达城市，对于中等发达的省会城市的代表性不是特别充分。而且调取样本跨越的空间较大、比较分散，不同地区的人口特征受当地自然环境和社会环境的影响较大，因此难以用同一标准测量，或多或少会造成统计上的不当与疏漏。

第二，研究群体仍需进一步具体化。在农民工随迁子女这一大群体中，不仅存在社会融合程度较低的群体，也存在大量融合较好的群体。目前的研究对象主要集中于少数几个一线省会城市，其中相关研究样本的分析主要集中于这些少数城市，必定会限制研究内容与视野的拓宽。由于二线及中小城市在某些方面较接近农村，故教育对这些地区随迁子女社会融合会有多大的促进作用，仍需进一步探讨。

第三，本书使用了一些调查数据进行分析，但调查样本局限于少数几个城市，在推广到全国范围时并不适用。同时，由于进城农民工及其随迁子女在社会融合中的问题纷繁而复杂，各地区情况与发展并不一致，地区之间的不平衡性也使调查数据与相应的理论分析存在较多的分歧。在理论认识方面，难免存在一些片面、肤浅甚至不恰当的认识，需要在今后的研究中进一步深入甚至更正。

第四，本书研究的是社会现实问题，国家在这方面所颁布的政策和相关数据更新得较快，选择研究材料时因多方面因素而未能及时更新最新数据与相关政策，而这些需要及时更新与填补。

三　章节安排

本书各章节的内容安排如下。

第一章，导论。该章主要介绍了研究背景、问题提出、研究目的与意义，对国内外相关学者的研究进行了分析比较，指出了全书的创新与不足之处。

第二章，农民工随迁子女社会融合的教育观照。对相关概念进行界定，对所运用的基础理论进行论证，并指出教育在农民工随迁子女社会融合中的作用。

第三章，农民工随迁子女社会融合教育的现状。针对农民工随迁子女社会融合的现状进行调查，利用分析软件对儿童生活和学习的环境即家庭和学校与儿童社会融合的相关性进行统计分析，发现农民工随迁子女的社会融合现状不容乐观。在家庭环境中，父母的学历水平和年龄与其子女的社会融合呈正相关，而经济收入与其子女的社会融合相关性并不显著，父母自身的社会融合状况也是影响子女社会融合的一个重要方面。

第四章，农民工随迁子女难融合的归因分析。该章主要分析了影响农民工随迁子女社会融合的几个关键性因素，指出制度性因素、城乡差异及随迁子女与城市社会之间互动的缺乏是影响其融入城市社会的关键因素。

第五章，对教育促进农民工随迁子女社会融合的理解与解释。该章主要分析了社会融合与和谐社会建设的兼容性，并指出在随迁儿童社会融合的具体策略上，应在日常生活中进行点滴式的生活教育。同时，公办学校作为接收随迁子女的主体教育场域，有其中的可为与应为之处，在具体的课堂教学中，教师应针对这一群体开展差异教学等。

第六章，小市民：一个特殊的社会融合群体。该章论证了取得城市户籍的农民工随迁子女的社会融合状况。作为取得城市户籍的农民工随迁子女，他们的社会融合状况在排除制度性障碍之后，更多的是受到来自家庭的影响，尤其是家庭中父母的社会融合程度是关键性的影响因素，其他如学校、社区也在一定程度上影响农民工随迁子女的社会融合。

第七章，随迁子女社会融合教育模式的构建。该章运用人类发展生态学理论，将随迁子女的社会融合问题置于一个大的社会生态环境中，从微观教育、中介互动、宏观教育政策及社会氛围等方面，尝试构建一种促进随迁子女社会融合的教育发展模式。

第二章
农民工随迁子女社会
融合的教育观照

　　社会融合、农民工随迁子女社会融合、融合教育是本书中的重要概念，对这些概念进行梳理、辨析，明确其具体、详细的内涵是本书内容的立论基础。教育与社会融合的关系怎样？教育能如何促进农民工随迁子女的社会融合？促进农民工随迁子女社会融合的教育角度有哪些？这些不同的教育角度或教育环境与随迁子女的城市社会融合有怎样的关联？产生什么样的影响？教育观照下对农民工随迁子女社会融合的研究，建基于什么样的理论？这些理论的渊源与观点是什么？与本书研究有怎样的契合及对社会融合研究有什么启示？这些都是本书要力求解决的问题，本章将针对这些问题展开论述。

第一节　相关概念辨析

　　对农民工随迁子女的社会融合问题进行剖析与研究的基础和程度依赖于对农民工与农民工随迁子女、社会融合与农民工随迁子女社会融合这两对概念的理解和解释，而从教育角度观照农民工随迁子女社会融合问题的解决，也必须对联结二者的关键词——融合教育进行全面的解读与分析。

一　农民工与农民工随迁子女

农民工与农民工随迁子女作为一对相依相存的关系群体，在对农民工随迁子女的含义做出界定之前，必须首先确定农民工的概念。对于农民工群体的概念，在学界由来已久。最初是由张雨林教授在1984年提出，他所言说的农民工主要是指在职业上脱离农民身份，从事第二或第三产业的工作，并以此作为主要的收入来源，但仍保留农村户籍的一个群体。[①] 根据这一定义，一些学者还根据农民工与乡土的联系，又把农民工群体区分为离土不离乡和离土又离乡两类。[②] 其实，对于目前的农民工群体来说，并不止这两类。如21世纪以来，为实现我国城市化建设的发展模式，一些农业用地转变为城市建设用地，失地农民随之产生，为了生存而游离于城市各种职业与工种之间，由于城市的制度性障碍而无法与城市居民一样享有公共服务和社会保障，这些失地农民同样属于农民工群体。如果单纯从社会融合的角度出发，农民工群体在城市社会中遇到的融合问题很多是由户籍的羁绊而带来的，所以在判定农民工群体的类属上，也需以是否拥有农村户籍为划分依据。因此，本书所研究的农民工群体主要是指拥有农村户籍，而在城市工作与生活的农民群体。那么，相应地，农民工随迁子女就是指由农民工父母带至城市学习与生活，户籍依然在农村的儿童群体。另外，那些通过购房或者个人投资经营等方式获取城市户籍的农民工群体，即本书所称的"新市民"的特殊群体及其子女，也是研究中的特殊关注对象。

二　社会融合与农民工随迁子女社会融合

对于社会融合的概念界定，不同的学者有不同的看法。有的学

---

① 张雨林：《农业剩余劳动力转移的层次和城乡结构——江苏省吴江县四个行政村的调查》，《农业经济丛刊》1984年第2期。

② 孟晓晨：《变"离土不离乡"为"先离土后离乡"——温州龙港农民城的启示》，《人文地理》1992年第1期。国务院发展研究中心课题组：《农民工市民化对扩大内需和经济增长的影响》，《经济研究》2010年第6期。

者认为社会融合等同于社会融入或者社会适应。其实，从二者所强调的侧重点上来看，存在较大的差异。社会融合的概念更为强调社会环境中各个群体或者各个个体之间的互动与交往，强调相互之间的包容与渗透，在双向互动的过程中，达到稳定和谐的状态。而社会融入或者社会适应过多地偏重于外来居留人员对移居地的社会地理位置与社会风俗习惯等社会环境的逐渐熟悉，强调外来者对移居地的情感接受与习惯适应，是单向的而非双向互动的。因此，社会融合的概念并非等同于社会适应或者社会融入。

社会融合作为一个概念来源于西方学者，倘若从来源上来追溯其形成过程，那么社会融合经历了从社会整合到社会融合的一个渐变过程。社会整合是指不同的个体或群体与某个群体的聚合性，表现为个体对于群体的认可和参与程度，以及群体成员之间的联系和依赖程度。[1] 随着研究的进一步深入，欧美学界开始认为社会整合并不能体现整个社会对个体的认可与接纳，逐渐采用社会融合的概念来替代社会整合，主要关注不同群体之间的深层次关系。欧美的不同学术机构和个人开始给出社会融合的不同定义。在欧洲结构基金项目（European Structural Funds Program）给出的定义中，认为社会融合主要是指"通过降低最弱势社区与全社会之间的不平等来缩小差距，并保证社会支持能够为最需要的群体所享有，增进被排斥群体或个人在工作、教育或其他更广泛的社会层面的社会参与机会"。[2] 而英国社会学家吉登斯认为，社会融合"意味着公民资格，意味着社会的所有成员不仅在形式上，而且在其生活的现实中所拥有的民事权利、政治权利以及相应的义务；还意味着机会以及社会成员在公共空间中的参与"。[3] 美国社会学者帕森斯虽然没有给出具体的概念，但他从国家

---

① Schwarzweller, Harry K., "Parental Family Ties and Social Integration of Rural to Urban Migrants," *Journal of Marriage and Family* 26 (1964): 39.

② 田德文：《欧盟社会政策与欧洲一体化》，社会科学文献出版社，2005，第 124~125 页。

③ 〔英〕安东尼·吉登斯：《第三条道路——社会民主主义的复兴》，郑戈译，北京大学出版社，2000，第 107 页。

制度角度给予社会融合以限定，即社会融合要做的是确保制度能够满足所有人的合法参与需求以及从国家制度安排中受益的需求。[①]

在国外关于社会融合概念的基础上，我国学者针对我国的基本情况，也给出了具体的社会融合概念。如王毅杰等人将社会融合定义为：在宏观社会背景的制约下，受多元因素影响，流动人口逐渐与主流社会相互影响、相互渗透，并最终完成社会整合的过程。[②]

综合来看，各国机构与学者对社会融合的概念虽然有不同的看法和理解，但都包含了这样的基本特征。

第一，强调社会融合是一个个体与社会环境中的各组成部分相互调适、相互促进的过程。

第二，社会融合的过程既是双向的，又是渐进的，不可一蹴而就。

第三，关注的重点在于弱势的、边缘的群体的社会参与过程和结果及社会对其的制度包容。

第四，强调了不同群体之间的双向交往互动的动态过程。

基于以上对社会融合的范围与侧重点的认识，结合我国农民工群体在迁居城市后面临的问题，我们认为社会融合是指外来务工人员在城乡环境的转换中，自身主动参与社会建设，独立有尊严地参与城市生活，获得城市社会对其的接纳与包容，进而达到社会和谐一致的无隔阂状态。农民工随迁子女作为农民工群体附带的次生群体，由于年龄原因，他们的社会融合建基于父辈社会融合状况，与来自家庭、学校、社区及同辈群体之间的互动交流过程。

三　融合教育

"融合"一词用英语表达为"inclusive"，汉语释义为"几种不同的事物合成一体"。融合最初与教育联结在一起开始于美国。1982 年，在

---

① Parsons, Carl., "Social Inclusion and School Improvement," *Support for Learning* 14 (1999): 56.

② 王毅杰、高燕：《流动儿童与城市社会融合》，社会科学文献出版社，2010，第 21 页。

明尼苏达州召开的特殊教育会议上，美国教育部负责特殊教育项目的桑塔格博士（Dr. E. Sontag）在报告中提出，选择有特殊教育需求的学生到普通班级的干预政策中使用"inclusive"一词是合理的。随后，这一说法得到美国教育界的支持与采用。1994 年，联合国教科文组织在西班牙召开的"世界特殊需要教育大会"上正式提出"全纳教育"的思想。由此，融合教育（Inclusive Education）这一概念及其理念得到世界范围内的推广。美国教育改革及融合中心对其进行了详细的概念界定："对所有学生，包括障碍程度困难严重者，提供公平接纳而有效的教育机会，将其安置在住家附近学校且合乎其生理年龄的班级，使用所需的协助与相关服务，使学生日后成为充分参与社会，且对社会有用的一分子。"①

从中可看出，融合教育的基本要义包括的内容有三：其一，教育对象指向所有学生；其二，所有学生正常有序地互动共融，共同成长为社会需要之人；其三，为有特殊教育需求的学生提供各种精神与物质上的帮助。

因此，融合教育面对所有学生，强调社会全员参与，是一种全民教育，在教育价值取向上，倾向于关注所有儿童的教育需求。从此种意义上说，很多人把其称为全纳教育。

融合教育的产生，得益于 20 世纪世界范围内的人权运动、各国民主政治运动以及全民教育运动的推动。融合教育的提倡，旨在打破普通教育与特殊教育二元割裂的教育体系，建立和谐共融的教育一体化体系，满足所有人教育发展的需要。由于融合教育的基本对象不仅包括有特殊教育需求的学生，也面向所有学生，意指所有学生的互动与融合，进而达成所有的学生成人成才。所以，作为实施融合教育基本组织的学校，必须对所有适龄的儿童开放，"必须接受服务区域内的所有儿童入学，并为这些儿童都能享受到自身发展所需的保证质量的教育提供条件"。② 也就是说，融合教育的理念除旨

① 张文京主编《融合教育与教学》，广西师范大学出版社，2013，第 3 页。
② 柳树森：《全纳教育导论》，华中师范大学出版社，2007，第 3 页。

在面向所有受教育的个体之外，还必须为他们提供各种适合的条件，诸如通过各种教育行政、学校管理与课程以及社区资源等，保证所有个体受教育质量的提高。

融合教育作为国际教育发展的一种重要思潮，要实现所有人受教育的梦想，实施全民教育，就要"保障所有学习者受教育的权利不会因为个人的特点与障碍而被剥夺，其最终目的在于建立一个更加公正的社会"①。随着时代的发展，融合教育的对象已不再局限于身体有残障的特殊群体，已由特殊教育领域扩展到所有有特殊需要的人，反对歧视任何受教育者，并不断扩展至面向所有人的普通教育领域，进而实现全社会的和谐共生。农民工随迁子女作为我国城市化进程中的一个特殊群体，作为我国城乡二元教育体制下有教育需求的特殊群体，他们在城乡地域的转换中，面临生活、学习与心理等各方面的适应与冲突，这些特殊需求的解决需要整个社会的全力支持，如宏观方面国家的政策和法律、户籍制度的改革，中观层面学校的师资、环境，家庭的物质、心理环境以及社区提供的安置环境与具体措施等。根据融合教育的理念与特点，以及农民工随迁子女自身的特殊性，融合教育理应成为促进随迁子女城市适应中平稳过渡的指导理念与基本策略。

第二节　教育与农民工随迁子女社会融合的关系厘定

本书的主要关注点在于如何用教育的手段去关注、触摸进而解决农民工随迁子女与城市社会融合中的问题。其实，"教育"与"农民工随迁子女社会融合"是紧密相关的两个关键词，各种教育因素或者说教育力量是农民工随迁子女与城市社会有效融合的关键。

一　教育与农民工随迁子女社会融合

"当今中国二元社会在转型过程中，教育起着以往任何一个时期

---

① 联合国教科文组织编《全纳教育共享手册》，陈云英、杨希洁、赫尔实译，华夏出版社，2004，第13页。

都无法比拟的重要作用，教育是个体生存和发展的前提，也是促进社会发展强有力的手段，而受教育机会和权利方面的竞争实质上就是生存权和发展权的竞争。"① 在现代社会里，教育被认为是促进人社会化发展中的首要因素，更是儿童健康成长并学会与社会及他人融洽相处的重要途径。教育在促进儿童的社会融合方面不仅取决于儿童的家庭环境，也取决于学校环境及所在的社区环境。教育尤其是学校教育在对随迁子女的社会化成长方面起着重要作用。对于随迁子女的社会融合进程来说，与家庭及所居住社区相比，学校是最有目的、最有计划、最有组织的机构。与家庭中所受到的个别社会化教育不同，由于家庭环境的限制，儿童过多地体现了自我的发展。而儿童在学校中，不管是学校的教育指向方面，还是在儿童所扮演的不同角色里，他们被赋予的角色都更多地面向社会。学校通过有系统、有计划、有意识、持续的教育活动与措施，通过师资配备、课程设置、规章制度制定等，为儿童传授社会和文化传统中所必需的技能、规范与态度，在最大程度上使儿童向着学校教育预期的社会化方向发展。教育尤其是学校教育在促进人类包括儿童社会融合方面的作用已不容置疑。

对于随迁子女来说，跟随父母来到陌生的城市生活与学习，与熟悉的农村人和事阻隔开来，也失去了个人发展所需的一切社会资本；同时也面临一切关系的重新建立与重构，如学习中的同伴关系、师生关系，社区里的邻里关系，熟悉适应城市生活等。作为处于学习阶段的随迁子女，亟须从教育入手促进他们快速有效地融入城市社会。教育由于其在促进人与社会和谐相处方面有着无法比拟的特殊功能与特质，对于仍然处于接受教育旺盛期中的随迁儿童的社会融合来说，同样具有不可推卸的责任。关注社会底层的印度经济学家阿玛蒂亚·森所倡导的能力公平观表明，每个人应该按照某些方面公认的能力水平得到相应的对待。他认为，只有通过教育和培训

---

① 钱志亮：《社会转型时期的教育公平问题——中国教育学会中青年教育理论工作者专业委员会第十次年会综述》，《教育理论与实践》2001 年第 2 期。

才能培养与提高人们的交往和交换所要求的基本生活能力，促进文化机会的公平和经济机会的公平。[①] 随迁儿童与城市儿童一样，理应得到应有的公平待遇。在我国现阶段和谐社会建设中，教育理应成为消解社会不公、贫富不均的武器，在促进随迁子女社会融合方面，教育不仅拥有这种能力，而且应发挥其应尽的义务和作用。

二　农民工随迁子女社会融合的教育观照

农民工随迁子女的社会融合问题产生于一定的教育需求之下并在各类教育场域中迸发。随迁子女入城的原因不外乎有两点：首先，随迁子女在农村老家缺少家庭的管教与监护，缺失父母的关爱与教养，面临生活困境乃至道德堕落的风险，无奈的父母只好把子女接到身边；其次，农民工看到了城乡教育的反差，主动把子女携往城市，以享受城市优质的教育资源。不管随迁子女是主动入城，还是被动离开农村、进入城市，其本质都是农民工想让其子女受到更好的教育；不管是出自家庭父母的照顾与教养，还是对城市优质教育的渴求，这种来自底层的弱势群体对教育的内在渴求，成为农民工随迁子女社会融合问题萌生的现实土壤。作为进入城市的特殊群体，农民工随迁子女不仅与其他儿童一样，处于身心发展的关键且正需要教育形塑以确保其健康成长的时期，而且他们离开熟悉的农村环境而到陌生的城市环境中，必然会产生一定程度的内心不适与冲突。随迁子女表现出的融合不适应问题正是在各类城市场域如家庭、学校及社区中发生的。虽然有其自身因素，但归根结底仍是各类教育场域对其实施的教育措施不当、不足或者缺失所致。农民工随迁子女社会融合问题的解决也必然要从教育里寻求解决之道。从教育视角寻求农民工随迁子女社会融合问题的解决，需要科学、合理、系统、全面地统观随迁子女所处的各个教育场域，剖析随迁子女社会融合中各个教育场域

---

① 〔印〕阿玛蒂亚·森：《以自由看待发展》，任赜、于真译，中国人民大学出版社，2002，第284页。

对其的影响，合理地构建促进随迁子女社会融合的教育推进策略，是本书竭力要解决的重要的、根本性问题。

　　本书在对农民工随迁子女社会融合问题进行剖析时，深刻地意识到这是一个艰难的、庞大的系统工程。随迁子女是正在发展中的个体，社会融合问题是其成长发展中的一个重要的环节，融合状况直接关系到个人、家庭、国家与社会，社会融合问题的解决也深受国家、社会、学校、家庭、个人的影响与制约，牵一发而动全身，必然牵涉众多层面与领域。受人类发展生态学理论的启发，把农民工随迁子女的社会融合问题看作一个由家庭、学校、社会等各类教育形态组成的大的教育生态系统，随迁子女作为其中的一个微观主体，分别与其接触较为紧密的家庭中的父母、学校中的师长和同伴、社区中的邻里发生关联，在二者的良性互动中认识城市、了解城市，进而与之发生融合。较为关键的是，如何从教育的角度促进二者的良性互动是农民工随迁子女社会融合问题的题中要义。因此，农民工随迁子女社会融合教育研究就是从不同教育形态组成的教育生态视角，研究不同教育生态系统与农民工随迁子女社会融合的关系及影响，以此推动农民工随迁子女社会融合问题的研究。

　　家庭、学校、社会是一个人身心成长、发展的三个重要场所，家庭教育、学校教育、社会教育也是人一生教育生涯的三个重要教育形态；在我国，城乡家庭、学校、社会之间存在明显的教育与文化差异，而教育与文化上的差异是影响农民工随迁子女社会融合不可忽视的重要因素。另外，从家庭、学校、社会三个相互联系的生态维度呈现、探讨农民工随迁子女社会融合问题将使研究主题更为明晰，更易于研究问题的整体把握。因此，本书在对农民工随迁子女社会融合问题进行探究和剖析时，主要从家庭、学校、社会三个教育方面呈现研究问题及其之间的相互关系，并借以构建整个研究框架。

（一）家庭教育：人一生成长的基石

　　家庭是儿童成长的第一空间，是个人成长与初级社会化的重要场所，也是个人接受教育的起点。"一个人的发展取决于和他直接和间接进行交往的其他人的发展。"[1] 按照人类发展生态学的观点，个人直接交往与接触的环境为微环境，间接地施加影响个人发展的因素为宏观因素，也成为宏观环境。其中，微环境对个人发展来说其作用更为重要。其实，从作为教育工作者经验的角度来看，在孩子的身上，不论是缺点还是优点，都无一例外地会从父母的身上找到痕迹。就孩子的成长来讲，来自家庭和父母的影响，不仅重要，而且也是学校所无法替代的。家庭以社会微型缩影的方式包含着个人成长所需的一切社会规范的养成教育与约定俗成的文化氛围的培育和熏染，包含着几乎所有的教育内容和教育功能的范围。

家庭不仅是一个人一生成长的基石，而且对于整个后代族群的影响也是非常大的。美国社会学者理查德·戴尔对美国两个家族后代进行的对比研究印证了该观点。在该研究中，其中一个家族的祖辈是 1700 年出生在纽约的马克思·杜克斯，他以冷酷无情著称，并和一个"作风开放"的女人结了婚。在他的 1200 多个后裔中，130 个进过监狱（7 个是因为谋杀，平均刑期为 13 年），310 个是流浪汉，190 个是妓女，60 个是惯偷，还有 680 个是酗酒者。他们对社会没有做出任何值得一提的贡献，而仅仅为了监禁和挽救他们，纽约州政府所花的费用以百万美元计。研究中另一个家族祖辈为生于同时代（1703 年）的约翰逊·爱德华，他是一名清教传教士，也住在纽约。在他的 929 个后裔中，430 人成了传教士、牧师或者神学家，100 位是律师，60 位是法官，60 位是医生，60 位是优秀作家，100 位是大学教授，14 位是大学校长，3 位是市长，3 位是州长，1位曾任美国总统。至今，他的家族没有耗费国家一分钱，但他们为美国做出了不可估量的贡献。在此，我们暂且不去考虑理查德·戴尔研究中样本选择的个别性与有效性，该研究的结果却表明一个家庭或者家族的文化或者教育对于后代的影响是巨大的。一个家庭的文化教育氛围对个人具有潜移默化的影响。其实该研究所揭示的道

---

① 李竞能：《马恩列斯论教育》，中国人民大学出版社，1977，第 59 页。

理与布尔迪厄的文化资本理论具有异曲同工之处，文化资本理论也强调家庭文化资本可以在家族代际传递与流动，文化资本具有可复制性和再生产性。因此，教育起始于家庭，形成良好的家风、家教并在家族的繁衍中不断传递和复制。

家庭教育的独立性和自主性特点，使家长在家庭教育中具有较强的支配权，要把子女培养成什么样的人，如何培养，主要取决于家长的态度和意志。农民工家庭作为城市中的特殊群体，有其独特性。由于自身经济地位及教育水平的影响，农民工群体在家庭教育方面多有疏忽，且存在较多依赖学校的问题。如何有效促进农民工随迁子女家庭教育效能的提高，还有待于农民工自身教育水平的提高。

（二）学校教育：成人成才的关键

学校教育作为个人接受教育、驯化的重要场域，在整个人生之中具有毋庸置疑的作用。几乎所有的儿童在接受学校教育之前，父母皆满怀希望，希望通过学校教育来实现子女未来人生的圆满与美好生活的开拓。学校作为个体从家庭走向社会的中介，置身于其中的学生、教师与管理者分别拥有各自的角色并承担特定的任务。首先，学校作为传播知识的特定场域，对于儿童智力的开发与能力的培养具有先天的优势。学校拥有专门传输知识的师资队伍与一切软、硬件设施，在传输知识方面具有得天独厚的优越条件，同时专业优势决定了其在知识传递中的效果优势。其次，学校作为以文化育人的单位，在培育儿童关怀生命、关注自身向上发展以及彰显文化功能方面也有优势。学校内部以人类积累的文化文明成果为育人的工具与载体，引导儿童不断追求美好事物，丰盈内心，促使儿童追求真、善、美本真的真实显露，因此，学校是真正育人的教化性场域。学校作为专门的育人部门与知识储存和传递的文化部门，在培育真正的人才方面有特供的专门的文化资源，以其独具的文化性而培育具有真正文化的文化人，而不仅仅是培养了接受教育的人。学校使接受教育与有文化发生直接的关联，因此，学校教育是使儿童成人成才的关键。

（三）社会教育：濡染终生的人生大学校

教育作为人生养成的一个重要活动，社会教育作为教育空间的一部分在其中具有重要的作用。随着学习化社会和终身教育理念的提出，社会教育的地位和作用越来越突出。同时，社会教育作为学校教育、家庭教育相对应的一种教育形式，在对个体社会化发展方面具有重要作用。然而，由于其在个人发展中的潜隐性特点使其在育人上具有润物无声的作用，很多人在关注学校教育与家庭教育时，忽视了社会教育。

社会教育是伴随一个人一生的教育，可谓个人的终生教育，在个人发展中伴随终生。诚如美国的教育学家莫利安（S. B. Merriam）和载肯握（G. G. Darkenwald）所认为的，重视和加强成人教育和终生教育成为当前世界各国的共同趋势，整个人类社会已经迎来了社会教育的新时代。[①] 与家庭教育及学校教育相比，社会教育同样是在有目的、有计划、有系统地组织各类教育活动，进而促进人的发展与社会发展的和谐统一。当然，这是一种广泛意义上的教育概念，这种教育的组织化程度远低于学校。由于强调其为教育的社会延伸而较为重视其潜隐功能的发挥，突出其潜移默化的教育功能，突出强调通过社会学习，发展人的社会能力，诸如自我认识能力、与他人及社会沟通互动的能力、对生活情境的调适与认识能力等。因此，社会教育在人的社会化发展方面具有潜移默化的重要作用。

从教育的视角推进农民工随迁子女社会融合的对策思考，基于对随迁子女社会融合问题在家庭、学校、社会各个层面呈现的现状及归因分析，剖析家庭、学校及社会对随迁子女的社会融合直接或间接、显性或隐性的影响。因此，对策思考主要是以家庭教育为基，以学校教育为主，以社会教育为辅的一体化路径，并以融合理念为基本指针的政策落实为先导，促进农民工随迁子女的有效融入。

---

① 龚超、尚鹤睿：《社会教育概念探微》，《浙江社会科学》2010 年第 3 期。

第三节　教育观照下农民工随迁子女社会
融合的理论基础

本书主要从教育角度对农民工随迁子女的社会融合问题进行研究，社会融合理论、人类发展生态学理论是本书研究中重要的理论基础。基于这两种理论对本书的重要性，很有必要对其核心概念及其与随迁子女社会融合的契合性进行阐述和梳理。

一　社会融合理论

（一）社会融合理论的内涵

自 20 世纪 90 年代以来，在社会政策理论和实践研究中，社会融合逐渐取代公正平等而成为社会学领域中的核心概念。具体来说，该理论主要包含了脆弱群体理论、社会分层理论与社会排斥理论。

脆弱群体理论认为人类群体有其自身的脆弱性，但是脆弱性并不意味着要被排除在人性之外，相反，人类的脆弱性应该得到应有的呵护与关爱。而具有脆弱性的这一群体被称为脆弱群体。研究脆弱群体的代表罗伯特·古丁指出，该群体的脆弱性是人们对该群体特别责任的来源。[1] 出于各种特定的情境或者原因，社会中的一些人处于特别脆弱的时期而成为脆弱群体中的一员。对于具有脆弱性的社会成员，所有人应该对其负有一定的关怀责任。因为脆弱群体会出现，往往是由不可抗拒的自然灾害或者其他不可控的因素造成的，整个社会如果对其不施以援助，必将使其陷入更加脆弱的境地，最终远离社会主流。

社会分层理论认为在整个社会结构中，社会存在阶层差异以及由此可能会导致社会层级的出现甚至分裂。由此，拥有不同阶层意

---

[1]　Goodin, Robert E., *Protecting the Vulnerable: A Reanalysis of Our Social Responsibilities* (Chicago: University of Chicago Press, 1985), p. 267.

识的人被划分入不同的社会层级中，形成不同的群体，这些群体之间的排斥、对抗甚至小范围的冲突在一定程度上影响了社会的安定与融合。再者，社会的分层也必然导致贫富阶层的分化以及由此带来的社会上下层群体的巨大差别，这种差别不仅体现在经济、社会地位上的悬殊，更多地体现于心理、思想上的敌对甚至对抗。而对处于社会下层群体的情绪要及时地进行有效疏导，并沟通处于社会上下层群体之间的联系，否则可能会引发一定的社会动荡。

从世界范围内看，贫困始终是困扰世界各国发展的最大障碍。为了消除贫困问题，各国均做出了不懈的努力。然而，随着社会经济的变迁，由贫困、种族及其他因素带来的社会排斥成为各国面临的最大难题。最早提出社会排斥概念的是法国学者勒内·勒努瓦（Rene Lenoir），他强调个体与社会整体之间的断裂。关于社会排斥的含义，国内外的学者也是见仁见智，各抒己见。但总的看来，学者们将社会排斥主要分为结构性排斥与功能性排斥两类。前者主要是指被排斥的个体、群体或者组织出于自身功能的欠缺而处于一种被社会"排斥"的状态；后者主要是由社会结构的不合理而造成的社会排斥、经济排斥、政治排斥与文化排斥。

（二）与本书的契合性及启示

从脆弱群体理论上来看，进城的农民工及其子女由于受到我国特殊的城乡二元结构的制约，而无法享受城市中的种种公共服务、社会保障及相对优质的资源。这一造成他们目前身处困境的因素是其自身无法掌控的，而且远离原居住地的社会支持系统，新的城市社会支持系统无法或较难建立，由此带来的陌生与困惑使他们相对于城市居民来说，属于脆弱群体，是需要社会关爱的群体。

从社会分层理论上来看，虽然我国的阶级差别在中华人民共和国成立初期就已消灭，但我国长久以来由于资源紧张而实施的优先发展战略，使我国不同地域之间确实出现了贫富分化的现象，而这种现象在城乡之间尤为突出。在我国当前社会转型时期，阶层分化现象的出现毕竟是不可避免的。社会分层理论启发我们要关注不同社会层级之间的社会融合，尤其是城乡之间的社会融合问题。同时本书中进城农民工及其随迁子女的社会融合更应引起注意，这对于我国努力构建和谐社会具有重要的意义。

从社会排斥理论的内涵来看，该理论与本书研究具有较大的契合性。务工农民进入城市后，受到来自社会的多重排斥，几乎包含了由自身文化水平不高及城乡文化差异所造成的功能性排斥与来自城乡二元结构制约而导致的经济、政治乃至文化排斥。种种的排斥使其陷入一种不安定的社会环境之中，并在代际传递与流动，影响了农民工随迁子女的城市生活。因此，消除由此带来的各种排斥，才能使农民工随迁子女顺利地融入城市生活，借助教育实现个体社会层级的提升，进而实现我国和谐、稳定的社会梦想。

二 人类发展生态学理论

人类发展生态学理论是近年来被广泛运用于社会科学研究的一种重要理论，尤其对人的发展理论研究来说是一种创举，为人类发展研究铺设了又一块基石。[①]

（一）人类发展生态学的含义

"人类发展生态学"这一概念首先由布朗芬布伦纳提出，他在1979年出版了《人类发展生态学》（*The Ecology of Human Development*）一书，明确提出了人类发展生态学理论。该理论的提出，旨在解决由美国社会混乱与家庭动荡所引起的儿童教育问题以及儿童生态变迁对其自身发展的影响。布朗芬布伦纳指出，人类发展生态学是"对不断成长的有机体与其所处的变化着的环境之间相互适应过程进行研究的一门学科，有机体与其所处的即时环境的相互适应过程受各种环境

---

① 薛烨、朱家雄等：《生态学视野下的学前教育》，华东师范大学出版社，2007，第86页。

之间的相互关系以及这些环境赖以存在的更大环境的影响"。① 他认为有机体与周围不断变化的环境之间存在紧密的联系，有机体与即时环境的适应过程受各种环境的制约。人作为各种环境中的有机体，自然深受各种环境的影响与制约，个体的发展就是人与环境之间不断地适应以及相互作用的过程，影响个体发展的各种环境以及它们之间的相互联系就构成了或促进或制约人类发展的生态系统。

在此基础上，布朗芬布伦纳指出，人类发展生态学蕴含着三层含义：其一，发展中的个体不是任由各种环境任意施加影响的物件，而是活生生的、不断成长的并与周围环境时刻互动的有主动性的人；其二，个体与环境之间是双向互动的关系；其三，与个体发展相关的环境并非单一的，而是多元的，不仅包括其他各种环境，也包括各种环境之间的相互关系及其植根的大环境。所以，在整个个体发展的生态系统之中，不同层次、不同性质的环境相互交织，将发展中的个体融入一种渐进的、动态的、多维的、相互镶嵌的类似同心圆的、相互包含、相互作用的体系之中。

(二) 人类发展生态学模型

与普通心理学和发展心理学相比，人类发展生态学所指"环境"的含义要宽泛得多，主要是指有机体或者发展中的个人正在体验着的、变动着的，或者与发展中的个体有直接或间接联系的各类性质不同的环境，也即有机体所处的整个生态系统。这里所指的环境不仅包括各种真实存在的实体环境，还包括处于各种环境之中的个体对这些环境的内心感受。因此，此生态系统按照与发展的个体发生互动交往的频率以及环境对其影响的直接与否，由内而外包括各种微观系统（microsystem）、中观系统（mesosystem）、外系统（exosystem）和宏观系统（macrosystem）。每个层级的系统都互相嵌套而发生交互作用，构成

---

① Bronfenbrenner, U., *The Ecology of Human Development: Experience by Nature and Design* (Cambridge: Harvard University Press, 1979), p.21.

了由内而外、逐层衍射的类似同心圆结构的生态系统。布氏的生态系统理论问世以后，受到教育界人士的追捧与研究。1999 年 Huitt, W. 在精研布朗芬布伦纳理论的基础上，构绘出儿童发展生态系统模型，从而较好诠释了布氏的生态系统理论（见图 2 – 1）。

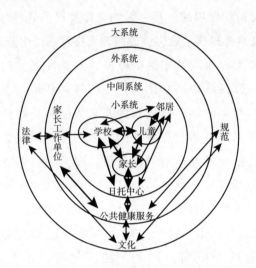

图 2 – 1　Huitt, W. 构绘的儿童发展生态系统模型

图 2 – 1 中的微观系统也即小系统，主要是指"发展着的人在具有特定物理和物质特征的情景中所体验到的活动、角色和人际关系的一种样式"①。这里的"情景"主要指个体可以直接参与的、能够亲身体验的交往场所及其人际关系，也即图 2 – 1 所示的家庭、学校、社区邻里以及活跃其中的家长、教师、邻居等其他与个体发展密切相关的人员，所有这些构成了个体成长发展的微观环境。其中，活动、角色和人际关系是构成微观环境的关键因子。微观环境之所以位于同心圆的中心地带，就在于与个体发展直接发生关联，是个体直接能够体验到的经验环境，微观环境与个体发展

---

① Bronfenbrenner, U., *The Ecology of Human Development*: *Experience by Nature and Design* (Cambridge: Harvard University Press, 1979), p. 22.

的主观感受密不可分。根据布氏生态系统理论的观点，作为个体的儿童的发展，在很大程度上取决于他与周围环境互动的状况及结果。儿童置身其中且直接接触的交往场所，如学校（幼教机构）、家庭、社区等物理区域以及与之有关联的人际交往关系，对儿童发展的影响尤为巨大。家庭作为儿童最为主要的生活环境，家庭内部的物质与精神层面的种种因素都对儿童发展有着至关重要的影响。伴随着儿童的成长，他们接触的范围扩展至家庭以外的社区与学校等社会性环境，也逐渐展开彼此间的互动，发展了伙伴与师生关系。对于儿童来说，家庭、学校（幼教机构）、社区等环境是儿童直接接触的并对其发展和成长产生直接影响的微观系统，这些环境中的人、事、物均与儿童生活直接相关，对儿童发展具有至关重要的影响。

中间系统是由上述微观系统所组构的系统，主要是指"由发展的人积极参与的两个或多个情景之间的相互关系"[①]。具体到儿童来说，如家庭中的亲子关系、兄弟姐妹关系，学校中的师生关系和同学关系，以及社会中的邻里关系和伙伴关系等。当儿童身处一种环境时，必然与周围环境互动而产生某种关系，当其由一种环境进入另一种环境时，中间系统就得以形成或者说延展。比如当儿童进入幼儿园时，家园关系即为中间系统，儿童是沟通二者关系的信息通道，而家长与教师之间的关系属于中间系统的补充性联系。补充性联系的强弱与有无决定着环境的发展潜力，对儿童发展的影响也非常重要。也就是说，"当环境间存在的间接联系鼓励相互信任的发展、积极支持、目标一致，能量平衡积极向有利于发展中的个体的行动转移时，中间系统的发展潜力将会被提高"[②]。因此，儿童接触最多的家庭、学校与社区等微观环境之间的相互关系，构成了儿童

---

① Bronfenbrenner, U., *The Ecology of Human Development: Experience by Nature and Design*, p. 25.

② Bronfenbrenner, U., *The Ecology of Human Development: Experience by Nature and Design*, p. 25.

发展至关重要的中间环境，他们彼此之间的沟通与联系顺畅，发展成为支持性联系进而形成儿童发展的合力，对儿童身心的健康发展有重要作用。

外系统"是指发展的人虽然并没有直接参与，但影响或受其中所发生的一切所影响的一个或多个环境"。[①] 该系统主要指影响儿童发展的社会环境，儿童本身并不参与其中，主要通过影响与儿童紧密相关的微观系统进而间接地对儿童发挥作用。例如从家庭方面来说，儿童父母的经济收入、文化素质、社会地位和职业状况等，不仅决定儿童父母的社会角色，而且直接影响儿童与家长之间的亲子关系、家长的教育观念和教育方法等。从学校或幼儿教育机构来说，学校的办学条件、师资水平等决定了学校的教育理念、教育资源的分配等，从而影响儿童的发展。从儿童家庭或学校所处的社区来说，社区的文化经济水平、环境布局、人员的交往方式以及对教育的重视程度等，也对儿童发展起着潜移默化的影响。

宏观系统也即大系统，主要是指"各种较低层次的生态系统（小系统、中间系统和外系统）在整个文化或者亚文化水平上存在或可能存在的内容上和形式上的一致性，以及与此相联系并成为其基础的信念系统或意识形态"[②]。也就是说，大系统包含并决定着上述所有系统的具体特征，影响着人发展的大方向，上述各类系统对人发展的影响都是在大系统的广阔背景下进行的。大系统主要包括国家的政策、法律、社会价值、风俗习惯等。

除此之外，与上述诸系统并列而存的还有时间系统，主要指儿童在成长发展过程中，诸环境中影响儿童成长的新因素随时间而发生的变化。例如，儿童随环境变迁而产生的心理不适问题，随着在

---

① Bronfenbrenner, U., *The Ecology of Human Development: Experience by Nature and Design*, p. 25.

② Bronfenbrenner, U., *The Ecology of Human Development: Experience by Nature and Design*, p. 26.

迁入地时间的增加而逐渐淡化，其中的原因既有个人的主动适应，也有外部因素的积极干预。

（三）与本书的契合性及启示

研究随迁子女社会融合的最终目的在于促进随迁子女有效、有序地与城市社会共融，实现自身的健康成长，而教育在这里所起到的作用就在于在此过程中进行有效的干预，更好地促进随迁子女健康、顺利发展与成长。人类发展生态学的理论和方法为研究随迁子女的社会融合与发展提供了一条新的思路，关注随迁子女社会融合问题的研究者们有必要对这种新思路与随迁子女发展的教育操作层面问题做进一步的关联性探究，进而为我国随迁子女的社会融合研究带来一些新的启示。

第一，关注过渡环境中的随迁子女教育。随迁子女与他们的父母一样，属于从农村转移到城市中的特殊群体，但由于他们处于身心发展可塑性较强的时期，而与一般的迁入城市的成人群体有很大的不同。因此，不应笼统地把泛化的、抽象的社会融合理论与研究路径转嫁到正处于发展中的随迁子女身上，而不注重处于过渡期中随迁子女的生活与学习情境发生转换时的特殊情境。但是，通过对人类发展生态学理论的分析，得知该理论认为环境与儿童的发展密不可分，环境尤其是与儿童密切接触的环境对儿童的发展有着不可忽视的影响。该理论主张在研究儿童发展时，在研究方法上要深入儿童所处的各种生活与学习的自然情境中，探索儿童发展的真实生活场景。在研究思路上则不仅要描述儿童发展的表层状况和基本过程，还要关注儿童发展所处的特殊环境和背景，在研究视角上要关注儿童多维度的发展与各层次环境的互动关系。

人类发展生态学理论和思想注重在随迁子女生活与学习的具体情境中，研究随迁子女的具体发展问题，有利于研究者从预设的、推理式的研究神坛中走出来，关注随迁子女细微的生活与学习等具体情境中的真实问题，关注随迁子女真实的生活、学习环境与心理变化；从关注一般的数据统计分析层面概括抽象出随迁子女的一般数量性的发展面貌，到注重随迁子女在特殊过渡时期，不同环境的转换对其心理、情感变化的影响，找寻影响随迁子女社会融合的深层原因及随迁子女在城乡环境转化下的心理冲突与内心困惑，便于比较准确地得出随迁子女社会融合的教育发展规律。此外，这一理论的研究视角也有助于致力于随迁子女的研究者们更多地关注随迁子女具体的教育实践活动，拉近与随迁子女实际生活和学习的环境距离，更有效地指导随迁子女的社会融合。

深入随迁子女具体生活和学习的环境中，可以改善研究者们将一般儿童发展理论应用于随迁子女的盲目行为，转向关注处于特殊过渡与转折时期的随迁子女在具体的发展环境下的学习过程和生活过程，转向特定教育环境中的特定儿童的特殊学习和生活，以便获取更多有价值的、更为具体的有关随迁子女发展的具体信息和细节。

第二，从单一到多维，微观与宏观相结合。人类发展生态学理论认为儿童发展所处的生态环境是多维度的，具有多样性和可变性，因此环境对儿童发展所产生的影响也是多维而多变的。因此，我们用人类发展生态学的理论视角去解析随迁子女的社会融合及教育干预对处于过渡时期的随迁子女发展的影响时，就需要铭记随迁子女的社会融合问题是一个长期的、渐进的过程，不可能一蹴而就，就需要对随迁子女的社会融合问题采取更为宽容、更为和缓的教育干预方式。

在人类发展生态学视野下，对儿童发展产生影响的环境是多层次的，是由以儿童发展为同心圆的多环境、多层次构成的大生态系统框架。在该理论下思考随迁子女的社会发展问题，就应该从多角度、多切面的实践视角去采取各种教育应对措施，而不应过分强调哪种教育环境能更好地适合随迁子女的社会发展。因为影响随迁子女发展的环境不仅是多层次、多维度的，而且正处于各种即时环境的转换之中，所以并不存在最好的、最能适合处于环境过渡中的随迁子女的教育环境。所以，对于关注随迁子女社会发展的研究者们来说，应该解构单一的教育形态因素尤其是学校教育对随迁子女发展进行干预的观念，展开多种形态的教育环境对随迁子女社会发展的影响研究。这种研究思路引发的思考可能在某种程度上更有利于研究者观察到随迁子女在特定的过渡时期与空间转换中，所展现的方方面面的真实需求，也有助于目前的随迁子女社会发展问题能走出一条更多元化、多维度的融合教育之路。

第三，对农民工随迁子女社会融合的研究应走质与量混合互补的研究之路。在目前关于农民工随迁子女社会融合的诸多研究中，大多数研究者以量化的研究为主，注重以数据采集与统计分析说话，认为数据即代表实在真理。毋庸置疑，这些研究确实有助于揭示农民工随迁子女社会融合中广泛存在的问题，有助于研究的进一步拓展。但是，随迁子女的社会融合问题关涉很多细微的、日常的、心理层面的微观问题，如果仅靠量的分析方法是无法深入这些细微之处的，而质的研究方法在一定程度上可以弥补这一缺憾。就像人类发展生态学理论所强调的运用描述的方法在自然真实的情境中研究儿童的发展，并承认研究者在观察、探访中所体验到的主观价值，承认研究者个人的主观选择和主观判断与解释在研究中是必然存在的，也是必不可少的一个重要环节。只有深入体验与观察才能感同身受，从而获得一种体验式的真实认知，这对研究的真实性与纵深性大有裨益。人类发展生态学理论的这种观点与现今提倡的质的研究方法所强调的自然自由的、在真实情境中体验式的探究和深描的方法，强调研究者的主观选择与研判以及研究者个人基于体验的解释性理解等都有极大的相似之处。人类发展生态学理论所强调的在真实情境中研究儿童发展的方法，可以帮助研究随迁子女社会融合的研究者们关注到量的研究所不能关注到也不能深入涉及的问题，同时有助于拓展运用研究方法的思路，使不擅长进行量化研究的研究者获得适合他们自身的研究方法，而这对扭转教育界过多重视量化研究的趋向是有较大益处的，毕竟对于随迁子女社会融合研究来说，较多会涉及细微与日常层面的研究。

需要指出的是，研究方法虽然受到研究内容及对象的制约，但研究方法与路线的改变，最终必将归结到研究主旨和研究内容等方面的一系列改变。也就是说，在随迁子女社会融合问题的研究上，采取质与量相结合的混合研究方法，是与人类发展生态学理论所强调的研究情境生活化、以整体的系统作为关注点、关注多维度的研究视角紧密相关的，将研究方法由注重量的研究转移到质与量的混合研究必将进一步改变随迁子女社会融合研究的内容与旨趣。同时，人类发展生态学理论在选取自然主义研究还是实验操作研究等研究方法上，趋向折中的研究态度，这也启示我们，在看待随迁子女社会融合的研究方法上不应有孰优孰劣之别，将不同研究方法加以综合运用对研究视野与研究深度的拓展有所裨益。

第三章

农民工随迁子女社会
融合教育的现状

  截至 2015 年 11 月，居住地与户口登记地所在的乡镇街道不一致且离开户口登记地半年以上人口为 29247 万人，同 2010 年第六次全国人口普查相比增加 3108 万人，增长 11.89%。与此相应，流动儿童的数量也在不断攀升。已有研究表明，6~11 岁和 12~14 岁儿童的城市就学率在 96% 以上。[①] 换句话说，义务教育阶段的绝大多数随迁子女拿到了就读城市学校的"入场券"。在对随迁子女接受城市教育的机会和途径等关涉教育公平与教育政策等的宏观研究渐趋平息之余，学界将关注的目光转向了随迁子女与城市社会的互动交往以及社会适应等微观层面。针对随迁子女的社会融合，大多数学者认为该问题不仅成为一个渐趋凸显的问题，而且成为影响随迁子女正常的城市生活与享受城市教育，获取真正"在场"教育的重要因素。同时，教育作为推动人与社会互动、交往的有效手段和途径，在促进人的社会化方面显示出独特的力量，这也是教育促进人的社会融合的应然状态。通过调查发现，农民工随迁子女社会融合状况不容乐观，各种场域的教育在随迁子女社会融合的推动方面并未发

[①] 段成荣、吕利丹、王宗萍、郭静：《我国流动儿童生存和发展：问题与对策——基于 2010 年第六次全国人口普查数据的分析》，《南方人口》2013 年第 4 期。

挥应有的作用，即推动农民工随迁子女社会融合的教育实然与应然之间仍有不小的差距。

第一节　资料来源和分析工具

社会融合是个体和个体之间、不同群体之间或不同文化之间互相配合、互相适应的过程，并以构筑和谐的社会为目标。[①] 社会融合有多种分类方法和研究内容，依据研究对象不同有族裔融合与迁移人口融合等，依据研究内容有心理融合、经济融合、身份融合、政治融合等。本书主要针对农民工随迁子女社会融合的状况，挖掘影响其融合的原因，进而探索促进他们社会融合的教育之道。因此，本书结合质性研究方法，主要运用问卷调查与深入访谈等实证研究方法，深入挖掘第一手资料。2012 年 7~12 月，笔者就"农民工子女社会融合教育"问题开展了专门的调查，主要采用问卷调查和访谈法进行实证调查。随后于 2014 年 3~5 月、2015 年12 月至 2016 年 1 月开展了回访式调查，作为对照，并补充了部分资料。

一　问卷调查

（一）问卷调查内容

本调查内容涉及学龄前到义务教育阶段儿童的社会融合问题。因为社会融合是一个双向互动的过程，设计问卷时主要基于儿童认同（融合）和融合教育两个维度，鉴于农民工子女年龄的跨度问题，在设计调查问卷时分为两个部分，即学龄前的儿童和义务教育期的儿童。因为学龄前儿童的社会融合一般来说属于被动融合，较为特殊，影响因素除制度性因素外，来自家庭的影响较大，加之学前儿

---

① 任远、邬民乐：《城市流动人口的社会融合：文献述评》，《人口研究》2006 年第3 期。

童年龄限制，故而有关学龄前儿童的调查主要针对其父母对社会融合的感受开展。因此，调查问卷的设计分为家长问卷与学生问卷。家长问卷内容主要包括随迁学前儿童父母的基本情况（年龄、收入、受教育程度等）、亲子交流（父母与子女交流的时间、方式等）、所居住社区对其子女的态度等。根据以上内容设计了30道测试题，让被试者根据各自的情况如实填写，通过上述具体问题来考察学前儿童的社会融合状况。儿童认同主要把儿童对城市文化、教育的参与及心理上对城市生活与教育的感受作为主要的考察内容，即主要从学界认可的社会融合的几个维度如心理融合、身份融合、文化融合、经济融合等方面展开。由于义务教育阶段的儿童涉及经济融合的情况较少且间接，故而排除了这一融合维度。根据上述标准，我们设计了24道测试题。融合教育主要从家长和教师两个方面展开，分析家庭教育和学校教育在儿童社会融合方面的影响。

（二）调查过程

农民工随迁子女方面，调查样本来自哈尔滨、武汉、郑州3个省会城市的5所接纳农民工随迁子女的公办中小学校，发放问卷500份，成功调查481名学生；发送学前儿童家长问卷300份，成功回收287份。

（三）数据处理

调查问卷在数据整理后由专人录入，用SPSS16.0软件处理。

二　开展访谈

一方面基于农民工学龄前子女年龄较小这一特殊原因，主要以对其父母开展实地访谈、电话沟通等方式进行，访谈了上述三地五个家庭；另一方面对接收农民工随迁子女的公办学校的校长和教师进行访谈，主要通过与校长和教师深入的访谈，了解接纳随迁子女的城市公办学校对融合教育的必要性的认识、学生融合的现状、融合教育的实施现状以及融合教育实施过程中所遇到的问题等，获得了宝贵的第一手资料。

第二节 农民工随迁子女社会融合概况

本书采用描述性统计分析对随迁子女社会融合的总体情况和各维度进行分析。

一 农民工随迁子女基本情况

在本次调查中，随迁子女问卷有效回收 481 份，有关被调查随迁子女基本情况的描述性特征如下（见表 3 - 1）：在成功调查的 481 份问卷中，男生占 50.3%，女生占 49.7%；1~6 年级的儿童占 52.2%，7~9 年级的占 47.8%，比例相当，表明农民工子女入城就学情况在男女性别、小学与初中的占比方面已呈均衡化；在农村出生的占 77.3%，而在城市出生的占 22.7%，表明一些农民工父母已经意识到城市生育、医疗条件的优越，开始选择在城市生育孩子，这在访谈中也有所体现；但大部分的农民工随迁子女都有留守的经历，占 86.9%，城市出生城市长大的仅占 13.1%，表明多数农民工由于诸种原因，无法亲自照顾孩子，只能分阶段、分时期把孩子寄养在老家的现实状况。因此，受农村文化濡染多年的随迁子女，在由乡到城的环境转变中必然会遭遇种种的不适。为了探究年龄因素对农民工随迁子女社会融合的影响，特选取不同的公立小学 1~3 年级学生与幼儿园大班学前儿童作为被试样本，两者随机选取的样本数分别为 103 名与 128 名，分别占 44.6% 与 55.4%。

表 3 - 1 随迁子女基本情况的描述性分析（N = 481）

变量		人数(个)	百分比(%)
性别	男	242	50.3
	女	239	49.7
出生地	城市	109	22.7
	农村	372	77.3

续表

变量		人数(个)	百分比(%)
留守经历	有	418	86.9
	无	63	13.1
义务教育阶段	小学	251	52.2
	初中	230	47.8

二　农民工随迁子女社会融合状况

农民工随迁子女的社会融合问题是一个相对复杂的体系，难以做到有效、准确、全面的测量，我们从社会融合的几个重要维度来予以把握与分析。目前学界一般认为，社会融合分为心理融合、经济融合、文化融合、结构融合等。为简化数据计算的难度，在各维度的构成因子中，力求更为简洁、更具代表性。综合随迁子女的情况，由于其在经济上主要依附于父母，因此根据社会融合的基本要义，分析随迁子女的具体融合问题的框架主要还需从文化融合、结构融合、心理融合这三个维度介入。文化融合主要定位于价值、认知等方面的融合；结构融合主要指的是社会交往关系的发展与融合；心理融合主要指的是在自我与他者的互动中身份认同的发展以及自我同一性的确立等。下文将从这三个指标维度展开来分析随迁子女的社会融合问题。

1. 农民工随迁子女社会融合的总体状况

本书采用描述性统计分析对随迁子女社会融合的总体情况进行分析，问卷采用李克特5点计分，中位数是3。分析结果显示，随迁子女社会融合的总体平均数是2.44，标准差为0.19，最高分为2.78，最低分为2.20，说明随迁子女社会融合的总体状况良好，但还存在一定的问题，处于中等偏下水平。

2. 农民工随迁子女社会融合的三维度状况

从表3-2中可知，三个维度的平均得分都小于中位数3，说明农民工随迁子女各个维度的融合情况并不是非常好，三者之间也存在一定的差异，相比较而言，较好的是心理融合，其次是结构融合，最差的是文化融合。因此，从统计分析结果可看出，随迁子女的社会融合状况还存在一定的问题，促进随迁子女社会融合是一个值得重视而又艰巨的任务，任重而道远。

表 3 – 2   随迁子女社会融合的三个维度状况（N = 481）

单位：分

社会融合维度	平均分	标准差	排序
心理融合	2.68	0.319	1
结构融合	2.22	0.321	2
文化融合	2.16	0.331	3

就随迁子女社会融合的三个维度而言，心理融合相对较好，即随迁子女在与城市他者的互动中，对自我身份的认同感较好，但在具体的单项检测中，发现事实远非如此。由图 3 – 1 可知，完全认同自己是"农村人"的占 17.3%，可见大部分随迁子女并不认同或不清楚农村户籍赋予自己的农村人身份。而认同自己是"城市人"的占 16.7%，因此完全认同自己是城市人或是农村人，能够确认自己身份的共有 34%。有 47.5% 的随迁子女觉得自己既是城市人也是农村人，之所以获得这一认识，可能的原因在于自己出生于农村、来自农村，户口本上明白无误地写着自己来自某某镇某某村，且又生活于城市，接受城市教育这样的事实。还有 2.8% 的随迁子女感觉自己既不是城市人，也不是农村人，也就是说明显感觉自己处于城市与农村的边界。另有一部分随迁子女（15.7%）干脆以"不知道"作答，对自己的身份认同显示出明显的困惑。对 103 名学前大班儿童的调查结果却显示，学前期与小学阶段的儿童相比，前者的心理融合程度明显要好于后者，在对自己的身份认知中，高达 78% 的随迁学前儿童认为自己是城市人，13% 的随迁学前儿童认为自己是农村人，只有 4% 的随迁儿童不清楚自己的身份。这些数据表明，随迁学前儿童虽然对自己的身份认知在很大程度上背离实际身份，但明朗化的身份认知减少了他们与城市生活及教育的疏离感，正是这种认知降低了他们融入城市社会的自我阻力。

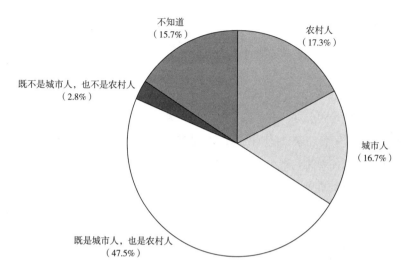

图 3 - 1 随迁子女对自己身份的认同

在文化融合的几个因素中（设定为能否流利地使用普通话，是否了解当地的风景名胜并去游玩，是否喜欢所在地的生活与学习环境），"能否流利地使用普通话"是判定农民工随迁子女与城市同学及居民交流顺畅与否的一个重要指标。在参与调查的随迁子女中，有46%的随迁子女认为自己的普通话不错，能正常和同学交流；38%的随迁子女认为自己的普通话不太好，曾经因此而发生交流受阻的情况；还有16%的随迁子女感觉自己普通话非常不好，因此羞于张口说话。从总体看来，小学阶段的随迁子女在对普通话的掌握以及用于沟通交流方面存在较大的障碍。在对学前大班儿童的调查中发现，他们在普通话方面的困扰要小得多，只有9%的学前儿童家长认为自己的孩子在普通话掌握方面不太好。对幼儿园教师的访谈也印证了这一情况，大多数幼儿园教师认为从农村转来的儿童在普通话环境中经过一段时间后很自然地掌握了普通话，极少出现由于普通话问题而影响正常交往的现象。有些随迁学前儿童在经过一段时间的城市生活与教育后，甚至还可以在面对操方言的祖辈与说普通话的教师时进行流利的转换，充当小翻译。这一调查结果也表明，小学阶段的随迁子女与学前期的随迁子女在语言的习得方面存在一定的差异：年龄越小，接受语言训练的心理阻力越小，对语言的掌握能力越好。

在调查"是否了解当地的风景名胜并去游玩"时，58%的随迁子女表示听说过但没游玩过，占了过半的数量；24%的随迁子女表示去过，另有10%的随迁子女表示只是听说过，8%的随迁子女没有听说过更没去过。这一指标在随迁学前儿童中存在两个极端，即"去游玩过"与"只是听说过"两个选项分别占了将近一半，表明更为年轻的随迁子女家长已经意识到踏青游玩等活动对开阔儿童视野的重要性，一部分已经开始付诸行动，而另一部分仍然表现为口头许诺，由于工作忙等而没有落实。

对于文化融合的另一因子即"是否喜欢所在城市的生活与学习环境"的调查发现，随迁子女对周围环境的认同度较高，其中对于所在学校的认同度较高，而对所随迁的城市的认同度相对较低（见表3-3）。

表3-3　农民工随迁子女对于生活与学习环境的认同度（N=481）

单位：%

周围环境		喜欢	比较喜欢	一般	不喜欢
生活的城市	学前	58.5	32.6	7.5	1.4
	小学	56.7	34.6	8.3	0.4
	初中	54.3	30.4	10.2	5.1
居住的社区	学前	72.6	20.4	6.8	0.2
	小学	66.9	17.0	12.9	3.2
	初中	60.8	20.1	14.2	4.9
就读的学校	学前	86.5	10.7	2.1	0.7
	小学	81.2	15.7	2.2	0.9
	初中	79.3	16.2	3.1	1.8

从总体上看来，农民工随迁子女对于所在环境的喜欢程度依次为就读的学校、居住的社区、生活的城市，而且随迁学前儿童与小学阶段的随迁子女没有很大的差异。得到这样的数据，其实与上述随迁子女基本情况中所描述的有留守经历的子女比率较大（占

86.9%）存在一定的相符与相关，有留守经历的子女对家乡熟悉的记忆自然消解了对城市的喜爱。城乡教育资源与质量的差异，自然对来自处于教育劣势的农村儿童有一种由新奇、向往而激发的由衷的喜爱。农民工一般居住于城乡接合部的社区，或多或少呈现的乡土气息增添了随迁子女容易亲近的氛围，因而随迁子女对所居住的社区的喜欢也处于较高的程度。

因此，通过调查数据，我们发现导致随迁子女文化融合不甚理想的关键因子在于前两者，即"能否流利地使用普通话""是否了解当地的风景名胜并去游玩"，决定了随迁子女能否较快地融入城市生活。在这两者中，普通话语言的掌握尤为重要，尤其是小学阶段高达54%的农民工随迁子女由于普通话障碍而产生融入困难。更有甚者，在农民工随迁子女进入城市小学就学的初期，有19%的随迁子女认为，他们在用家乡话与城市儿童交往时被耻笑，这些调查结果表明普通话运用是否得当是随迁子女能否快速融入城市教育与生活的一个重要因素。学前期的随迁儿童与之相比，社会融合结果明显优于前者。因此，学前儿童在语言的习得方面优于小学阶段儿童，即年龄对随迁儿童的社会融合有一定的影响，年龄越小，融合效果越好。另外，熟悉流入地城市中的标志性建筑与观光游览当地的风景名胜，成为随迁子女获得自我城市身份认同，进而快速融入城市文化的另外一个影响因素。

在结构融合方面，随迁子女与城市同龄人的交往与否及是否顺畅是判定结构融合的一个基本要素。调查发现，随迁儿童与城市儿童的交往的频度并不密切，甚至可以说是很低（见图3－2）。在小学阶段62.9%的随迁子女表示偶尔去同学家玩，经常去同学家玩和从来没去过的比例基本相当，分别占18.4%和18.7%；初中阶段这三种情况所占的比例分别为54.6%、16.7%与28.7%；随迁学前儿童由于年龄小而少有自主交往的机会，其交往对象与频率多由家长控制。因此，随迁学前儿童与城市儿童除去在幼儿园的交往活动外，日常生活几乎没有什么交集。这种情况表示大多数的随迁子女在城市中并没有交往甚密的同伴，其中的原因可能在于随迁子女与城市儿童居住社区不同，也或者是双方父母出于某种原因不情愿孩子们进行深入交往。

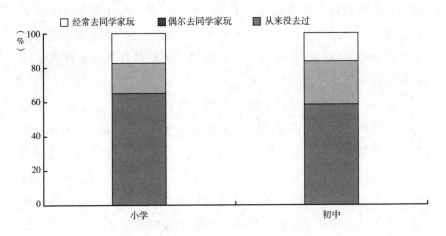

图 3 - 2　随迁子女与城市同龄儿童的交往度

3. 农民工随迁子女基本情况与社会融合的相关性检验

为调查农民工随迁子女的心理融合、结构融合、文化融合与其性别、出生地、留守经历及受教育阶段之间的相关性是否有显著差异，进行了独立样本 T 检验。由表 3 - 4 可以看出，不同性别的农民工随迁子女在社会融合的三个维度上相关性不显著；不同出生地的农民工随迁子女在心理融合、结构融合和文化融合三个维度上均存在显著相关；留守经历与农民工随迁子女的社会融合也存在极其显著的相关性。

表 3 - 4　农民工随迁子女基本情况与社会融合的相关性 （N = 481）

		心理融合	结构融合	文化融合
性别	t	2.578	- 1.70	- 0.645
	sig.	0.087	0.076	0.055
出生地	t	2.659	- 2.478	0.857
	sig.	0.038	0.036	0.023
留守经历	t	2.458	1.768	- 0.726
	sig.	0.035	0.029	0.017

第三节　家庭背景与农民工随迁子女的社会融合

农民工随迁子女的家庭背景是影响其融合的一个重要因素，如上节所述，农民工随迁子女的整体社会融合状况并不令人乐观，那么对于随迁子女社会融合至关重要的家庭来说，哪些家庭因素与随迁子女的社会融合存在相关性影响？基于上述思考，在考虑农民工家庭与其子女社会融合的相关性时，主要是以三个方面来作为基本的衡量变量。一是家长的基本特征，包括父母的年龄、受教育程度和经济收入。二是家长的社会融合状况，包括社会融合的四因素，即经济、文化、结构、身份融合。经济方面主要从家庭收入来测量；文化方面主要从语言（平时在家说哪里的话）和是否喜欢城市来测量；结构融合用是否喜欢城里人和朋友圈来测量；身份认同，利用"您觉得自己是城市人吗"和"今后在城市的居留意愿"这两个变量来测量。三是亲子交流。另外，在考察家长社会融合的各个维度对随迁子女社会融合的影响时，把随迁子女的社会融合状况当作一个整体来分析。

一　家长基本特征与随迁子女社会融合的相关性

1. 家长的年龄与随迁子女社会融合状况

为了更清楚地了解农民工的年龄结构，以便更深层次了解农民工的年龄与其随迁子女社会融合是否存在相关性，本书把被试者的年龄进行了具体细致的划分（见表3-5），主要分为25岁及以下组、26~30岁组、31~35岁组、36~40岁组、40岁以上组。调查结果显示，随迁子女家长的年龄集中在26~35岁，占总调查人数的64.4%，尤其是26~30岁年龄组所占比例最高，达到了37.3%，说明随迁子女父母的年龄相对来说比较年轻。这不仅与全国第六次人口普查所显示的关于新生代农民工年龄分布的数据比较一致，而且与其公布的全国妇女平均生育年龄为29.13岁的数据相比，确实呈现年轻化的态势。

表 3 – 5　随迁子女家长的年龄结构 （N = 287）

年龄	频数	百分比（%）	有效百分比（%）
25 岁及以下	34	11.8	11.8
26 ~ 30 岁	107	37.3	37.3
31 ~ 35 岁	78	27.1	27.1
36 ~ 40 岁	46	16.0	16.0
40 岁以上	22	7.7	7.7
总数	287	100.0	100.0

本书把家长的年龄因素和随迁子女社会融合状况进行相关分析（见表 3 – 6），结果显示家长的年龄因素与随迁子女的社会融合总体状况呈显著负相关 （$p < 0.05$），相关系数为 – 0.129，$p = 0.047$，也就是说家长的年龄越年轻，其子女的社会融合状况越好。

表 3 – 6　随迁子女家长年龄与子女社会融合总体状况的相关分析 （N = 287）

		社会融合总体状况	家长年龄
社会融合总体状况	皮尔逊相关系数	1	– 0.129
	显著性检验（双尾）	—	0.047
家长年龄	皮尔逊相关系数	– 0.129	1
	显著性检验（双尾）	0.047	—

注：随迁子女家长年龄的大小与儿童社会融合状况在 0.05 水平上显著相关。

2. 家长的收入水平与随迁子女社会融合状况

数据显示，被试的农民工家庭月收入 （按家庭全部人口计算）在 2000 元以下的占 32.8%，2000 ~ 3000 元的为 34.5%，3000 ~ 5000 元的为 20.6%，而在 5000 元及以上的占 12.2% （见表 3 – 7）。这些数据表明大部分的农民工家庭收入水平偏低，与国家统计局公布的《国民经济和社会发展统计公报》中所显示的全国城镇居民人均可支配收入 （2012 年为 24565 元，2013 年为 26955 元） 相比，处于一个极低水平。

表 3 - 7 随迁子女家长的月收入情况 (N = 287)

家庭月收入	频数	百分比(%)	有效百分比(%)
2000 元以下	94	32.8	32.8
2000 ~ 3000 元	99	34.5	34.5
3000 ~ 5000 元	59	20.6	20.6
5000 元及以上	35	12.2	12.2
总数	287	100.0	100.0

一个家庭的经济状况在很大程度上决定着家庭的社会层次及对子女的物质投入，是衡量农民工家庭对子女教育影响的一个很重要的指标。因为大多数农民工的低收入难以与城市的物质生活水平持平，导致其在子女教育费用支出和家庭生活条件两个方面的水平偏低，势必会对子女的社会融合产生一定的影响。调查的结果却出乎意料，与之前的心理预期形成了较大的反差，二者的相关系数为 - 0.069，$p = 0.234$（见表 3 - 8），农民工家庭的总体收入水平与子女社会融合的总体情况相关性不显著，也就是说家庭的经济收入并不决定子女的社会融合程度。

表 3 - 8 农民工家庭经济收入与随迁子女社会融合总体状况的相关分析 (N = 287)

		社会融合总体状况	家庭收入
社会融合总体状况	皮尔逊相关系数	1	- 0.069
	显著性检验(双尾)	—	0.234
家庭收入	皮尔逊相关系数	- 0.069	1
	显著性检验(双尾)	0.234	—

3. 家长的受教育程度与随迁子女社会融合状况

家长的受教育程度决定着家庭传递给子女的文化资本的多少，也是衡量农民工随迁子女社会融合的一个重要维度。在本书研究中，把随迁子女家长的受教育程度划分为初中及以下、高中、专科和本科四个层次。数据显示，被试者的受教育程度为初中及以下的比例最多，高达 33.6%；其次是高中层次的 24.9% 和大专层次的 23.1%；比例最小的是本科，仅占调查总数的 18.4%。从总体看，高中及以下学历的随迁子女家长占调查总数的近 60%。由此可见，一半以上的随迁子女家长没有上过大学，他们的文化水平普遍较低。在对农民工受教育程度与其子女的社会融合状况进行相关性检验时，发现家长的受教育水平与其子女的社会融合总体状况存在显著正相关，相关系数为 0.236，$p = 0.000$，且这种相关在 $p < 0.01$ 水平上极其显著（见表 3 - 9）。换句话说，随迁子女家长的文化水平越高，其子女的社会融合状况越好。

表 3 - 9　家长学历与随迁子女社会融合总体状况的相关分析（N = 287）

	相关系数	家长学历	社会融合总体状况
家长学历	皮尔逊相关系数	1	0.236
	显著性检验（双尾）	—	0
社会融合总体状况	皮尔逊相关系数	0.236	1
	显著性检验（双尾）	0	—

注：家长学历的高低与随迁子女社会融合状况在 0.01 水平上显著相关。

二　家长的社会融合状况与随迁子女的社会融合

1. 农民工的社会融合状况呈中等偏下水平

在对随迁子女父母社会融合的调查数据分析时，发现农民工在社会融合的四个维度中，平均得分虽存有差异，但相差很小（见表 3 - 10），其社会融合的总体得分为 2.32 分，小于中位数 3，仍处于一个中等偏下的水平，即随迁子女父母本身的社会融合仍是一个值得担忧的问题。在文化方面，平时在家说普通话的占 36%，七成以上的随迁子女父母的相互交流及与子女的沟通语言为家乡方言；在"是否喜欢所在城市"的调查中，不太清楚与不喜欢的占 52%，但"今后在城市的居留意愿"中，有高达 87% 的人选择愿意，这一现象似乎与前述的"是否喜欢所在城市"的调查结果存在较大的矛盾，但也有其合理的解释：城市体制性障碍所带来的生活压力使农民工对城市及城市生活存在较大的抵触情绪，但是对城市未来生活存有向往且对城市教育质量持肯定态度，愿意为子女而留下。在"是不是城市人"的调查中，高达85%的人不认同自己是城市人，即农民工对自己的农村人身份认识清晰，这也与农民工自身的经济、生活状况相吻合，多年的农村生活经历和体验以及浮萍般的城市寄居生活没有使其得到城市人有的物质保障和心理满足，因此在身份认同上还是认为自己是农村人。

表3－10　随迁子女父母社会融合的四个维度状况（N＝287）

单位：分

社会融合维度	平均分	标准差	排序
结构融合	2.49	0.314	1
文化融合	2.42	0.306	2
经济融合	2.24	0.320	3
身份认同	2.14	0.298	4

2. 随迁子女社会融合状况与其家长社会融合状况相关性明显

在对农民工与随迁子女社会融合总体状况的相关性检验中，其相关系数为0.147，$p＝0.000$，随迁子女社会融合状况与其父母的社会融合状况之间相关性显著。也就是说，随迁子女父母的社会融合状况良好，相应地，其子女的社会融合状况也较好。

三　家庭内部的亲子交流与随迁子女的社会融合

家庭内部的亲子交流是父母与子女之间进行情感沟通和相互熟知的一种有效途径。从教育学与心理学意义上说，亲子交流是儿童社会化中的重要步骤。在我们的研究中，也证实了这种观点。亲子交流与随迁子女社会融合的相关性系数为0.291，$p＝0.000$（见表3－11），亲子交流与随迁子女社会融合呈显著相关，即家庭内部的亲子交流情况越好，随迁子女的社会融合程度越高。

表 3 - 11　亲子交流与随迁子女社会融合总体状况的相关分析 （N = 287）

		亲子交流	社会融合总体状况
亲子交流	皮尔逊相关系数	1	0.291
	显著性检验（双尾）	—	0
社会融合总体状况	皮尔逊相关系数	0.291	1
	显著性检验（双尾）	0	1

注：亲子交流的频率与随迁子女社会融合状况在 0.01 水平上显著相关。

　　研究表明，良性的、互动的亲子交流对儿童个性的塑造和心理行为的发展有积极作用，健康的亲子互动关系会使子女感受到爱与尊重，对自己、对他人及对周围的环境有积极、乐观的认识和期望。不良的亲子交流则是儿童行为问题产生的重要原因。目前看来，多数的农民工意识到了双亲的关爱对子女个性、习惯养成及教育的影响，开始选择把子女带至身边亲自照顾，甚至不惜家庭生存成本翻番的代价。可以说，农民工甘愿以自己的辛苦付出换回家庭的团聚与子女受教育质量的提高。因此，与留守老家时的境况相比，随迁子女得到了父母更多的关爱与呵护，亲子交流的机会增加了很多，满足了随迁子女对亲情的需要，有利于其心理健康。这仅仅是在逻辑上与留守儿童相比，现实生活中随迁子女与其父母的沟通状况却并不理想。

　　随迁子女与父母的关系不是想象中的那么融洽，农民工每天拖着疲惫的身躯回家只想好好休息一下，第二天还要面临更加繁重的工作，加之自身学识有限，无力辅导子女的学习，但对教育改变命运的重视，内心也非常关心子女的学习，有心无力的现实使他们对子女学习的关心往往表现在口头询问，诸如考了多少分，作业做了吗等。工作的繁忙劳累与外出的额外花费，也使他们很少带孩子外出游玩 （见表 3 - 12）。因此，在亲子互动方面，内容单一且形式贫乏。在已有的研究中，这种状况也得到了证实。有研究者在调查上海农民工子女与父母的沟通交流情况时就发现，与城市儿童高达 68% 的比例相比，流动儿童与父母亲之间的沟通并不频繁，只有

45%的流动儿童回答父母会经常与其沟通，而且父母主要过问的是子女在学校的学习、生活情况，如有没有被老师批评、有没有考试不及格、有没有与同学发生冲突等，其他方面很少涉及。[①]

表 3 - 12　随迁子女与父母的亲子交流情况 （N = 481）

单位：%

	经常	偶尔	从不
父母与你聊天	46.7	42.0	11.3
父母询问你的学习情况	56.5	25.7	17.8
父母陪伴你学习	18.2	32.5	49.3
父母与你的关系很融洽	38.4	48.5	13.1
父母经常带你去游玩	12.8	58.5	28.7

　　通过对481名农民工随迁子女社会融合状况的调查分析，数据显示农民工随迁子女社会融合总体状况呈中等偏下水平，即跟随农民工进城就学子女的社会融合状况不容乐观。农民工随迁子女进入陌生的城市环境，在城乡异质文化的转换与调适中，在踏入新环境的初期必将经历种种不适乃至心理冲击，农民工随迁子女社会融合问题的及时解决，对农民工随迁子女个人的身心健康与良好人际关系的形成以及社会稳定都具有较大的意义。家庭作为随迁子女进入陌生城市环境后唯一熟悉的场所，在他们融入城市生活和教育的速率与质量上有着非同寻常的作用。

　　在农民工随迁子女社会融合的各测量维度即心理融合、结构融合与文化融合中，其中的一些关键性指标，如心理融合中的身份认同、文化融合中"能否流利地使用普通话"与"是否了解当地的风景名胜并去游玩"等，均与随迁儿童的家庭环境、家长对儿童社会融合的要义和途径的了解及认识，以及家长的教育观念乃至对自身的认知有莫大的关联。在具体的单向测量指标中，学前大班随迁子

① 邓丽：《流动儿童城市社会适应状况研究》，硕士学位论文，华东理工大学，2012。

女社会融合情况好于小学阶段随迁子女的结果，不仅表明了年龄是影响农民工随迁子女社会融合的一个因素，而且也从侧面说明了跟随父母入城与之团聚时间的早晚也是决定随迁子女社会融合状况的重要因子，证明了家庭对随迁子女社会融合的重要性。目前，农民工随迁子女社会融合状况不良的原因，除了原有制度的无法破解与传统认识所带来的思维惯习外，家庭中的某些因素成为制约随迁子女社会融合质量的关键。

本书研究发现，农民工随迁子女的社会融合状况与其家长的年龄呈显著负相关。也就是说，随迁子女家长的年龄越小，其子女的社会融合情况越好，反之越差。国家卫生计生委公布的《中国流动人口发展报告 2014》显示，截至 2013 年 11 月，全国流动人口达到 2.45 亿人，流动人口的平均劳动年龄为 33.7 岁，一多半的流动人口出生于 1980 年以后。新生代尤其是"85 后"的农民工已经成长为农民工群体中的骨干力量，他们与上一代农民工相比，更趋向于举家迁往城市，他们往往较早把子女携往城市接受优质教育，甚至直接在城市中生养子女。同时，新生代农民工由于自身教育水平的提高，他们多从事带有一定技术性的劳动工种，这对其教育观念的提升、子女教育质量的追求与物质投入，均有较大的激励与帮助，而这些也是促进农民工随迁子女与城市生活及教育融合的基本要素。因此，新生代农民工在子女教育理念、物质投入以及亲子交往等促进其子女社会融合的有利因素方面，均比年龄较长的农民工更具优势，其子女的社会融合程度也表现较佳。

家庭的经济收入是农民工家庭在城市生活的重要保证，也是决定其子女教育物质投入与确保教育质量的重要因素，是评价农民工家庭对子女教育影响的一个基本要素。按照研究预定的假设，农民工家庭的经济收入水平是影响随迁子女社会融合的重要因素之一，然而出乎意料的是，研究结果显示农民工的经济收入水平与随迁子女的社会融合并不显著相关。换言之，农民工家庭的经济收入并不是随迁子女社会融合状况的主要决定因素，随迁子女的社会融合状况与其家长拥有的物质实力并无实质性关系。究其原因，其一，在于社会融合本身的特性。从中外学界对社会融合的界定来看，社会融合的内涵重在强调个体与社会的良性互动和沟通，除制度性因素外，关键在于融合主体与城市社会彼此思想意识和文化心理层面的接纳。因此，从家庭角度看，农民工随迁子女社会融合的关键在于其主体地位和能动性在思想意识上的发挥，而与家长的经济收入则无多大的关联。其二，在于随迁子女家长的教育理念。许多新生代农民工选择举家到城市生活的原因就在于对城市优质教育资源的渴求以及对家庭亲情的维护，他们大多非常重视子女的教育，也注意与子女进行情感上的交流和沟通，注意家庭教育的方式、方法，这些教育观念上的认识是促进其子女社会融合的重要因素。其三，国家近几年相继颁布的保障农民工子女城市就学的政策，遏制了农民工随迁子女进入公办学校以及幼儿园就读的高额借读费现象，使农民工的经济收入不再成为其子女能否进入城市公办学校的衡量因素。因此，促进农民工随迁子女有效社会融合的关键在于农民工对教育的认识与家庭情感的关注，而与其自身的经济能力与水平关系不大。

家长的受教育水平同样也是影响随迁子女社会融合的一个重要因素。本书研究结果表明，农民工的受教育程度与随迁子女的社会融合状况呈显著正相关，即家长的学历越高，其子女的社会融合状况越好。反之，随迁子女的社会融合状况随家长学历的降低而降低。调查结果显示，高中及以下学历的随迁子女家长占调查总数的近60%，随迁子女家长的文化水平普遍较低的事实显而易见。已有的研究亦表明，家长受教育程度的高低与儿童家庭教育的效果密切相关。一般来说，受教育程度高的父母往往在教育子女时所选择运用的方式、方法更为合理和科学，能够有针对性地解决儿童面临的学习与生活问题。而家长的受教育程度较低，在教育子女时易于采取过于严厉或放任的态度，家庭教育的成效由于盲目、随意而低微，最终导致子女在受教育中的劣势。家庭教育文化资本的再生产性使这种家庭的文化贫困和弱势在随迁子女的身上进行复制与承继，增加了随迁子女在城市生活、受教育以及与城市社会融合的难度。

家长自身的社会融合状况亦深刻影响着随迁子女的社会融合。本书研究发现，随迁子女家长的社会融合与其子女的社会融合状况呈显著相关。也就是说，随迁子女父母自身的社会融合状况良好，其子女的社会融合状况也好；反之，父母的社会融合状况不佳，则其子女的社会融合状况也不会很好。同时被试农民工社会融合总体状况呈中等偏下水平，也在一定程度上解释了本书研究中随迁子女社会融合状况不佳的原因。农民工由于自身文化水平的限制，多从事劳动强度较大的工作，工作性质使他们的待遇不甚优渥，不停的迁徙流转经历不仅使他们很少能够享受城市的福利与保障，也使他们很少参与社区内的日常交往，他们与城市当地人的接触并不多，对城市生活的参与度并不高。在访谈中，他们亦坦言在自身参与城市生活和工作的过程中，大多遭遇过不公正的待遇甚至排斥和歧视，也曾感觉城市如铜墙铁壁般融入不进，但这种感觉随着在城市生活时间的增加而逐渐消减。因此，就对随迁儿童的影响而言，农民工自身在城市中所处的生活与工作环境以及融入城市的经历和体验，会对其子女的城市生活、学习以及社会融合产生重要的影响。

本书研究发现，农民工家庭内部的亲子交流与随迁子女的社会融合呈显著相关，亲子之间互动交流的频度与质量越好，随迁子女的融合状况越好，反之则不然，农民工与其子女的互动交流成为影响随迁子女社会融合的一个关键因素。国内学者王毅杰等人的研究同样也支持这一观点，他们认为家庭内部差异、缺少与父母沟通的家庭氛围同样是影响流动儿童城市社会融合的重要因素。由于工作性质、传统习惯以及自身文化素质等因素制约，农民工家庭内部的亲子交流并不能满足儿童身心发展的需要。农民工家庭内父母与子女互动的内容主要是学习成绩，而缺乏情感与心理上的深层理解。与之相反，新生代农民工有较强的城市居留意愿，他们往往已在城市生活数年，其家庭观、生育观、教育观已然发生较大的改变，家庭结构的核心化与子女的独生化，使孩子日益成为家庭生活的重点关照对象，新生代农民工给予子女更多的关怀、陪伴和教育，二者之间的亲子关系也日趋紧密，这种家庭关系必将有利于随迁子女的社会融合。从正、反两方面看，亲子互动对随迁子女的社会融合有较大的影响，良好的亲子沟通有助于随迁子女良好心理与人际关系的形成，对提升随迁子女社会融合的速率与效果有较大帮助。反之，则难以对随迁子女社会融合产生积极影响甚至会产生不良影响。

因此，我们可以说，随迁子女家庭内部因素，如家长的年龄、受教育水平、家长自身社会融合状况与家庭内部的亲子互动，是影响随迁子女社会融合的关键因素。随迁子女及其家长的社会融合都处于偏低水平的结果及农民工社会融合与其子女社会融合存在有显著相关的情况，不仅是教育研究者所面临的亟待解决的问题，也给教育工作者指出了解决问题的方向。

第四节　学校行为对农民工随迁子女社会融合的影响

学校是整个社会生态系统中的重要一环，是一个缩微的社会，也是儿童成功通向社会的桥梁和纽带。如前所述，农民工随迁子女社会融合的整体水平不高，其中的决定因素不仅有家庭的影响，学校作为农民工随迁子女活动的另一个主要区域，不言而喻，对其社会融合也有极大的影响。学校不仅是儿童社会化的关键场所，担负着培育儿童社会化能力的任务，同时也作为对儿童实施有效教育的专门场域，理应在教育层面对不同儿童的社会融合做出相对的应对措施。因此，在一定程度上，学校行为对农民工随迁子女的社会融合有着至关重要的影响，学校的领导层对社会融合的理念如何？在校园文化建设上如何看待不同的文化冲突？如何构建和谐共融的文化理念？农民工随迁子女和教师的师生交往及与同学间的互动如何？

这些都是影响农民工随迁子女社会融合的重要考量因素。基于以上考虑，本书主要从学校行为，即校长理念、师生交往、同伴关系三个方面展开调查，以期对随迁子女在学校场域内社会融合教育状况及能否获得参与社会融合的能力进行直观的呈现和描述。

一　学校领导者的融合教育理念

为了更清楚地了解接收随迁子女的城市公办学校融合教育的实施现状，笔者分别访谈了所开展调查的 5 所学校中的最高领导层，包括 5 名校长和 5 名副校长。对学校校长的访谈分为两个部分：第一部分为封闭访谈，针对学校是否开展社会融合活动或实施融合教育、学生的融合状况等设计了 5 个题目（见表 3 - 13）；第二部分是开放访谈，设计 2 个题目供学校管理者们回答。

表 3 - 13　学校管理者封闭访谈问题

单位：人

问题	是	否	不清楚	总计
融合教育重要吗	10	0	0	10
随迁儿童适应贵校的学习生活吗	4	5	1	10
开展过融合教育活动吗	10	0	0	10
有开展融合教育的专项经费吗	2	8	0	10
随迁学生对城市熟悉吗	1	6	3	10

1. 对融合教育的认识

研究发现，所有的校长都认为开展融合教育对随迁子女、对构建和谐校园有着重要作用。同时，一致认为融合教育是一项复杂而艰难的工程，不能一蹴而就，需要长期开展，有 75% 的校长认为融合教育对于随迁子女、对于整个校园文化建设，甚至对于整个社会都是有必要实施的内容，几乎所有的学校都开展了不同内容的社会融合活动或者开设了有融合特色的校本课程。

2. 活动开展情况

在对校长们的调查与访谈中发现，各校都在一定程度上开展了针对随迁子女的融合教育活动，如教育补习活动、认识城市活动、开展随迁子女家长会及各类校园活动等，但成效并不显著，很多校长坦言融合教育是一项"长期的大工程"，耗费大量人力、物力，尤其是财力，使很多活动的开展难以为继。同时，没有统一的课程教材及评价标准，具体实施起来存在难度。

3. 共同的问题

在调查与访谈中发现，各校的领导层在一定程度上都开展了融合教育活动，有的还搞得有声有色，对融合教育的重要性及其内涵的理解都有一定的深度。但是他们都共同面临着一些问题，如开展融合教育的资金来源，对融合教育的具体实施内容与评价标准的划定等，这些都是困扰他们开展融合教育的关键问题，另外缺乏政府部门的有力支持与指导也是他们共同的心声。

二　师生交往

教师对于学生学习发展有着直接的影响。皮格马利翁效应表明，教师对学生的期待可激发学生的发展动力，促使其成为优秀学生。在随迁子女社会融合方面，教师起着非常大的作用。师生关系与交往情况是考察随迁子女在班级内部融入情况的一个细微视角。对于师生交往的调查，主要包括两个方面：一是教师对随迁子女的认知，主要从教师对随迁子女的了解与关怀上考察；二是通过随迁子女自己的感知来考察教师对其的影响，其外部表现主要为老师对待农民工子女的态度，例如对农民工子女的课堂提问情况、在处理农民工子女和城市学生之间矛盾时的态度等。

在对教师的调查中发现，教师对于随迁子女的具体情况，如班级随迁子女人数、爱好、兴趣、与同学交往等，很多教师坦言自己并不十分清楚，比例占到了65%，大多数老师认为自己并非班主任，这些事情应该是班主任的职责。事实也表明，担任班主任的教师对随迁子女的了解情况较其他教师要熟悉得多。在为随迁子女补习情况的调查中，90%的教师表明参与了这一活动，而且认为随迁子女勤奋好学，能够吃苦。随迁子女与城市儿童相比，谁的学习态度更为端正的调查数据表明，62%的教师认为是随迁子女，但是只有46%的随迁儿童能够主动询问老师问题，这比城市儿童89%的比例低了很多。因此，从以上诸问题的调查中发现，教师对农民工随迁子女的认同度较高，但随迁子女在学习中也存在被动、较少主动请教老师的现象。

同时，我们对随迁子女对于教师的感知也进行了调查，数据表明，48%的随迁子女在课堂上经常被老师提问，只有25%的教师会主动询问随迁子女的学习接受情况。在处理随迁子女与城市学生之间矛盾时，87%的随迁子女感到公平对待。从以上情况可以看出，虽然任课教师能够公平、公正、客观地看待随迁子女，但农民工随迁子女与任课教师之间相互交流的情况不容乐观，不仅随迁子女缺乏主动求教的意识，任课教师也很少能够主动与其交流。

三 同伴关系

儿童与同伴的交往是其社会性发展的重要内容。在对这一环节的调查中，我们发现在随迁子女的交往意愿中，56%的人愿意和学习成绩好的孩子交往，而不管是城市孩子还是随迁子女；28%的人愿意和同是外地来的孩子交往；只有16%的随迁子女愿意和城市孩子交往。可见，向往与学习成绩好的同学交往是多数随迁子女的心声，学习成绩也是随迁子女选择交友的一条基本原则，但排除成绩因素，只有少部分的随迁子女愿意同城市孩子交往。同时，在不愿意与城市孩子交往的原因中，8%的随迁子女表示在交往中曾遭到城市孩子的拒绝，42%的随迁子女认为玩不到一起，28%的随迁子女则不敢与城市孩子交往，22%的人则不清楚原因。随着研究的深入，在对一些城市孩子的相似问题的调查中，我们发现城市孩子愿意与随迁子女交往的比例高达78%，远远高出了随迁子女的这一比例。可见，随迁子女的交友意愿明显受到主观因素的影响，心理认知上存在对城市孩子排斥与抵制的问题，其情形随着进城时间的增多而有所改善。

四　随迁子女对学校学习的适应

除去学校外在因素对随迁子女的社会融合会存在一定的影响外，随迁子女自身对班级纪律秩序、课程教材、教师的教学方式及学习评价的认同，也是激发其学习兴趣，提高学习成绩的关键要素，而学校教育中的适应更是影响随迁子女社会融合的一个重要指标。在调查中设计了随迁子女在公办学校中最为关注的四个学习问题，即班级纪律秩序、所学课程教材、老师教学方式、成绩评定方式，来作为随迁子女学习适应的测量指标，以此为依据进行数据收集。研究发现，随迁子女对所就读的公办学校的教育适应情况并不乐观，感觉对班级纪律秩序适应的占 35.2%，对所学课程教材适应的占 24.5%，对老师教学方式适应的占 18.5%，对成绩评定方式适应的占 16.5%。

经过对随迁子女在校学习适应情况的调查发现一些问题，从学校层面实施融合教育未能满足随迁子女的需要。首先，不管是学校领导层，还是教师，虽然实施融合教育的内容较多，既关注随迁子女的心理健康，也注意随迁子女对各项校园活动的参与度，但核心的问题即随迁子女及其家长最为关切的学习问题未能得到有效切实的关注与解决，随迁子女还存在一系列学习上的不适应问题，如上述存在的各种适应度较低的现象即可说明问题。如何解决各种学习适应问题、提高随迁子女的学习成绩是关键所在。

其次，城乡教育的差异不容忽视，应正视差异。随迁子女的留守经历使其对原来乡村教育仍留存着浓重的记忆痕迹，城市学校以自觉自律为主的民主管理方式，与乡村学校以惩罚为主的纪律约束方式相比，自然少了一些严厉，农民工随迁子女在对纪律秩序的遵从上就显得有些许的放任，对自我管理的不信任也由此而生。从对教材课程的适应情况看，农民工随迁子女来自全国各地，各省在课程开设、教材的选择上没有统一的标准，有的选用人教版的教材，有的选用苏教版的，有的选用北师大版的，教材选用的混乱致使农民工随迁子女在面对新课程、新教材时不免感到茫然。在成绩的评定上，农村学校以考试成绩作为评价学生的主要因素；而在城市学校中，考试成绩只是评价学生的一部分，还要考虑其特长表现及参与文体活动的情况，对于几乎没有特长的农民工随迁子女来说，自然在综合评定方面不占优势。在教师教学方式上，也是如此。因此，城乡教育的差异造成了随迁子女进入公办学校后的诸多不适应，学校应正视这种差异的存在，采取适当的补救措施。当然，差异不只是差距，还有很多可开发利用的资源，如应提倡城市儿童学习农民工随迁子女勤勉奋发和朴实无华的优良品质等，力求避免城市儿童对随迁子女的歧视，减轻农民工随迁子女的自卑心理。

第四章
农民工随迁子女难融合的归因分析

从对农民工随迁子女的调查分析中，得出目前随迁子女的社会融合问题较为突出。究其原因，首要的制约要素在于城乡二元体制的存在及潜存于人们意识中的惯性思维所造成的制度性及思想上的融合困难，如户籍制度、升学与教育投入制度等；其次为城乡文化差异如家庭文化、学校文化、社会文化差异所引起的文化融合困难，这是最为隐秘但也最为深层的影响随迁子女融合的原因；最后就是城乡之间交往互动的缺乏，未能实现良好的资源流动。

第一节　制度性因素

制度是影响农民工随迁子女社会融合的决定性因素。虽然近年来，国家制定了一系列有关保障农民工子女入学受教育的政策，这些政策对随迁子女的就学问题有一定程度的缓解，也为随迁子女的城市社会融入提供了基本的政策保障。但制度本身的惯性存在及其所碾压的历史印痕无法在短期内消除，在一定程度上影响了新政策的有效执行，而成为随迁子女有效进行社会融合的最大障碍。制度性因素主要有户籍制度、教育投入制度和升学制度。

一　户籍制度

户籍制度是一项基本的国家行政制度。中国的户籍制度大约形成于春秋时期，定型于秦汉。在整个封建时期，户籍制度的功能基本是一致的，没有大的变动，主要是与土地直接联系，为当时官府分配土地、征收税赋和摊派徭役提供依据。新中国成立以后，户籍制度才逐步发展成为一个结构严密的、功能强大的系统性政策，对利益和机会实行分配，对人口流动和迁移实行控制。新中国户籍管理制度的建立是从城市开始的，1950 年 8 月 12 日，中华人民共和国公安部总结中华人民共和国成立后十个月户籍管理工作经验，制定并在全国公安保卫系统内部颁发《特种人口管理暂行办法（草案）》，这是新中国户籍管理制度开始形成的起点，标志着公安机关对重点人口的管理工作正式开始。[1] 同年 11 月，第一次全国治安行政工作会议在北京召开，时任公安部部长罗瑞卿在这次会议的总结报告中指出：户籍工作是一件巨大的工作，做好了，对于我们保卫人民利益，发现和控制反革命分子的活动均有很大好处，并可得到很多国家施政参考的有价值的材料。户籍工作必须从长远打算，不要想一下子就都做好了，但又要有计划有步骤地耐心去做。现在先在城市做起，农村户口工作，可从集镇试办，然后逐步推广。[2] 会议要求先在城市开展户籍管理工作并且制定了《城市户口管理暂行决定》（次年公布实施时改称《暂行条例》），由此确定了新中国户籍制度先城市、后乡村逐步建立的工作思路。1954 年 12 月 20 日，内务部、公安部、国家统计局联合发出《关于共同配合建立户口登记制度的联合通知》，该通知要求建立农村的户口登记制度，加强人口统计工作。由此可见，新中国成立后几年中所建立的户籍管理制度，

---

[1] 徐琴：《中国当代户籍制度的演变——一项公共政策的功能变迁》，《学海》2000 年第 1 期。

[2] 马福云：《当代中国户籍制度变迁研究》，博士学位论文，中国社会科学院，2002，第 50 页。

涉及的功能是最基本的社会管理，即进行人口登记和人口统计，服务于国家建设工作。

在户籍制度逐步完备的同时，对人口迁移的限制性管理政策也开始施行。中华人民共和国成立初期，人口在城乡可以自由流动，基本不受什么限制，农民可以向城市自由流动，当时大约 150 万农村人口迁入城市。1952 年，市镇人口占总人口的比例由 1949 年的 10.6%，上升到 12.5%。① 将控制人口迁移的功能引入户籍管理是从 1953 年开始的。1955 年 11 月，国务院颁布了《关于城乡划分标准的规定》，将"农业人口"和"非农业人口"作为人口统计指标，按"农业户口"和"非农业户口"进行划分与管理的二元户籍管理体制开始形成。

1956 年 12 月，周恩来总理还专门签发了《国务院关于防止农村人口盲目外流的指示》，这可看作 1958 年颁布《中华人民共和国户口登记条例》的前奏。该条例第十条规定："公民由农村迁往城市必须持有城市劳动部门的录用证明，学校的录取证明，或者城市户口登记机关的准予迁入的证明，向常住地户口登记机关申请办理迁出手续。"② 该条例明确区分了两类不同性质的户口——农村户口和城市户口，首次设计了针对农村人口向城市迁移的限制性政策。此举不仅结束了城乡人口的自由流动和迁徙，而且形成了"城乡分治"制度，使城乡在资源的分配上极不平衡，这其中户籍制度之"户"是划分社会资源的依据。

1963 年后，国家以是否吃国家"商品粮"作为划分户口性质的标准，"非农业户口"和"农业户口"分立，实行"农"与"非农"二元户籍管理方式。1977 年 11 月，国务院批转了《公安部关于处理

① 国家统计局社会统计司编《中国社会统计资料》，中国统计出版社，1985，第 15 页。
② 全国人民代表大会常务委员会：《中华人民共和国户口登记条例》，http：//www.scio.gov.cn/xwfbh/xwbfbh/wqfbh/2015/33729/xgzc33735/Document/1454408/145448.htm，最后访问日期：2018 年 4 月 12 日。

户口迁移的规定》，该文件比较集中地体现了处理户口迁移的基本精神，明确规定凡由农村迁往城市、集镇，或者从集镇迁往城市的人口，均要"严加限制"，而从小城市迁往大城市，或者从其他城市迁往北京、上海两大城市的，则"要适当限制"。① 此规定一举堵住了农村人口迁往城镇的大门，标志着新中国户口迁移制度的最后确立。

新中国户口迁移制度确立以后，农村人口转入城市是在统一计划条件下进行的，农村户口持有者出于贫困而自发流入城市是非法的，却一直存在。为了防止大批农村人口涌入城市，1953 年 4 月，政务院发出了《劝止农民盲目流入城市的指示》，首次提出了"盲流"的概念。② 但城乡之间的巨大反差，促使更多的农村人口进入城市，1956 年秋后，农村人口外流到大城市和工业建设重点区域的现象发展到十分严重的程度，国务院于同年年底再次发出《防止人口盲目外流的指示》，但农村人奔往城市的脚步一直未曾停止。③ 改革开放以后，农村人口流入城市成为普遍现象，并于 1989 年达到高潮。到了 20 世纪 90 年代后，举家迁往城市生活的农村人口开始持续增多，他们在城市从事最繁重的生产劳动，却拿着最低等级的工资；他们默默无闻为城市建设挥洒汗水，却被指责为城市形象的污点。当他们越来越多地为城市建设做出贡献与不断出现的负面指责同时作为城市消息传播时，他们的问题更多地被呈现出来，住房、医疗、雇佣、培训等更多的相关问题被报道、被关注，其子女受教育问题也逐渐浮出水面，受到更多新闻媒体、教育专家的关注与评析，也开始引起国家政府部门的注意，相关的政策开始出台。正如公共政策专家詹姆斯·E. 安德森认为的，"某种状况要成为政策问题，它必须被看

① 国务院批转《公安部关于处理户口迁移的规定》的通知，http://www.chinalawedu.com/falvfagui/fg22598/6754.shtml?_t_t_t = 0.13392643141560256，最后访问日期：2018 年 4 月 13 日。

② 中央人民政府政务院：《劝止农民盲目流入城市的指示》，《浙江政报》1953 年第 3 期，第 18 页。

③ 中华人民共和国国务院：《防止人口盲目外流的指示》，《中华人民共和国国务院公报》1957 年第 11 号，第 199～200 页。

作是适于政府行动的议题，而且政府要有解决该问题的能力和方案"。①
从改革开放后的 1979 年，一直到 1983 年，我国各级政府仍然依照
城乡分割的户籍制度，严格限制农村户口持有者进城。而从 1984 年
起，政府开始允许一部分自理口粮的农民进城务工经商，并在 1989 ~
1991 年，开始注重解决农民工盲目流动所带来的各种社会问题，并
逐步调整国家相关政策，开始实施鼓励、引导和国家宏观调控下的
有序流动政策，并对小城镇户籍管理制度进行了改革。

　　农村劳动力乡城之间的转移是顺应历史发展潮流和城市化、现
代化建设的趋势而产生的一种现象。进入 21 世纪以后，国家开始对
涉及农民工流动的各个领域进行改革，包括农民工就业、保障、住
房、子女教育等。其中，尤以 2003 年国务院颁布的《国务院办公厅
关于做好农民进城务工就业管理和服务工作的通知》最为全面、具
体。② 在二元制户籍制度下，我国居民的福利制度与之息息相关。城
市有好的教育和医疗设施，而农村的教育与卫生设备相对落后很多。
为了让子女享受更好的城市资源，尤其是较好的教育与医疗卫生资
源，让其在更好的环境和条件下成长与发展，只要进城农民工的经
济条件稍有允许，他们便把子女携往城市生活，以为这样孩子就可
以便捷地接受较好的城市教育，从而可以超越他们自己，走上更为
宽广的人生道路。怀揣"教育改变命运"的梦想，更多的农民工子
女开始在城市中生活，他们或者在农村留守了几年后被接往城市生
活，或者属于城市出生城市成长，但有一个共同的特点，就是户籍
仍然保留在老家农村。户籍作为享受城市福利待遇的重要凭证，开
始在随迁子女的教育福利方面显示出威力。随着农民工随迁子女数
量的日益增多，由于户籍制度限制所表现出的教育问题日益突出，

---

① 詹姆斯·E. 安德森：《公共政策制定（第五版）》，谢明译，中国人民大学出版
　　社，2009，第 98 页。
② 《国务院办公厅关于做好农民进城务工就业管理和服务工作的通知》，中国政府
　　网，http://www.gov.cn/test/2005 - 06/26/content_ 9632. htm，最后访问日期：
　　2018 年 4 月 13 日。

逐渐成为一个巨大的社会问题，随迁子女的教育问题由一个亟须解决的社会问题到国家层面的教育政策制定，符合了詹姆斯·E.安德森所提出的政策出台的基本逻辑。为了解决随迁子女在流入地"上学难，上学贵"的问题，国家和政府相继出台相关规定和条例。从1998年颁布《流动儿童少年就学暂行办法》起，国家开始在教育政策方面关注农民工子女教育。随后，在2001年5月出台的《中国儿童发展纲要（2001~2010)》中，提出了"流动人口中的儿童基本能接受九年义务教育"的发展目标。2003年由教育部等六部委联合下发的《关于进一步做好进城务工就业农民工子女义务教育工作的意见》，确立了"两为主"原则，即"以流入地政府管理为主、以全日制公办中小学为主"，较为详尽、细致地规定了农民工子女受教育的权责问题。2008年颁布的《国务院关于做好免除城市义务教育阶段学生学杂费工作的通知》中，再次明确规定进城务工人员随迁子女接受义务教育要以流入地为主、以公办学校为主解决。同时对手续齐全以及符合接收条件的进城务工人员随迁子女，要统筹安排在公办学校就读，免除学杂费，不收借读费。①

纵观新中国成立以来我国户籍制度的演变历程，以及新时期城乡二元分割制度下进城务工人员子女的就学政策的颁布与实施，我们可以看出，我国的户籍制度随着时代的变迁而不断地做出相应的调整，努力适应我国城市化进程的需要。但二元分割的户籍制度始终是我国城乡一体化发展、农民入城的最大障碍，也在一定程度上成为随迁子女城市社会融入的紧箍咒。国内的许多研究表明，由于户籍制度将流动人口排斥在共享的城市资源之外，直接的后果是导致农民工处于劣势的经济和社会地位，造成了各种各样的社会排斥。首先与户籍制度相联系的用工制度和子女教育政策等剥夺了流动人

① 《国务院关于做好免除城市义务教育阶段学生学杂费工作的通知》，中国政府网，http://www.gov.cn/zwgk/2008-08/15/content_1072915.htm，最后访问日期：2018年4月13日。

口在城市理应享受的各种公共资源及福利，加大了其进入城市及在城市生存的成本；户口差别赋予城市人天生的优越感，这种优越感造成了城市居民对流动人口的歧视，在一定程度上影响了流动人口城市社会融入的信心和努力。[①] 对农民工随迁子女而言，由于我国户籍制度的严重二元分割所导致的资源分割，随迁子女在迁入地很难享受到较好的教育资源。很多城市与地区在教育上存在对随迁子女的排斥，从而导致随迁子女在教育中的社会融入困难，表现在两方面。第一，受教育机会的被阻隔。城市学校为了限制和阻止随迁子女进入当地的公立学校接受教育，设置高"门槛"，收取高昂的借读费等费用。第二，教育过程中的不公正。在教学组织上，学校将随迁子女与城市学生区别对待，例如分别编班；在教学评价上，教师对农民工随迁子女因受到刻板偏见效应而持负面评价。[②] 从整体上来说，我国优势资源一直比较短缺，由于户籍制度造成优势资源集中于城市，城市居民得到更多使用这些资源的机会。农民工及其子女进入城市后，优势资源的再次分割，客观上使城市优质资源面临重新调整分配的可能，由此引发了城市居民群体对农民工及其子女的偏见、歧视乃至排斥。

纵观我国颁布的相应政策，不管是关于农民工还是关于随迁子女，基本上仍然维持了城乡人口的二元分割。首先，城乡人口的二元分割造成了各项政策在执行中权责不明、利益不分、监察不力的现象。大多数公办学校设置的入学门槛过高，导致大多数农民工随迁子女仍然被拒绝于城市公办学校的大门之外。以 2008 年颁布的《国务院关于做好免除城市义务教育阶段学生学杂费工作的通知》为例，该规定不仅重申了"两为主"政策，还做出了要统筹安排随迁子女入读公办学校，免收学费和杂费的规定，但前提是"手

[①] 任远、邬民乐：《城市流动人口的社会融合：文献评述》，《人口研究》2006 年第 3 期。

[②] 徐丽敏：《农民工子女在城市教育过程中的社会融入研究》，《学术论坛》2010 年第 1 期。

续齐全"与"符合接收条件",进城务工人员一般远离家乡,要办齐规定的手续又谈何容易。其次,城乡分割的二元结构,在目前教育中所产生的后续影响即二元的教育安置方式。随迁子女进城后,由于选择不同性质的学校,出现了两种不同的教育安置方式,即一部分以外地生源身份顺利地申请入读城市公办学校,一部分由于手续不全等各种原因而进入由民间力量所创办的专门招收农民工子弟的随迁子女学校,可谓城乡二元分割之下分化之外的又一次分化。而且,不同的教育安置方式对随迁子女的社会融合确实存在较大的差异,在公办学校就学的随迁子女在社会融入方面要明显优于在农民工子弟学校就学的随迁子女。① 再次,城乡二元的户籍制度所衍生的身份差异,不仅是农民工本身,也是随迁子女心中无法抹去的伤痛。从进城农民工的群体称号来看,从盲流到农民工,语义上流露出的尽是对进城农民的歧视与排挤,语义上的歧视也拉大了城市人与乡村人的差别,从心理层面上造成了城市对乡村的歧视、敌视及乡村对城市的畏惧,也是目前随迁子女入城后社会融合较难的深层次原因。随迁子女在"是不是本地人"的身份认同中,大多并不认同自己的城市人身份,原因即在于自己的家庭户口簿中明确无误地显示自己来自某某乡某某村。在我们的调查中发现,多数农民工虽然背负重重困难,但还是携带子女入城就学,目的就是期望享受城市优质的教育资源,让子女上好学、读好书,以摆脱农村户口,过上真正的城市人生活。因此,户籍制度不仅是横亘于城乡之间平等交往的最大制度性障碍,也是城乡之间心理排斥消解的最大屏障。

户籍制度是决定流动儿童社会融入的最为关键的结构性因素,从根本上影响流动儿童的社会融合。在目前建设和谐社会、实现包容性增长的社会目标之下,必须破解二元区隔的社会制度,加强制

---

① 郭元凯:《教育安置方式对农民工子女社会融入的影响研究》,硕士学位论文,浙江师范大学,2013。据中国优秀博硕士学位论文全文数据库:http://kreader.cnki.net/Kreader/CatalogViewPage.aspx? dbCode = cdmd&filename = 1014104878. nh&tablename = CMFD201401&compose = 2。

度上的融合，逐步将城市公共福利体系向流动人口开放，保证发展成果平等地为所有人所共享。

二　教育投入制度

世界上的一些教育经济学家通过实证分析告诉我们，教育对国民经济增长起着非常重要的推动作用。中国政府一贯重视对教育的投入，多年来一直不断加大对教育的财政投入力度。但是与世界各国相比，中国的教育投入在世界上仍处于一个较低的水平上，这是一个无可争辩的事实。从教育经费的绝对投入来看，目前世界上人均教育经费已达到五百美元，其中美国超过了三千美元，日本达到了两千美元，韩国为一千五百美元，而我国还不足一百美元。

在看到中外教育投入上的巨大反差后，我们也应关注中国内部的教育投入差异。在我国总体教育投入上，义务教育投入不足所导致的严重的公平性缺失是我国教育投入差异在社会公平方面的反映。早在1999年世界银行的一项研究就表明，中国教育在21世纪面临的最严重的发展障碍就是义务教育的财政困难和财政投入的不平衡。教育是一个国家发展的基石，教育公平状况体现着社会最基本的公平与否。义务教育阶段投入水平不足、经费投入城乡差异过大，必将导致城乡教育发展的失衡，这也是目前随迁子女入城就读后，教育融入出现困难的一大原因。因此，剖析我国的教育投入制度，追求教育投入的均衡发展，对于提高我国贫困地区义务教育的普及率及教育水平，确保我国义务教育阶段城乡教育差异的逐步缩小，实现社会的公平发展均具有重要意义。

20世纪80年代，我国相继出台的《中国教育改革和发展纲要》和《义务教育法》中都规定，中央政府处于总体规划教育发展与制定教育政策的地位，省级政府负责全面制定义务教育发展规划，协调各县级政府之间的教育事业性经费支出，这两项国家性的法规法案的颁布，奠定了我国义务教育地方化管理的体制。国家在随后的"基本普及九年义务教育"政策中也没能考虑到任何的资金配套支持计划，可地方政府在没有反对的情况下竟然接受了。究其原因在于，其一，它们对义务教育带来的财政压力并没有进行合理的估计；其二，它们获得财政自主支配权方面的收益可能大于财政压力。[①] 但是，这种财政压力慢慢地凸显出来，地方政府尤其是经济不甚发达地区的地方政府，在筹措教育经费方面的压力越来越大。为了缓解自身的财政压力，上一级政府不断地把责任推给下一级政府。这样，义务教育的财政支付就由乡镇一级政府来承担，乡镇政府成为名副其实的义务教育承办主体。20 世纪 90 年代，我国政府又在《国务院关于中国教育改革和发展纲要的实施意见》中，明确规定了以县为单位的分级管理体制，进一步明确了乡镇政府为义务教育的承担主体。

我国实施的这种义务教育财政体制，确实对当时地方政府安排教育经费提供了一定的便利。但是，不容忽视的是，这种体制确实使一个地区的义务教育经费的承担能力和该地区的经济发展水平相联系，由此带来了义务教育经费投入的不稳定、地区间差异较大、部分地区教育经费严重投入不足的问题。对于经济欠发达地区来说，乡一级政府由于财政支出乏力，对义务教育的扶持力度自然不够，无法正常维持义务教育的顺畅发展。进入 21 世纪后，我国实施税费体制改革，取消农村教育集资等专门面向农民征收的行政事业性收费和政府性基金集资，但对于义务教育的财政支付没有相应的配套支持政策。由此，教育筹资渠道更加单一，使本已严重不足的义务教育经费更加短缺，给农村义务教育的发展和学校的正常运转带来严重困难。为了扭转义务教育财政支付由乡级政府承担相应带来的一系列负面状况，我国颁发了《国务院关于基础教育改革与发展的决定》，开始重新划分各级政府在基础教育中所承担的责任。其中通过明文规定，农村的义务教育以县为主，即基础教育由乡级政府负责转到由上一级政府即县级政府负责，并且还规定"中央和省级人民政府要通过转移支付，加大对贫困地区和少数民族地区义务教育的扶持力度"，"县级人民政府对本地农村义务教育负有主要责任，……乡

---

① 郭建如：《基础教育财政体制变革与农村义务教育发展研究：制度分析的视角》，《社会科学战线》2003 年第 5 期。

（镇）人民政府要承担相应的农村义务教育的办学责任"。[①] 直到 2006 年在我国新颁行的《义务教育法》中，明确规定"义务教育实行国务院领导，省、自治区、直辖市人民政府统筹规划实施，县级人民政府为主管理的体制"。

由上可知，我国现阶段义务教育的管理体制可以概括为"地方政府负责、分级管理、以县为主"的管理模式，在这种管理体制下，中央财政对义务教育的投入较少，县、乡政府仍然是承担义务教育责任的主体。众所周知，我国城乡二元结构体制的存在及地区之间发展严重不平衡的现状，导致多年来地区之间财政收入的差异性趋势持续走高。在过去的数年间，依靠中央政府的财政拨款维持义务教育的发展，更好地发挥了教育财政支出的均等化作用，但在教育分权的体制之下，义务教育发展仍然主要依靠地方政府财政支付，由于地方政府财政实力差异很大，各地区在义务教育的投入水平上存在巨大的差异。义务教育的运转和经费投入责任由地方政府负责，这种安排在体制上就将经费投入的水平和地方的经济发展密切联系起来，教育投入的公平问题与城乡之间及不同地区间的发展差异密切相关。

从世界各国的教育管理体制来看，不管是分权管理还是集权管理，各国政府对教育大都实行分级管理，义务教育通常由地方政府主要负责。但是，与我国相比，各国的义务教育财政投入并不是由主管者完全承担，而是由各级政府共同负责、共同承担。总体来看，不仅负有主要管理责任的各基层政府承担教育经费的投入，而且上级政府乃至中央政府在其中承担的份额更大。从世界范围来看，义务教育的经费投入主要由各级政府和中央政府共同承担全部或者部分主要费用，且中央和省级政府在其中占有相当大的比重。例如法国的初等基础教育由市镇级政府主管，对其公共投资部分则由中央和市镇政府共同分

---

① 《国务院关于基础教育改革与发展的决定》，中华人民共和国教育部网站，http：//www. old. moe. gov. cn/publicfiles/business/htm/files/moe/moe＿16/200105/132. html，最后访问日期：2018 年 4 月 13 日。

担。再比如日本，日本政府规定无论在什么时期都坚持把教育经费的50%左右投向义务教育。而在我国，义务教育的经费不仅很少，而且在承担比例上，乡镇政府最多，县级财政次之，省级政府再次之，而国家财政投入最少。其实，国家政府与省级及基层政府合理分担义务教育公共经费，是由义务教育的性质决定的，对于确保地区之间义务教育的均衡发展，起着至关重要的作用。义务教育实行分级管理，并不意味着中央及省级政府没有责任，义务教育发展的负担也不能只由县乡两级政府承担。2006年新修订的《义务教育法》明文规定：在各级人民政府分担义务教育经费的基础上，由省级人民政府统筹落实义务教育经费，实际上加大了义务教育经费的保障力度，有利于义务教育资源在省级范围得到更加合理的配置。

然而，随着我国城市化进程的加速，更多的农村人口在不同的省际流动，其子女的义务教育失去了公共财政上的基本保障。针对这一问题，国务院为解决农民工子女的义务教育问题，于2001年出台了《关于基础教育改革与发展的决定》，其中规定了农民工子女义务教育的"两为主"政策，即"以流入地区政府管理为主，以全日制公办中小学为主"，要求农民工子女的教育主要由流入地政府负责。这样，流入地政府面临着巨大的财政压力，造成了流入地政府的财政紧张与对公办教育投入减少的现象，更加不利于流入地政府解决农民工子女的义务教育问题。流入地政府面临着既要保障本地教育投入的正常运转，又要负责农民工子女的义务教育经费解决的双重压力，因此，不愿也无力承担更多的随迁子女义务教育责任，导致农民工子女长期处于教育经费无从保障的境地。这种状况，不仅影响了他们与城市社会的融合，也影响了我国义务教育的公平性。所以，现行的义务教育财政投入体制在一定程度上已成为农民工随迁子女在流入地平等享有受教育权的羁绊。

三　升学制度

随着我国"两为主"政策的深入开展，农民工随迁子女在城市受教育情况逐渐好转，更多的随迁子女进入公办学校就读。但是，我国现有的升学制度仍与户籍制度捆绑在一起，不管随迁子女在城市学习的成绩怎样，年限多长，到初中、高中毕业时，他们却无法在流入地参加升学考试，必须到户籍所在地去参加中考、高考。也就是说，他们在城市接受教育的过程中还要面临新的问题——升学问题。每一年的高考前期，都会有大量的外地籍学生家长呼吁有关部门解决这一问题，很多家长呼吁取消高考户籍限制。正是有升学政策的限制，我国很多的随迁子女在面临高考时不得不放弃学业，选择过早的就业。有关调查发现，北京市农民工随迁子女中有70%以上初中毕业就直接走上社会，从事工作，失去了继续深造、向社会上层流动的机会。

　　在中考方面，目前我国国家层面并未出台有关政策规定随迁子女可以在流入地参加中考。虽然有些省市出台了一些政策表明随迁子女可以在流入地参加中考，但由于中考是省级政府组织实施的，因此各省市出台的关于随迁子女在流入地参加中考的政策制定标准不一，附加了太多的限制性规定。截至2010年12月，允许农民工子女在流入地参加中考的省市有6个，明确做出规定的有19个地级市及4个区县。近年来有一定程度的增加，但由于报考需要满足一系列的条件，而这些条件只有少数随迁子女能够提供，因此，这些省市针对随迁子女升学的政策也只能惠及少数农民工子女。随迁子女在流入地参加中考的相关程序手续繁杂，在城市考试的成本对于大部分农民工家庭来说比较高，难度系数较大，所以在流入地参加中考对于随迁子女家庭的吸引力不大。

　　在高考方面，目前执行的升学政策是2010年教育部发布的《普通高等学校招生工作规定》，该规定指出，"申请报考高校的所有考生，须在其户籍所在省（区、市）高校招生委员会（以下简称省级招委会）规定时间和指定地点报名"，而且还规定，"省级招委会可按照以考生户籍为主、与在本地区高级中等教育学校就读一定学习年限相结合的原则，结合本地区实际，就报名条件、时间和有关要求作出具体补充规定"。近两年来，一些省市也出台了一些允许随迁子女在流入地参加高考的措施。但是，我国仍然以城乡二元分割的户籍制度限制下的升学制度为主，使想读大学的大多数随迁子女必须回原籍参加升学考试，所以很多农民工随迁子女基本上无法在流入地参加高考。

在调查中发现，很多农民工之所以把孩子带入城市就读，原因就是出于让孩子享受城市优质教育的考虑，所以很多随迁子女很小就被带至城市生活学习，有的甚至就在城市出生成长，有些随迁子女已经度过适应期，融入城市生活中去。但是户籍的限制，使他们无法在流入地参加升学考试，随迁子女父母不得不面临着再度与子女分离，把子女送至农村老家度过考试期。而这些重返农村学校的孩子，将再度面临适应农村生活与教育的困境。一方面，很多省份在升学考试中都是单独命题单独划线，所选用的教材也不尽相同。随迁子女在城市就读之后重返农村，必然要面临所学知识及考试内容与户口所在地不同的境况，这将使他们在考试竞争中处于不利地位。另一方面，很多随迁子女已经适应了城市生活与教育，回到农村后必将面临对农村生活与学习的适应问题，加之脱离父母的呵护与监管，必然会对他们的心理产生一些负面影响，也会对他们的学业造成不利影响。

2012 年对于随迁子女及其家长来说是令人振奋的一年，国家开始对随迁子女在流入地的升学考试出台一系列的保障政策。2012 年 8 月 30 日，教育部、国家发改委、公安部、人力资源和社会保障部（简称"四部委"）联合下发的《关于做好进城务工人员随迁子女接受义务教育后在当地参加升学考试工作的意见》（以下简称《意见》），要求各地应于2012 年底前出台有关随迁子女升学考试的方案。《意见》特别要求："上海、北京等人口流入比较集中的地区则要进一步摸清底数，掌握非本地户籍人口变动和随迁子女就学等情况，抓紧建立健全进城务工人员管理制度，制定出台有关随迁子女升学考试方案。"① 该规定还从充分认识做好随迁子女升学考试工作的重要性、明确做好随迁子女升学考试工作的主要原则、因地制宜制定随迁子女升学考试具体政策、统筹做好随迁子

---

① 《关于做好进城务工人员随迁子女接受义务教育后在当地参加升学考试工作的意见》，http：//www. gov. cn/zwgk/2012 - 08/31/content_ 2214566. htm，最后访问日期：2017 年 10 月 13 日。

女和流入地学生升学考试工作及加强组织领导和协调配合五个方面进行了详细说明。随后，各地纷纷响应中央号召，先后因地制宜地制定了有关随迁子女就地参加升学考试的方案。截至 2013 年年初，30 个省（区、市）的随迁子女在流入地参加高考的方案已经陆续不同程度地进行了公布，但是部分人口流入量较大的省市出台的政策并不尽如人意，存在诸多的条件限制。

在一些省市公布的异地升学考试方案中，山东、安徽、浙江、江西等省份，规定要求非本地户籍的考生具备一定的学籍条件（重点是本省高中阶段一年或三年学籍）即可在流入地报名参加普通高考；四川、河南、山西、陕西、江苏、黑龙江等省份，则从考生的学籍年限及其父母的职业、住所、缴纳社保等方面设定准考条件；广东、上海的考生高考报名条件仅与其家长的居住证挂钩；而北京、天津两地，只开放了高职院校的报考条件，暂未涉及本科报考，也只是出台了过渡方案。针对随迁子女的升学问题，虽然各地都出台了相应的政策规定，但是限制仍在，且门槛较高。因此，异地高考问题仍是横亘于随迁子女面前的一个重要问题，放开异地升学限制才是促进随迁子女社会融合问题有效解决的真正道路。

第二节　城乡文化教育差异

教育是文化的一部分，教育在很大程度上是传承人类积累下来的各类文化，文化积淀对一个国家或地区的教育有着重大的影响。在人类社会演进的过程中，文化差异一直是鲜明的、难以消逝的，而城乡文化差异是诸种差异中比较显见且根深蒂固的，既有历史积淀的因素，也有现实中人为忽视的因素。在进行城乡差异研究或考虑城乡均衡发展的实践当中，考虑最多的是经济因素在填补城乡发展鸿沟中的重要作用，补救农村发展、实现城乡均衡发展的重要推力似乎只有增加经济投入，而对城乡之间的文化差异却视而不见，或者少有关注，致使长久以来对农村的文化建设投入较少，城乡之间的文化差距越发增大。从城乡文化差异视角，思量随迁子女城市社会融合的困境及其原因，关注微观的、隐性的文化因素在促进农民工随迁子女社会融合方面的影响，并采取相应的措施，营造适应随迁子女自由自然生活的文化软环境，把硬件的物质资源投入与城乡文化中的特色发展结合起来，将有形的硬件投入与隐形的文化投入结合起来，创设和谐共融的城乡一体化文化环境，才能最终达成农民工随迁子女有效、和谐地与城市社会相处。

文化指生活于一定的文化共同体中的人们长期积淀而成的一套文化系统，包括价值观念、思维模式、审美趣味、道德情操、宗教情绪、民族性格等。长期受某种文化的浸润与熏染，个体不可避免地镶嵌着这种文化的印痕或特征，刻有某种文化印记的习惯、行为、观念等很难在较短的时期内更改，在与另一种文化相遇时，也必然会有碰撞甚至冲突。在城市学习的农民工随迁子女，虽有部分生于城市长于城市，但大部分都有居留农村的留守经历。长期受农村文化濡染的随迁子女进入城市后，遭遇异质的城市文化，必将产生文化上的水土不服现象。先前的农村家庭文化、学校文化以及社会文化成为他们城市日常生活无法擦去也不愿抹除的深刻烙印，这些文化印记形塑了他们的品性、教养、习惯、态度、思维，也成为他们的标志——农村孩子的标记。这些孩子随迁入城后，与异质的城市文化中的儿童、教师、邻里相遇，代表不同文化的二者之间产生一定的文化冲突不可避免。因此，要想农民工随迁子女达成与城市社会的有效融合，必然要了解城乡之间的文化差异。

一　城乡家庭文化差异

"个体在出生以前，在进入学校以前，在进入劳动市场以前，就已经获得了他的阶级身份。……这决定着他住在哪儿，上什么学校，将来可能从事什么工作，等等。"[①]　家庭是一个人生命出场的起始场

---

① Rothstein, Stanley W., *Identity an Ideology: Sociocultural Theories of Schooling* (New York: Greenwood Press, 1991), p. 121.

所，是伴随人一生成长的"摇篮"。20 世纪 50 年代美国沃尔夫的一项经典研究表明：智力并非学业成就的主要影响因素，而是深受家庭的影响。布尔迪厄指出："在剔除了经济位置和社会出身的因素的影响后，那些来自更有文化教养的家庭的学生，不仅具有更高的学术成功率，而且在几乎所有领域中，都表现出与其他家庭出身的学生不同的文化消费和文化表现的类型。"[①] 文化资本的获取总是被烙上最初的、原生家庭条件的痕迹。最初条件包括整个家庭所拥有的文化资本、从一开始就不延误不浪费时间学会合理地利用闲暇时间，以及家庭所能提供的自由时间的长度。这样，人力选拔的过程首先由家庭开始，而家庭又被纳入社会阶层结构中。家庭是个人社会化的初级场所，也是在整个社会结构中排序的初级场所。家庭对孩子良好生活、行为习惯的养成，对其以后生活、学习、工作乃至一生的发展具有重要的奠基作用。家庭的物质化文化条件、文化氛围、文化投入等将在很大程度上影响孩子的未来。

根据布尔迪厄将文化资本形态分为客体化、体制化、身体化三种形态的分类方法，我们也主要从客体化、制度化、身体化文化资本等方面对城乡家庭文化差距问题进行分析。

首先，城乡家庭文化的客体化差异。布尔迪厄认为，客体化形态是文化资本存在的主要形式。这种客体化的文化资本主要是指以文化商品形式存在的物化状态，具体指书籍、绘画、古董、工具等物质化的文化财富，可以直接在家庭代际传递。而家庭物化状态的文化资本的多寡是与家庭收入、家庭教育文化的投入及家庭教育的时间投入有较大关系的。自从我国实行改革开放以来，我国农村的面貌发生了翻天覆地的变化，农村的物质文化水平有了长足的进步，但是由于我国经济文化发展实施效率优先原则，城乡之间的发展鸿沟越来越大，城乡居民无论是在家庭人均收入、子女教育的经济承载力还是在教育投入等方面都有很大差距。"更多的家庭收入就意味

---

① 〔法〕皮埃尔·布迪厄、〔美〕华康德：《实践与反思——反思社会学导引》，李猛等译，中央编译出版社，1998，第 212 页。

着更多的资源，如更多的书籍、更好的玩具、更丰富的学前活动及音乐、美术等课程活动，为儿童的发展提供了除直接的学校环境之外的正规和非正规的学习机会。"[1] 近几年，尽管农民收入持续快速增长，但仍然低于城镇居民收入的增长速度，如2007年我国城镇居民家庭人均可支配收入为13785.80元，而农村居民家庭人均可支配收入为4140.40元，城乡居民收入的比率为3.3∶1。[2] 城乡居民收入的差距直接影响到城乡家庭在教育文化等方面的投入水平，从而导致城乡儿童在教育起点上的差距的产生，城乡家庭用于购买书籍、文化用品、体育艺术用品的差距也在逐年拉大。在文化耐用品的拥有量上，农村家庭也远不及城市家庭，诸如钢琴、电脑之类的家庭耐用品，在很多的农村家庭都是可望而不可即的教育奢侈品。一些富裕的农村家庭虽然明白这些教育用品对孩子发展的好处，但由于自己本身的知识欠缺而无法指导、利用不当，这些教育用品往往成为闲置资源而无法起到好的教育效果。而对于代表先进科技文化的电脑网络来说，农村很多地方还比较缺乏，一些孩子随迁入城后，一旦接触到神秘而又神奇且极具诱惑力的网络后，往往成瘾而无法自拔。在对不同家庭小学阶段儿童的调查中发现，城市家庭孩子的年均课外书阅读量为24本，一般农村家庭孩子的年均阅读量为5本，而随迁子女家庭为8本；在对各式家庭电脑的拥有上，城市家庭达到了99%，农村家庭的电脑拥有量不足12%，随迁子女家庭为20%。因此，农村家庭与城市家庭相比，在文化耐用品拥有量上存在较大的差距。农民工入城后，随着经济收入的好转与教育意识的提升，为孩子购买书籍、电脑的情况稍微好于农村家庭，但与城市家庭相比差距依旧非常大。不管是书籍，还是代表现代信息文化发展最高水平的网络，都是儿童接受文化信息传输的重要载体。农村

---

① 李静：《影响教育公平因素的探究》，《教育探索》2007年第4期。
② 中华人民共和国国家统计局编《中国统计年鉴2008年》，http：//www.stats.gov.cn/tjsj/ndsj/2008/indexch.htm，最后访问日期：2017年10月13日。

家庭与随迁子女家庭的儿童在接受现代网络媒介和书籍媒介输出的信息及知识量上，要远逊色于城市家庭儿童。对于投入在儿童身上的时间，布尔迪厄认为衡量文化资本的最为精确的途径是家庭为儿童提供的自由时间的长度。在城乡家庭投入儿童教育的时间上看，城市父母花费在子女身上的时间远多于农村父母。虽然农村父母拥有的闲暇时间并不少于城市家长，但由于教育观念与自身条件所限，花费在子女身上的教育时间与心思都少于城市家长，城市家长对子女往往投入较多的心力，陪读、陪学的现象大量存在。有调查显示，"城市家长平均每天指导子女学习的时数在 1 小时以上的占 29.5%；而农村父母只占 10.3%，还有 66.4% 的家长几乎从不指导子女"。[①]对于随迁子女家长来说，城市生活的压力与重担远远大于老家农村，闲暇时间有限，虽然在教育观念上比较趋同于城市父母，但往往心有余而力不足，在投入子女教育的时间上甚至不如一般农村家庭。

其次，城乡家庭文化的体制化差异。布尔迪厄认为，被社会认可的学历和文凭是制度化状态的文化资本。参与高雅文化活动是具有文化资本的重要特征，作为文化产品消费者的各个阶级和阶级内部各阶层，其分配结构与以经济资本和权力等级为根据的分配结构是一致的。[②] 城乡居民整体教育文化水平与文化活动参与度的差异对其子女的受教育年限和程度有重要影响。越来越多的研究表明，家庭的经济收入对子女教育的影响并不明显，子女在学校中的学业表现与家庭的物质收入也并没有直接的因果关系，而父母的受教育程度却与儿童的学业有较大的关联。其实在我国教育发展史上，这种文化的再生产现象在代际的复制随处可见。我国春秋时期的杰出政治家管仲在其著作《管子·小匡》中所提到的"士之子常为士""农之子常为农""工之子常为工""商之子常为商"中的"四民"

---

① 黄艾丽、杜学元：《关于我国城乡家庭教育差异的比较分析》，《宜宾学院学报》2007 年第 1 期。

② 厉以贤主编《西方教育社会学文选》，台北：五南图书出版股份有限公司，1992，第 425 页。

教育思想即是文化再生产现象在古代教育思想中的反映。

在我国农村地区，由长时期内实施城市中心的教育政策等种种历史因素所致，针对农村家庭教育方面缺乏政策支持，大部分农民的学历水平偏低，多为初中毕业水平，其次是小学教育程度，而大专以上文化程度的比重则较少，而女性受教育程度与文化水平则更低。农村家长受环境、条件限制，普遍只有小学、初中文化，甚至是文盲，由此导致缺乏家庭教育知识和意识，对孩子的学习状况了解不多，对与孩子平等交流和沟通认识不足，教育和管教方式多以训斥、打骂为主。少数关心孩子学习状况的家长，主要也只是关心孩子的学习成绩。

城乡家庭文化的制度化差异，表现为农村家庭中父母的文凭学历偏低，导致在家庭内部教育子女时的无能为力，子女所承继的文化资本可谓少之又少。随着城市化进程的推进，大批农民流入城市，虽然入城的农民工一般为农村中的佼佼者，但面临的是文化资本远远落后于城市家庭家长的活生生的事实。在我们的调查中同样显示，农民工的受教育水平不仅与其自身的社会融合状况呈显著正相关，而且也与其随迁子女的社会融合呈显著相关，且他们的社会融合状况又和随迁子女的社会融合状况呈正相关。因此，家庭文化资本的体制化拥有程度在家庭内部的承继，使随迁子女的社会融合问题有了家庭文化资本的制度化解答。在他们进入城市后，在农村家庭制度文化与城市制度文化的过渡和转型中，必然面临两种制度文化的冲击和不适，随迁子女在接受城市新的家庭文化，扬弃农村文化的过程中，经历城乡两种家庭制度文化的调适与博弈。

最后，城乡家庭文化的身体化差异。布尔迪厄认为，一个人的文化水平和修养可以被视为具体状态的文化资本，以"肉体化""身体化"的形式存在而成为精神与身体的一个有机组成部分，也被称为惯习化。身体化文化资本虽不可以直接传递，但可以通过家庭生活的耳濡目染让子女在无形中得到熏陶与习染。由于城市与农村处于两个不同的文化场域中，两个不同文化场域各有其不同的文化资源与文化特点，身处其中的个体自然形成了不同的文化态度、思维与行为方式，城市父母与农村父母在这一点的差异是明显的，而对各自孩子成长的文化熏陶与濡染也是不同的。相较而言，城市父母身处开放的、文化资源相对较为丰富的城市环境中，自身的文化素质水平较高，能够对自我言行进行有效的约束，明白言传身教对子女成长的重要意义，对子女的养成教育有着较好的认识，对孩子的人生观、价值观的导向有着明晰的、健康的认识，对子女的教育有着科学的规划与指导。农村父母身处相对保守、封闭、追求生活和缓的农业文明中，他们大都朴实无华，为人厚道热情，能够吃苦耐劳，这些品性和习惯对子女的成长能够产生积极的影响。农村孩子在父母日常言行的熏陶下，习性中大都具有这些优良品质，这些也成为他们立足社会取信他人、赢得成就的重要砝码。但同时我们也必须清醒地看到，农村相对封闭、落后的思想观念，比较欠缺的信息资源，使家长的思想与教育观念相对落后、视野狭窄。因此，重男轻女、鱼跃龙门、光宗耀祖这些思想观念依然很盛行，这在一定程度上影响了农村孩子的成长与发展。农村父母与城市父母在教育观念层面的差异比较明显，从某种意义上讲，观念上、思想上的差异比经济物质上的差异更为可怕，进而会在对孩子教育期望、教育方式选择及孩子成就塑造上形成巨大差距，这往往是家庭文化中最难调控、影响最为深远的一种负面的文化资本。

从理想中的教育价值与功能来说，教育是现代社会改变阶层分化的有效手段，也是个人实现向上层社会流动的阶梯，是每一个勤奋、有志气的人改变自己的社会层级的重要途径。然而这只是事实掩盖下的表象而已，事实上家庭出身不仅仅在经济物质方面影响孩子，对于文化资本的传承也有很大的影响。根据布尔迪厄的文化资本理论，农村与城市处于不同的场域中，由于行为主体所处场域不同，决定了其文化习得及文化资本占有总量和拥有文化资本类型上的差异，这种差异在很大程度上决定了其在城市或农村中的地位及在不同场域中流动的能力。简要言之，由于家庭文化资本的累积差异，农村儿童的文化资本要远远低于城市儿童，导致其在迁入城市后向上流动的能力也明显处于弱势，这些是影响农民工随迁子女教育公平不可忽视的重要因素，也是导致其社会融合较难的文化因素。

二　城乡学校文化差异

学校在传递文化、生成文化的同时，担负着教育人的主要功能，是教育的主阵地。布尔迪厄认为，学校传递的文化主要反映的是统治阶层的意志，学校教育被构建为有利于统治阶层的文化而实现文化再生产，统治阶层的惯习被转换为学校的一种理所当然的文化资本，因而更有利于学生学业的成功。与城市中的学校教育相比，农村学校教育在一些比较外显的教育因素方面就显示出弱势，首先在师资、教育设备、经费等方面，具体表现为农村教育经费严重不足，由于实施以县、乡为主的教育财政体制，教育经费的拨付在很大程度上依赖于当地的收入水平，由此也造成了学校教育经费的严重不足；师资水平落后，尤其是偏远的山区，师资数量还不能确保，又谈何师资质量。其次在学校文化的习得方面，如上所述，代表学校文化的教材、考试等主要偏向城市文化，农村孩子与城市孩子相比，无疑处于学习过程和结果中的弱势，加之农村儿童自幼习得的农村文化和农村生活经验的累积，都与课本、考试中所呈现的学校文化相距甚远，甚至显得有些格格不入。因此，农村学校文化与城市文化相比不仅在课程、教学、评价方面，而且在义务教育之前的学前教育阶段也存在明显的弱势。

首先，城乡学校文化的前端差异，即城乡学前教育的巨大反差。在农民工随迁子女教育公平问题上，学前教育的公平是教育公平的起点。学前教育是基础教育的基础，是终身教育的开端，良好的学前教育是儿童一生幸福的基点，只有公平的学前教育才能让儿童一步入社会化的场所，便能公平地站在人生起跑线上。因此，从根本上说，学前教育的公平是教育公平的起点。作为人生教育的前端基础，学前教育公平已得到世界范围内的广泛认可。联合国教科文组织在 2009 年发布的《全民教育全球检测报告》中指出："优质学前教育是教育公平的基石，在全球范围，学前教育机会正稳步增长。"[①]我国也愈益重视学前教育的发展，自 2007 年以来，我国对学前教育的重视程度明显提高，中央和省、市各级财政加大了对学前教育的投入。据统计，2011～2013 年中央财政已投入学前教育项目经费500 亿元，地方财政投入学前教育的资金为 1600 多亿元。但是，由于我国城乡二元结构体制的惯性影响，我国城乡学前教育发展存在巨大的差异。其一是学前经费投入的差异。虽然我国投入学前教育的财政总量在不断增加，但是在经费投入的方向指向上明显偏向城市公办幼儿园，这使农村幼儿园教育的经费尤为紧张。近十年来，我国政府财政投向农村教育的经费主要用于保障农村义务教育的发展，对提高农村义务教育阶段的教育质量，保障广大农村普及九年义务教育发挥了很大的作用，但是对农村学前教育的关注度不够，县、乡两级政府没有更多的资金投入学前教育发展，目前甚至在未来很长一段时间内，农村的学前教育仍然存在于农村小学附设的学前班中。其二是在办园条件上存在很大的城乡差异。农村幼教师资奇缺，囿于农村待遇差、工资低等其他各种条件的限制，加之目前就业市场对学前教育毕业生需求旺盛，不愁出路的学前专业毕业生几乎都选择在城市就业。因此在农村幼儿园师生比上存在很大的差距，据 2010 年统计，农村的师幼比为 1∶38，而城市的师幼比为1∶17。按照《幼儿园工作规程》有关规定，城乡各幼儿园每班幼儿人数一般为：小班（3～4 周岁）25 人，中班（4～5 周岁）30 人，大班（5 周岁至入小学前）35 人，混合班 30 人，学前幼儿班不超过40 人。另外还规定，幼儿园各班要配备幼儿教师至少两名，因此相

---

① 高靓：《2009：国际社会仍旧关注教育公平》，中国教育新闻网—中国教育报，2009 年 1 月 16 日，http://www.jyb.cn/world/gjgc/200901/t20090116_235859.html，最后访问日期：2017 年 10 月 14 日。

应的幼儿园师生比为：小班2：25，中班1：15，大班2：35。从数据看来，城市幼儿园的师生比达到了要求，而农村幼儿园远远不能满足要求。以办学条件为例，在2007年幼儿园生均占地面积农村为6.43平方米，城市为11.2平方米；生均校舍面积农村为2.27平方米，城市为7.2平方米。相比之下，城市幼儿园的办园条件远远高于农村。其三是城乡幼儿的入学机会上存在差异。2007年，我国城镇学前三年毛入园率为55.6%，农村则只有35.6%，比城镇低了20个百分点。① 在我国城乡各级各类教育快速发展、城乡经济发展势头不断好转的形势及中央财政支持不断加大的情况下，作为各类教育基础的学前教育在城乡之间的差距不是在缩小，反而在不断加大，这种情况不仅有悖于我国当前强调教育公平与社会正义的价值取向，而且还会使农村幼小一代在教育的最前端即削弱了发展的基础，这是需要引起关注的事情。

其次，城乡学校课程文化的差异。布尔迪厄借助资本这一概念，认为学校课程所选择、传递的文化知识都没有超出由支配阶层的意识形态、文化习俗所构成的文化资本。② 课程作为一种文化资本是再生产不平等社会结构的关键，它不仅再生产表层次的社会文化，而且再生产深层次的意识形态与社会权力结构。③ 在学校场域中，课程作为一种合法化的文化资本，在文化再生产过程中起着重要作用。课程使教育体制所传播的文化与统治阶层的文化更为接近，从而使其子女在学校教育中更容易成功。在整个课程文化的构建中，所选取的知识并未考虑城乡文化的差异和城乡孩子文化资本占有量的差异，而是以一种主流的姿态，在课程知识的选择中、在学校教育的

---

① 苏婷、高伟山：《明确思路与机遇，把重点放在农村》，中国教育新闻网—中国教育报，2009年2月27日，http://www.jyb.cn/china/gnsd/200902/t20090227_244521.html，最后访问日期：2017年10月14日。

② 黄忠敬：《知识·权力·控制：基础教育课程文化研究》，复旦大学出版社，2003，第49页。

③ 李松林：《控制与自主：课堂场域中的权力逻辑》，教育科学出版社，2010，第138页。

过程中更多地体现、彰显与城市文化更为一致的主流的知识、观念和价值。[①] 因此，城市儿童因其自身与课程主流文化具有很大的一致性而处于知识获取的有利地位，而农村孩子则相反，其所处的乡村文化及其乡村生活经验与学校课程文化的异质性，往往导致种种学业困难或者中途辍学。另有研究者对小学课程的教育内容进行分析时，指出现行小学课程的一个重要内容就是培养对工业、城市与现代生活的向往和羡慕，这种内容面对乡村小学及其学生时愈发显得突出。城市在这里成了工业、现代化与幸福生活的象征。这种内容也许是课本与课程的编订者下意识设定的，但它们在乡村学校中则会被接受为一种明确的意识文化。[②] 在这种课程文化的熏陶下，农村学生逐渐对乡村文化产生自卑甚至厌恶，而对城市文化产生一种羡慕向往的情愫，其教育的结果就是苦苦追求课程中所呈现的知识文化，获取高分以鱼跃龙门，尽快地逃出农村进入梦想中的城市生活。这其实也是部分农民工进城而后又携带孩子入城就学的课程文化驱动因素。我国新课程改革后实施一纲多本的课程编制策略，虽然考虑到了我国多地区的因地制宜发展，但也没能注意到城乡课程文化的差异，新课程呈现的教育内容仍然偏向于城市文化。正如伯恩斯坦的语言编码理论所认为的，不同社会阶层中所使用的语言编码不同，而学校教育中的语言编码与较高社会阶层一致。中产阶层家庭采取的是"个人的"（personal）社会化模式，并习惯于使用"精密型语言编码"（elaborated language code）；劳工阶层家庭则采取"地位的"（positional）社会化模式，并习惯于使用"局限型语言编码"（restricted language code）。局限性语言编码由于语法结构简单等特点不利于传达有特殊含义的知识，而精密型语言编码所表达的意义要明确而普遍，因此，学校一般使用精密型语言编码。由于中产阶层

---

① 王振存：《文化视阈下城乡教育公平研究》，博士学位论文，河南大学，2011。
② 李书磊：《村落中的"国家"——文化变迁中的乡村学校》，浙江人民出版社，1999，第106页。

学生在入学以前已经熟悉精密型语言编码，因而在学业成功方面比来自劳工阶层家庭的学生处于更有利的地位。① 因此，从课程文化中的语言、教育内容来看，来自农村的随迁子女均处于弱势地位，势必造成学业成绩上的不适应、不融合。

再次，城乡学校教学文化的差异。如果说国家在出台相关政策方面解决了随迁子女"上学难"的问题，那么如何"上好学"问题就主要关涉教育过程中的诸多问题，而课堂教学是教育过程中的重中之重。儿童学习文化知识、获取对人类社会的基本认知几乎都是从课堂教学中得来的，而且我国各项教育改革的推进、教育理想的实现也都是通过课堂教学来进行的。课堂教学中的文化差异是城乡教育差异中的一部分，也是随迁子女入城受教育后不适应问题的原因之一。

布尔迪厄用场域、位置这样的字眼诠释了个体在不同的特定场域中因为拥有的各路资源的不同，导致其位置的不同，位置因拥有资源与权力而成为场域内各种矛盾冲突的焦点。比如在班级内部，不同个体拥有的资本不同，决定了不同个体在课堂场域内的差异，教室内的座位（位置）与个体拥有的资本量进行挂钩，座位就成了一个符号，象征着个体在班级内部的身份和地位。正如班级内的座位一样，处于城乡内的学校也是如此。城乡学校处于不同的位置上，就决定了拥有资源的差异性存在，环境资源、文化资源、政策资源、学生与教师资源等，也决定了其内的学生在获取个体发展机会上、教育质量上的差异，而这种差异又成为个体在未来从事何种职业、处于何种社会阶层的根源，并且这种差异不停地在代际复制，使差距不断拉大。

从城乡课堂所处的不同场域来看，城市的课堂由于拥有众多的政策资本、经济资本、文化资本等优势，其课堂教学也拥有了更多

① 〔英〕巴兹尔·伯恩斯坦：《社会阶级、语言与社会化》，载张人杰主编《国外教育社会学基本文选》，华东师范大学出版社，1989，第339～420页。

的来自各方的支持，课堂教学也滋养了更为优质的课堂文化，易于向学生提供向上的、积极的、多彩的课堂生活，容易形成轻松、和谐、宽松的课堂文化氛围，从而有利于城市学生身心健康发展。而处于农村场域中的课堂由于缺乏各方的支持，课堂教学文化显然处于不利地位，文化生活枯燥单一、不变，文化氛围有失生动、缺乏色彩，不易形成积极向上、学生全面发展的课堂教学文化，从而也导致学生在以后的后续教育、就业中的弱势。在这里，各类优质教育资源成为城乡营造优质课堂教学文化的主要推力，也是争夺的对象，显然，由于所处场域的不同，农村课堂处于弱势地位。既然所处场域无可更改，那么农村学生要想获取更多的优质教育资源，只好向拥有优势资源的城市课堂转移。然而，随迁子女由于其自身携带的资本总量远远少于城市儿童，在城市课堂场域中再度处于弱势。

城乡教师在课堂上的讲授解读能力也是城乡课堂文化差异中的一种。课程标准中的知识在经过筛选之后，还要经过教师们的领悟、内化与加工、讲解，才能为学生所接受。"教师对课程知识的领悟，在过程上表现为对课程知识的解读、加工和表述，在内容上涉及课程知识中所包含的基本知识和基本技能、课程知识中所内涵的价值内容和情感倾向以及课程知识的内在功能和学生的接受能力，等等。"[①] 这对教师的专业能力和素养提出了挑战，能否领悟教材内容并做到内化，领悟与解读课程知识的程度如何及怎样引导课程的价值导向都成为衡量教师教学能力的标准。而城乡之间教师素质相比较而言，城市教师整体素质更高，更接近主流文化，对课程的领悟与解读更为接近国家课程要求的主旨和标准，这无疑对城市学生的成长发展有较大的帮助。从学生对课程知识的接受度来说，城市学生来自社会地位较高的优势阶层，他们的情感、体验、思维、价值判断等方面，与课程所反映的主流文化也较为接近，这也有助于他

①　李松林：《控制与自主：课堂场域中的权力逻辑》，教育科学出版社，2010，第140页。

们在学业上取得成功，而农村学生却相反。

最后，城乡学校无差异考试评价背后的差异。文化资本理论认为，考试所表达的是统治阶层的价值观和选拔标准，它表面看似客观公正，实际则隐含明显的价值偏向。在我国，最为人们所重视的高考是全国统一的选拔考试，也被视为最为公正的考试体制。这一考试假定了考试是中性的，假定了所有考生的学习起点、学习过程、学习资源等都是相同的、平等的，大家在同一标准之下进行公平竞争。然而，事实是每一个考生的家庭背景与生源地都是不同的，都背负着不同生源地的不同文化基础，城市与农村两地的文化特质迥然不同。然而从历年的试卷内容分析，所出试题很少考虑到城乡文化的巨大差别，过多地偏重城市文化内容，而反映农村文化的内容较为缺失。这种无视城乡文化教育的差别并偏重城市文化的考试评价方式，必然会造成农村孩子考试中的失利。近年来实施的高考评价制度改革，在题型结构方面侧重对学生综合素质的考察，加大了应用型和能力型试题的给分比重，然而无形中给农村考生以致命一击。农村学校缺乏优秀的师资，教学设备较差，农村学生自身认知积累较少等，当然使农村学生处于不利地位。

三　城乡社会文化差异

由于我国城乡二元社会经济结构的影响，城乡差异是所有差异中最为显著，也最为根深蒂固的差异。学校、家庭、社会是教育的三大场域，社会教育文化资源配置方式、社会教育文化价值观念、社会教育文化政策等对城乡教育发展产生不可忽视的重要影响。

在我国城乡二元结构体制之下，我国长期以来重视优先发展、效率优先的政策措施，偏重于对城市基础文化设施的建设，城市居民免费或低价享有如基础教育、医疗卫生、社会保障、公共基础设施等基本公共服务，而广大农村获得的公共资源却非常少。像水、电、煤这些基本的生活设施在一些农村一直供应不足，无法满足生活需要，更谈何用于文化基础设施上。有关材料表明，在我国农村

2183 个县区中，1/5 的县没有图书馆，233 个县没有文化馆，7205 个乡镇没有文化站。教育条件受经济条件的制约也呈现相对薄弱的状态。"老文盲难以摘帽，新文盲又以每年数百万人的速度增长。"[①] 另据中国互联网中心（CNNIC）统计数据，我国互联网用户目前主要集中在城市，城市互联网用户占总数的 23.6%，农民仅占有互联网用户总数的 1.4%。Ulubasoglut 和 Cardak（2007）通过对 56 个国家的数据进行对比研究发现，我国农村公共文化服务建设经费紧缺、阵地缺乏、设施老化、队伍流失，严重制约和影响了广大农民的文化信息需求，与城市之间的公共文化信息资源差距越来越大，农村文化资本的匮乏使农村儿童缺少文化濡染的基地，往往限制了农村孩子发展的多种可能性。[②] 农村除了学校之外，很少有图书馆、博物馆、少年宫、科技馆等文化教育设施，农村孩子所接触到的大多是自然景观，所拥有的公共文化教育资源少之又少。

文化是长久积淀的产物，"文化者，人类心能所开积出来之有价值的共业也。易言之，凡人类心能所开创，历代积累起来，有助于正德、利用、厚生之物质的和精神的一切共同的业绩，都叫作文化"。[③] 城乡文化的分野也是历史发展的结果。城乡的文化传统不是一时形成的，也不可能很快得到改观。城乡之间的文化传统是导致城乡教育文化差异的历史文化因素。由于城乡教育文化差异的存在，农民进入城镇，其原有的认知方式、思维模式、价值观念、情感状态、生活方式等心理结构与原有市民产生很大差异，因此也就不可避免地在生产、生活和社会交往中产生分歧、碰撞及冲突，若处理不当，则可能造成更严重的社会冲突。这很显然不利于农民工自身及其子女的社会融合与我国和谐社会的构建。对于刚进入流入地的流动人口来说，由于风俗习惯、生活及行为方式、价值观念、语言

---

① 王东明：《农村文化生活顾问》，陕西人民出版社，2001，第 6~8 页。

② Ulubasoglu, M. A. & Cardak, B. A., "International Comparisons of Rural – urban Educational Attainment: Data and Determinants," *European Economic Review* 51 (2007): 1828 – 1857.

③ 梁启超：《清代学术概论》，商务印书馆，1921，第 24~25 页。

文化等方面的差异，又由于原本积累的社会资本大多消失，原来的社会网络的支持也不复存在，短时间内新的社会资本、社会网络尚未建立，再加上流入地的政策制度障碍及当地人的主观歧视，大部分流动人口都产生了漂泊不定、无依无靠的心理，需要经历隔离的过程，这个隔离的过程也被一些学者称为"边缘化现象"①。这将对流动人口的参与机会产生影响，并阻碍融合的发生。

现阶段，我国仍是一个农业大国，农村人口占了全国总人口的大多数。截至2008年底，我国农村人口占总人口的54.32%②；第六次全国人口普查显示，我国农村人口占总人口的50.32%，虽然农村人口比率在逐渐下降，但农业人口占比较大仍是事实。虽然我国正不断加大对教育的投入、教育改革不断推陈出新，但由于历史等方面的原因，我国城乡教育差距仍旧不断加大，城乡教育差距问题成为人们关注度最高、影响层面最大、反响最为强烈的教育公平问题之一。2005年21世纪教育发展研究院联合搜狐网站，在搜狐网教育频道进行了一次教育满意度问卷调查。教育满意度分7个类别，共20个具体指标。7个类别分别是教育公平、教育收费、教育过程、教育决策和参与制度、教育质量、教育选拔制度、教育的个人效益和效能感。调查显示，公众对上述7类问题，满意度最低的是教育公平（36.84分）。而在教育公平满意度的7个指标中，公众最不满意的教育公平问题是城乡教育差距（29.02分）。③ 我国经济、社会发展的差距最明显地表现为城乡差距，而教育差距又是城乡差距中最重要、最显著的。我国教育的快速发展并没有明显缩小城乡教育之间的差距，城乡教育之间的巨大差距仍是我国目前亟待解决的一个重大问题。正是由于城乡教育的巨大差距，进城的农民工看到了

---

① Park, Robert Ezra, "Human Migration and the Marginal Man," *American Journal of Sociology* 33 (1928)：33.

② 中华人民共和国国家统计局编《中国统计年鉴2009》，中国统计出版社，2009，第89页。

③ 于述胜：《中国教育三十年：1978~2008》，四川教育出版社，2008，第283页。

这种差异存在中城市教育的优质，竭力把子女带往城市去接受教育。随迁子女入城后，面对巨大的教育反差，不适问题自然接踵而至，城乡差距中农村教育的劣势暴露出来。随迁子女置身其中的各种教育环境如果对这种城乡教育差异采取无差别的对待、对随迁子女的教育弱势补偿措施跟进不力甚至缺失，必将造成随迁子女学习心理上的不适与焦虑、学习行为上的异常与怠惰、学习成绩上的落后与退步。学习是随迁子女日常生活中的重要组成部分，学习上的适应困难，无疑会在随迁子女与城市社会的融合中产生影响，进而影响随迁子女的身心健康成长。因此，不管是随迁子女家长、教师，还是社区都应正视这种差异的存在。

第三节　城乡交往互动的缺憾

城乡互动既表明了城乡之间的交往关系，也是一种城乡发展的模式。在社会学领域内，城乡互动一般是指资本、劳动力、物资、信息等社会经济要素在城乡空间的双向流动与优化配置。20 世纪 50 年代以来，由于我国城乡二元体制的限制，城市与乡村犹如两条平行延伸的直线，各有各的运行轨道，二者之间互动与交往层面的资本、人口、教育文化等互通和流动几近于无。我国在经济建设的过程中，考虑到资源短缺，注重效率优先、实施城市优先发展战略，把大量的物力、财力投入城市建设中，农村的资源、粮食大多供应于城市发展。在资源的分配中，倾向于城市优先发展的单一流向；在人口的流动上，严格限制农村人口进入城市。不管是物的传输，还是人员的流动，在城乡交往中均表现出明显的单一直线型特点，即农村流往城市，贫穷流向富裕。在人口流向上是经济落后地区趋向于经济发达地区，乡村流向城镇、城市，西部偏僻地区流向沿海经济中心，而反方向的流动则少见。出现的结果是，落后的依然落后，贫穷的更加恶化，富裕的地区由于丰富的人力资源及物质保证而更加富裕。

城市文化和农村文化以其独有的特质共同构成了我国文化的

丰富内涵，二者本无优劣贵贱之分，共同推动着我国文化整体的发展进步。长久以来，在城乡两种文化浸润之下的城乡教育也各具特色，但由于经济、人力及政策倾斜等原因，致使我国农村教育水平远远落后于城市。互动、交往产生共识与发展。然而，不论是我国城乡教育文化之间，还是入城接受城市教育的随迁儿童与城市教育之间，都存在互动频率过低、互动内容单一等，由此不仅导致两者之间的共识、互相体认较少，个体融合困难，融合共生的整体局面更是难以形成，而且会导致二者之间的差距不断加大。

一　城乡教育互动的缺乏

按照辞典上的解释："互"是交替、相互，"动"是使起作用或变化，使感情起变化。归纳起来，"互动"就是指一种相互使彼此发生作用或变化的过程。当然，相互作用有积极的过程，也有消极的过程，过程的结果有积极的，也有消极的。在这里，我们所说的互动，是一种使对象之间相互作用而彼此发生积极的改变的过程。长久以来，由于资源短缺，我国实行城市优先发展的倾斜政策，导致城乡发展距离拉大，使城乡教育之间的发展差距也越来越大。城市的师资水平、教育设备、财政支持都要远远超过农村。城市的教师待遇也远远高于农村教师，造成农村大量的优秀师资离乡入城，进而使农村师资力量进一步弱化；城市为争夺农村生源，凭借教学水平上的优势，往往采取减免学费、给予奖励的种种措施使大量的农村优秀学生流入城市，由此造成近年来城乡教育之间发展的鸿沟也愈来愈大。

根据城乡均衡发展原则，缩小城乡教育差距的最好办法就是开展城乡教育之间的良性互动。在目前的情况下，城乡教育互动应从城市学校，尤其是办学质量较好的公办学校入手。在这项工作中，城市中拥有各项优质教育的学校负有不可推卸的责任，应主动向落后的、偏远的农村学校伸出帮扶之手，提升农村学校整体教学质量，达到二者之间的良性互动，即城市和农村均成为交往、互动的主体。但在目前看来，城乡教育之间的良性互动还未建立起来，城乡教育互动方面还有很多欠缺和不尽如人意的地方。

第一，长效的互动交流机制没有建立起来。从目前城市与农村教育发展的状况来看，城市教育处于发展的优势位置，根据教育互动的原理，教育弱势的地区要想快速发展，就势必要向具有教育优势的地区学习，学习其长处，借鉴其优点，融合自身的教育优势促进自身发展；而具有优势地位的学校要主动帮扶，为发展落后的学校提供力所能及的教育资源，达成二者之间的共同发展。在我国城乡均衡发展战略的指导下，很多城乡学校也开始参与其中。但总体看来，二者之间的互动基本上处于热一阵、冷一阵的状态，城市学校在输送优秀教师到落后农村学校支教方面并不积极主动，还存在很大的保守性，支教教师也非心甘情愿；二者之间开展教研合作的机会很少，可以说这样的导向还未形成，长期的互动交流机制并未建立。

第二，政府财政支持的力度不够。开展城乡教育的互动交流，必须有长期的政府财政支持。城市学校因为是支援方，已经在提供师资、邀请农村教师进城开展教学研讨活动中做出了人力、物力上的贡献，如果再考虑经费上的付出也是勉为其难。教育本是整个地区经济建设中的一部分，理应由整个地区的财政负担。从农村教育的整体来看，农村的教育问题也绝非一时半刻的帮扶即能解决，也绝非一星半点的财政补贴便能化解。目前农村教育的落后主要表现为教育资源的匮乏，具体表现为校舍房屋的破旧、师资队伍素质不高与结构不合理、运动场馆与教学设备短缺等。据统计数据可知，2006 年全国小学拥有的专科以上学历教师中，城市占 78%，而农村只占 47%；拥有本科以上学历者，城市占 62%，农村占 24%。另据《2010 年中国教育统计年鉴》上的数据，农村小学生人均拥有图书、计算机的比例，比城市分别低 17 个百分点和 58 个百分点；音乐器械、实验仪器、美术器械、体育器械配备达标率，比城市分别低

34 个百分点、29 个百分点、33 个百分点、30 个百分点。农村教育的发展基础远远落后于城市，这种落后的具体量上的物质设施差异着实需要财政的大力支持，才能为城乡教育的互动提供最基本的交往基础。否则，城乡之间的教育互动也只能流于形式，城市学校也只能在情感上发出无奈的叹息，而对具体的帮扶则无能为力。

考察这些问题产生的根源，排除城乡二元结构这样的体制性因素，产生以上问题的另一个基本原因也在于双方之间的互不了解，因为良性互动交流的开展是建立在双方相互了解的基础之上，进而达到互通有无。城市学校只是看到了农村学校表面的落后、基础设施不完善、师资力量薄弱等外在的制约农村教育发展的因素，而未深切了解农村教育真正需求什么，农村学校需要哪些最基本的帮扶。目前，随着城乡均衡发展战略的全面开展，政府在农村教育投入的比例逐年加大，在城乡教育互动方面也采取了不少有效的举措，像对口援建、城市教师支教等，推动了城乡之间的交流与互动。再者，随着大众传媒、网络技术的逐步推广和更大范围的应用与政治、经济条件的诱导，农村人口在大规模流向城市的同时，也带回了不少城市教育发展的信息，城乡在教育领域的互动明显增多。

二　随迁子女与城市教育良性互动的欠缺

在我国当前工业化和城市化发展进程不断加快的情况下，大量农民不断涌入城市务工就业，大批未成年的农民工子女也随其父母一起进入城市，随之带来了日益突出的农民工随迁子女教育问题。而在这些问题当中，如何使随迁子女更好更快地适应并融入城市生活及教育成为教育界关注的焦点。但随迁子女与城市教育互动的欠缺也是他们产生社会融合困难的原因之一。此处借用符号互动理论来分析农民工随迁子女社会融合现象，希望能借助这一理论的视角与思维，分析随迁子女与城市教育互动欠缺的原因，以便更好地理解和把握社会融合教育的意义及规律。

符号互动理论的思想渊源最早可以追溯到 18 世纪苏格兰道

德哲学家亚当·斯密、休谟等人的意识流之中，他们认为若欲建立人类的科学，则必须重视人类相互联系的基本事实，并应把注意力集中于人际间的沟通、同情、模仿及风俗上。1934 年米德发表的《精神、自我和社会》（有译者译为《心灵、自我和社会》）中首次系统地论述了符号互动论思想，被誉为符号互动理论的"鼻祖"。社会心理学家乔姆·曼尼斯和伯纳德·麦尔兹于1978 年描述出符号互动论的中心观点，即人类特有的互动是传媒符号及各种内涵的载体，刺激的意义来自与他人的互动，而非刺激本身所固有。概括起来，符号互动理论的内涵主要有以下几个方面。

首先，对互动本质的理解。互动在一般意义上是指社会上个人与个人之间、群体与群体之间等通过语言或其他手段传播信息而发生的相互依赖行为的过程。它作为人的一种感性的社会实践活动，包含互动双方对意义的双向理解、生成和意见一致，包含人的生存本质，包含主体间性的造就，包含自我与他人、个体与社会的关系，包含"沟通和共在"——一个和谐的、共融世界的建立。

其次，符号互动论的主要观点。第一，人的心灵、自我和社会不是分离的结构，而是人际符号互动的过程，语言是心灵和自我形成的主要机制。人际符号互动主要通过自然语言进行，心灵是社会过程的内化，事实上内化的过程就是人的"自我互动"过程。第二，行为是个体在行动过程中自己"设计"的，并不是对外界刺激的机械反应；个体的行为受他自身对情境的定义的影响。人对情境的定义过程，也是一种符号互动；在个体面对面的互动中有待于协商的中心对象是身份和身份的意义，个人和他人并不存在于人自身之中，而是存在于互动本身之中。

最后，互动与融合教育的关系。融合教育的概念起源于 20 世纪70 年代的美国，出于实用主义的考虑，主要是为了使障碍学生融入正常学生的班级、学校社区环境，发挥潜能让其身心均能得到最大程度的发展。而后，融合教育的内涵扩展到促进移民子女的适应融合，加强随迁子女的归属感。它强调将个人的成长与他人的关系、外界社会环境联系起来，强调实施情感和认知相结合的教育形式。而互动教育是用互动理论解释教育现象的教育社会学理论之一，认为：第一，教育是一个社会过程，而学校或课堂是由表达一定社会意义的各种符号所组成的环境，学校生活或课堂生活的过程实际上是教师与学生之间以符号为媒介的社会互动过程；第二，有意义的学习是通过人际互动产生的，米德把人看作相互作用的积极参与者，是在与他人交往关系中获得意义的，有意义的学习过程必然是与他人互动的过程；第三，教育必须包括自我认知与自我理解，在互动过程中，学生了解和解释周围的环境，通过符号沟通而选择、评价和调节自己的行为，从而发展自我。因此，互动与融合教育之间存在关联性，在本质上是互为一体的。一方面，融合教育是一个强调个人与社会、个人与他人之间进行互动联系的有效策略模式，而互动又是融合教育的核心内容；另一方面，有互动才有融合，两者互为条件，通过互动能达成人与社会、人与人之间的双向沟通与理解，营造和谐共融的环境空间。

从符号互动理论的视角，思量随迁子女的社会融合问题，会发现随迁子女与城市社会及教育的融合缺乏良性的互动。

首先，农民工随迁子女社会融合中主体间性缺失。如上所述，互动的本质是主体间性的互相依赖、互相共生的一种社会实践活动，是自我主体与对象主体的交互活动，是主体与主体的共在关系，具有交互异质的主体性。教育主体间性是主体间性的具体表现，是指教育实践活动中各教育主体之间相互作用，保持理解关系的属性，主要包含理解性、通融性和共识性，是教育主体性合理发挥的重要组成部分，是当代主体性教育必须突出的问题。我国的农民工子女在"以流入地政府管理为主，以全日制公办中小学为主"的政策指导下，进入了城市公办学校就读。但从目前农民工随迁子女教育融合执行情况看，一般强调农民工子女作为外来人，要加强其对城市主流文化及价值观的认同与学习，弱势群体的标签过于明显。因此，目前的农民工随迁子女教育其本质是一种单向教育活动的导入，是单一的城市教育价值观的强势输入，这种单向的导入是在城乡二元经济体制制约之下的农民工随迁子女对城市教育的被动接受，所以导致了农民工随迁子女在教育融入和社会融合过程中主体地位的缺失，而其仅以一个外来的、客体的身份来接受城市文化教育的影响。这是对互动本质的异化，不是真正意义上的建立在平等、理解、互利基础上的融合。因为互动活动过程中主体间性的缺失，导致农民工随迁子女在社会融合教育过程中处于被融合、被包容的地位，而丧失了作为独立个体的主体性的发挥，在一定程度上抑制了互动沟通的主动性和有效性。这种主体－客体的社会融合教育形式抛开了正常教育过程中的主体与主体之间的社会关系和互动关系，仅仅强调一方的主体地位的发挥和放大，而没有把农民工随迁子女同样看作教育教学过程中的主体。建立在这种教育教学方式上的融合是不会有大的成效的，势必会在以城市为中心的影响之下，造成农民工随迁子女对原有乡土文化与教育价值观的拒斥，在心理上产生两种文化、两种教育之间的冲突与震荡。

其次，城市教育中融合手段有失得当。在目前对农民工随迁子女的教育中，由于"以流入地政府管理为主，以全日制公办中小学为主"的"两为主"政策的颁布，我国很多农民工随迁子女得以进入教育资源相对较好的城市公办学校就读，这在一定程度上加速了其社会融入的过程。但在一些学校，对这些农民工随迁子女采取单独编班，或者虽同班但把其归置于同一区域，或者简单地以为把农民工随迁子女编入班级就是融合。这些做法或想法从一定程度上看都有失偏颇，因为从符号互动理论来考察，农民工随迁子女社会融合教育本身是一个以互动、沟通为主的交流过程，而人与人之间的互动和交往的纵深发展是一个由表及里、渐进发展的过程，农民工随迁子女的社会融合过程也是一个渐进发展的过程，随迁时间的长短及儿童融入的程度不同，所应采取的手段亦不相同，应区别对待。

再次，随迁子女与城市居民尤其是城市儿童之间的互动较为欠缺。在影响随迁子女社会融合的诸因素中，同伴群体是其中关键的微观因素。能否与城市之间形成良性的互动并与接触到的城市儿童形成伙伴关系是决定随迁子女社会融合速度和质量的重要一环，而随迁子女与城市儿童家庭的居住距离是先决条件。如果没有接触，根本就不会有交流，也不会有互动，更不会有融合。随着公办学校接收外来务工人员子女数量的增加，由教育安置方式所带来的影响随迁子女社会融合进程的阻断因素已然大为降低，那么外来务工人员为自己子女所提供的居住条件本身就成为其子女融入社会踯躅不前的先天性原因。[1] 随迁子女跟随父母来到城市，一般以三种形态居住于城市社区中：务工雇主（建筑队、装修队等）临时集中居住在就业场所附近；以业缘与血缘为纽带在城市角落或城乡接合部聚居；以定居的方式散居于城市中。[2] 就第一种情况而言，随迁子女的居住场所为临时搭建，除了简单的生活设施之外，几乎没有一点可供随迁子女学习的空间；有些居住区虽处闹市，但相对封闭的环境使随迁子女基本生活在一个仍然保留农村习惯的生活圈内，几近相当于农村小社会在城市中的移植，因此几乎与城市社会隔绝，失却让随迁子女融入城市社会的基本条件。对于居住在城乡接合部的随迁子女来说，虽然具备城市生活的物质设施和相对丰富的生活资源，但户籍制度的限制使其不能享受与城市居民一样的福利保障和生活服务，他们还会因为城中村拆迁工程而不停迁徙。在不断的流动与迁徙中，随迁子女很难与城市儿童建立稳定的交往关系。与前两种情况相比，第三种情况中随迁子

---

① 汪萍：《外来工随迁儿童社区融入问题探讨》，《苏州大学学报》（哲学社会科学版）2011 年第 6 期。

② 张利军：《农民工的社区融入与社区支持研究》，《云南社会科学》2006 年第 6 期。

女和父母一起定居于城市中，拥有了更多的与城市社会交往和沟通的机会，在理论上将有更好的与城市社会融合的效果，这是我们最初的预想，也是本书重点考察的对象。然而真正的情况远非如此。

在调查中发现，随父母散居于城市社区的随迁子女与城市社区及儿童之间的交往并不多，交往的效果不容乐观。在对随迁子女交往意愿的调查中，只有16%的随迁子女愿意与城市儿童交往。同时，在不愿意与城市儿童交往的原因中，8%的随迁子女在交往中曾遭到城市儿童的拒绝，42%的随迁子女认为玩不到一起，28%的随迁子女则不敢与城市儿童交往，22%的儿童则不清楚原因。随着研究的深入，在对一些城市儿童的相似问题的调查中发现，城市儿童愿意与随迁子女交往的比例高达78%，远远高出了随迁子女。可见，随迁子女的交友意愿明显受到主观因素的影响，心理认知上存在一些预设的心理排斥，外来人的身份加上一些自己都不清楚的因素使他们自认为与城市儿童不是同一群体，先天地在心理上对城市儿童产生排斥与抵制。究其原因，在很大程度上在于他们所处的周围环境并非一个包容的社会环境，城市社会尤其是城市儿童的父母对他们的排斥与歧视，阻碍了他们与城市儿童的正常交往，"他们更多地从周围人对他们的评价和认识上来确定自己的身份及地位"[1]，城市人尤其是城市中的成年人在日常行为中对进城务工人员的歧视及附带着对其子女的冷淡，使随迁子女与城市儿童的交往热情受挫，拉大了他们之间的心理距离。因此，上述所分析的三种随迁子女的居住情况，都未能为其提供正常融入城市社会所需要的必要条件。同时由于缺乏所居住社区提供的体制内保障和服务资源，缺少来自居住社区的有效支持，缺失与社区城市儿童的互动和交往，即使随迁子女与城市儿童之间有相同的、深切的交往意愿，也缺乏来自社区与

---

① 吕邵青、张守礼：《城乡差别下的流动儿童教育——关于北京打工子弟学校的调查》，《战略与管理》2001年第4期。

家长支持的环境和空间互动场域，随迁子女也很难获得城市生活习俗、行为规范，难以形成城市社会成员角色，由此导致他们对城市身份的疏离，更何谈与城市社会的融合。

同辈群体（peer group），又称为同龄群体或伙伴群体，它是由地位相近，年龄、兴趣、爱好、价值观和行为方式大体相同的人组成的一种非正式群体，是儿童社会化形成中的重要因素，尤其是同辈群体之间个体的交往互动，是儿童社会化的重要途径和条件。人的社会化是通过社会交往进行的，个体也只有通过社会交往才能成为一个真正的"社会的人"。在同辈群体的交往中，儿童既是交往的主体又是交往的客体。通过交往他们学会了评价自己的行为，发展了自我意识。无论是对称性互动中的合作、竞争、冲突、调适，还是非对称性互动中的模仿、暗示、感染，都让他们在社会交往中学会了如何成为"社会的人"。

对于随迁子女来说，由于其父母所从事的工作都是劳动强度大、工作时间长的行业，父母往往没有更多的时间陪伴他们，与他们进行思想的交流和沟通。因此，对于随迁子女来说，同辈群体能够给予随迁情感慰藉与心理疏导，并且增加了相互之间交往的机会。有研究表明，随迁子女与同辈群体之间相处的时间已经远远超出了其父母陪伴的时间，他们一起上下学、一起做作业、一起娱乐玩耍。同辈群体之间的交往不仅满足了随迁子女必要的情感交流需求，而且促进了他们的情感成长，使他们在交往中找到了归属感，这对于他们心理的健康成长有较大的帮助。由于同辈群体是基于相同的爱好和兴趣组合而成的，那么在相互交往中的探讨和交流可使他们的爱好、兴趣进一步得到发展。尤其是群体中的一些同伴的优良生活习惯或者学习上的优点，都可以通过群体的榜样作用而被仿效，有利于随迁子女群体的学习和生活向着良好的方向发展。当然，不可避免的是，不良的同辈群体所产生的消极影响也是非常大的。因此，在随迁子女同辈群体的形成中，应引导他们向着积极、向上的方向发展。

　　从前述随迁子女的交友意愿可知，他们交往的圈子是以同为随迁的、从农村迁徙入城的同龄儿童为主体构成的交往群体，即虽然随迁子女与城市本地儿童共同生活在一个城市，同在一所学校甚至一个班级里学习，但分属于两个不同的群体。两个群体分别代表乡村和城市两种不同的亚文化，分别有自己的群体特征和组织规范，二者之间存在一道看不见的隐形墙，阻隔着相互的交往，而这道隐形墙就是社会距离。德国哲学家、社会学家乔治·齐美尔（George Simmel）认为，社会距离就是人与人之间存在一道心理上的"内在屏障"，在人际关系上表现为冷漠、反感、疏离和排斥。① 其实，在随迁子女与城市本地儿童之间就存在一种心理上的屏障，如何拆除屏障，架起二者之间沟通的桥梁，是随迁子女与城市儿童温情相处、融入城市生活的微观要素之一。

　　长期以来，由于我国城乡二元结构和户籍制度的分割，农民工被排除在分享城市社会资源之外。我国的教育制度一直以来就根据户口所在地进行学区划分，很多的农民工子女由于不在城市的任何一个学区之内，所以理论上也就失去了在城市里平等就学的机会。而这种制度上的安排为很多城市居民所认同，这也为他们反对农民工子女接受同等教育提供了充足的理由。② 虽然国家颁布了一些保障农民工子女就读公办学校的政策，一些省市也已经着手解决这些问题，如河南省政府 2011 年就发布了《关于促进农民进城落户的指导意见》，旨在在全省范围内，逐步取消农业、非农业二元制户籍管理制度，实行城乡统一的户口登记管理制度。另外一些城市在户籍管理上也有松动，一部分农民工得以通过买房等方式开始落户城市，然而在城乡二元体制完全破除之前，也只是为数很少的一部分随迁子女得以幸运地就读城市公办学校，大部分的随迁子女也只能徘徊

---

① 〔德〕乔治·齐美尔：《社会是如何可能的》，林荣远译，广西师范大学出版社，2002，第 341 页。

② 吴新慧、刘成斌：《接纳？排斥？——农民工子女融入城市的社会空间》，《中国青年研究》2007 年第 7 期。

在公办学校的大门之外。由于就读学校的性质差异，在不同性质学校就读的儿童之间就产生了空间隔离状态，即学校隔离。有研究者将就读不同性质学校造成交往机会欠缺的现象称为教育隔离。[①] 那么，从儿童受教育的专业化程度来看，学校隔离是教育隔离中的最重要的一种隔离。很多随迁的农民工子女就是由于就读于私立的农民工子弟学校而产生学校隔离，失去了与城市本地儿童的正常交往机会。由于空间上的阻隔，随迁子女的学习与日常生活局限于农民工子弟学校里，日常相处的都是来自农村的同质群体，失去了与城市同辈群体的交往和交流，城乡之间的同辈群体似乎形成了两个互不来往的儿童阵营。由于阻隔了与城市儿童群体的交往，随迁子女就失去了一个很好的了解城市、了解城市儿童的瞭望台，在融入城市方面就有较大的难度。很多研究也表明，在公立学校就读的随迁子女与在农民工子弟学校就读的随迁子女在融入城市方面相比，适应能力更强，对城市规范、风俗、习惯等制度或文化方面的了解也更多一些。这在很大程度上是因为随迁子女与城市同辈群体达成了良性的互动，与城市儿童结成了良好的伙伴关系。

如上所述，农民工住所的三种情况都使随迁子女远离城市生活、远离城市儿童，农民工居住的条件与场所也是形成城乡儿童同辈群体之间社会距离的一个重要因素。加之农民工居无定所的时常迁徙与流动，造成随迁子女也与父母一样到处流动，他们眼中的城市形象与梦想中的城市形象有太大的落差，落入眼中的景象是城市的肮脏、混乱、人们的白眼与刁难，自然对城市生活充满失望。而城市居民由于农民工的时常流动，考虑到投入的感情难以收到回报，也不愿与农民工交往。城市家长的情绪传达给城市儿童，使城市儿童在心理上疏远随迁子女，所以，也不愿与随迁子女展开交往。这也在一定程度上形成了农民工随迁子女与城市同辈群体的社会距离。

---

① 胜令霞：《农民工子女和城市同辈子女群体间距的因素分析》，《当代青年研究》2008 年第 9 期。

当然，情感的交流需要时间。随着随迁子女在城市居住时间的增加，他们和城市同辈群体之间的社会距离也会越来越小。美国社会学家肯老奇在研究夏威夷群岛不同种族群体之间的社会距离时发现，居住时间的长短对不同种族的社会融入有较大的影响。居住时间长有两层含义：一是彼此接触的群体拥有更多的文化相似性；二是相互接触的不同群体拥有更多的交往机会。文化上的相似性为彼此之间的融合提供了深层的认同与理解，接触机会增多，相互之间的社会距离就会缩小。

具体来说，在城市购买住房的农民工家庭与在工作地居住以及租房居住（在郊区或是在市区）的农民工家庭之间有显著性的差异。我们认为，在流入地买了房子相当于在这里"落地生根"，这样就有了家的感觉，有利于农民工自己及其子女更好地融入流入地的社会。这也符合我国的传统，费孝通先生在《乡土中国》中提到了，中国大众大都有自己的乡土情结，热恋自己世世代代生活的土地。而在流入地租房住，总会给人以在外漂泊的感觉，因此，这也影响了该群体及其子女的社会融入。

第五章
对教育促进随迁子女社会融合的
理解与解释

　　就教育与社会的内涵来说，讨论随迁儿童的社会融合或者适应性问题时，必须对"教育"与"社会"的意义、本质问题做些研究与探讨。教育学意义上的教育一般指的是正规学校系统内外的一切以人的身心发展为目的的活动。在我们的教育现实中，教育等同于学生的成绩和分数。因此，虽然生活的环境改变了，但随迁子女仍要面对各种学科考核与成绩评定，这种"教育"的方式比农村还要花样百出，对学习成绩更为看重。除此之外，城市学生种类繁多的艺体类特长教育，使他们人人本事在身。学校对学生的评价只看成绩与特长，而失去了其本原的含义。教育本质与教育现实的这种背离不仅仅使随迁儿童面对种种的不适和困惑，对于大部分城市儿童同样如此。从某种意义上说，这种教育现实的存在，对所有儿童的身心发展都是一种打击、一种扭曲，何谈幸福、快乐地发展，何谈与社会和谐相处。因此，教育应注重助长儿童身心发展的层面，应将身心完满发展作为教育的本质所在，教育就在于引导儿童身心健康成长，促进其自我实现与潜能的发展。

　　在目前的教育现实中，过于强调教育的工具性，主要体现为教育的功利性，在这种价值导向中，人类的社会生活和社会关系被物化，手段和方法是战胜一切的法宝，生活于其中的人被过度物化，必然将导致自我的迷失与人生意义的丧失。当然，教育的工具价值也是不可忽视的，但过犹不及，应协调教育的人文性，教育的人文性强调人的主体存在，重视人的发展，注重对人生意义的理解，构建的是人的生活，而不是物的社会。因此，从教育本身来考量，教育必须做到功利性与人文性的统一，只有这样，教育才能与社会达成良性的互动关系，才能真正推动社会发展。

第一节　社会融合理念

根据对社会融合与和谐社会概念及具体认识上的理解，社会融合是达成和谐社会建设的一种策略或者是一种方式。若要实现和谐的理想社会，最为必要的是在全社会营建有利于社会融合的理念。

一　社会融合与和谐社会

马克思、恩格斯曾经指出："至今一切社会的历史（指有文字记载的全部历史）都是阶级斗争的历史。"① 也就是说，存在阶级对抗的社会，就不是和谐的社会，所以和谐社会一直是人们所追求的一种理想的社会形态。伴随社会进步和历史变迁，和谐社会的理想一直鼓舞着世世代代的人们去奋斗、去追求。今天，我国也已经提出要构建社会主义和谐社会，强调社会和谐是中国特色社会主义的本质属性，同时也是对我国传统和谐思想的承继和弘扬。凝聚着我国世代劳动人民智慧的中华文化，被公认为是以和谐为核心的文化。同时唯物辩证法也告诉我们，发展中的任何事物都有其对立与统一的两面，正是矛盾的双方不断斗争，才推动事物不断地向前发展。同样，在我们现今的社会中，也存在诸多的不和谐因素，用"和谐"

---

① 《马克思恩格斯选集》（第 1 卷），人民出版社，1995，第 272 页。

哲学去处理目前发展中的一些矛盾，是我国实现和谐社会的指导思想。针对我国城乡教育发展中的矛盾问题，和谐哲学与社会融合的思想具有异曲同工之妙，以社会融合的理念去引导、去解决、去消融城乡社会和城乡文化及城乡教育之间发展的矛盾问题，是我们应该关注和倡导的和谐理念，用社会融合理论、理念及模式促进整个社会的和谐共融。

社会融合虽然最初是为促进残疾人的社会权益而提出的一种思潮，但作为一个国际社会认定的社会发展领域，是开始于1995年。是年联合国哥本哈根社会发展首脑会议把社会融合作为社会发展三大领域之一并指出，"社会融合的目的是创造'一个人人共享的社会'，在这样的社会里，每个人都有权利与责任，每个人都可以发挥积极作用。这种包容的社会必须建立在以下基础上：尊重所有的人权和基本自由、文化与宗教差异、弱势及处境不利群体的社会正义和特殊需要、民主参与和法制"；"使社区组织更大程度地参与制定和执行当地项目，尤其是在教育、保健、资源管理和社会保护方面"；"确保有一个法律框架和一个支持型结构，以鼓励成立社区组织和个人自愿结社，并鼓励做出建设性贡献"；"鼓励所有的社会成员行使权力、履行职责、充分参与社会，并认识到靠政府不能满足社会的全部需要"。

对于社会融合概念来说，不同学科有不同的理解与界定，目前学术界对社会融合的理解基本有以下认识。

西方学者对于社会融合的概念主要有两种。

第一，一般认为，社会融合是对一种或一类社会过程的命名，通过这种或这类社会过程，出身于各种少数族裔和具有不同文化背景的人们最终共同生活在一个国家，使文化整合的水平至少能够维持国家的存在。

第二，种族差异的消减，以及由种族差异所导致的文化和社会差异的消减。换言之，西方学者侧重关注不同国家、不同种族的移民在文化方面的融合。

我国学术界对社会融合的内涵界定，主要有两种看法。

第一，社会融合是个体和个体之间、不同群体之间或不同文化之间互相配合、互相适应的过程。

第二，社会融合是针对不同的研究群体如残疾人、农民工等处于弱势地位的群体的限定性定义。如对农民工群体来说，学者给出的社会融合的定义一般为，农民工在居住、就业和价值观念等城市生活的各个方面融入城市社会、向城市居民转变的过程。

尽管中西学者对社会融合概念及内涵理解上有一定的差异，但都共同强调了社会融合要达到一种共生共融的社会状态。对和谐社会的理解，在当前的学术界里主要有以下四种不尽相同而又互为补充的观点。

第一，和谐社会意味着社会系统中的各个部分、各种要素处于一种相互协调的状态。

第二，和谐社会是全体人民各尽其能、各得其所而又和谐相处的社会，用社会学的术语来表达就是良性运行和协调发展的社会。这种观点是从社会学的视角提出来的。

第三，和谐社会是一种有层次的和谐，其核心层是人与人之间关系的和谐，即人与人的和睦相处；其保证层是社会的政治、经济和文化协调发展。

第四，广义上的和谐社会主要是指社会同一切与自身相关的事情保持着一种协调的状态，包括社会与自然环境、经济、政治、文化之间的协调等。狭义上的和谐社会主要是指社会层面本身的协调。

基于以上对社会融合与和谐社会概念及内涵的分析，归纳与总结出二者之间的关系有如下几点。

第一，和谐社会是一种社会状态，社会融合是一种动态的社会发展过程。换句话说，社会融合是手段、方法，和谐社会是结果，和谐社会要求的相互协调的状态需要社会融合的理论与实践去协调、去规划。这也是二者之间的不同，即过程与结果的不同。

第二，融合与和谐虽词性不同，但二者的核心词语所表达的基本含义是相同的，即合与和。"和合"语出《国语》与《管子》。"和"作为哲学范畴，表示不同事物、不同观点的相互补充，是新事物生成的规律。用现代哲学语言来说，"和"就是统一，一种允许多样性存在的统一。"和""合"互通，是"相异相补，相反相成，协调统一，和谐共进"的意思，而和合共生就是一种发展的哲学思想，即社会融合与和谐社会都强调共生共融，只有这样社会才能发展。

第三，不管是社会融合，还是和谐社会，都以社会中的个体，即人的发展为目标。

第四，二者都强调一种良性的互动活动，人与自然、人与环境、人与社会及人与人的良性互动，是社会发展、社会和谐的基石，一切以人的发展为核心。

如此理解，当我们用这样的社会融合与和谐社会的理念重新审视外来人口入城就业、受教育问题时，想必会是另一种心态：城市优质教育与农村落后的教育现实之间、城市公办学校与农民工子弟学校之间、城市居民与外来农民工之间，都处于对等的地位，双方之间不存在必然的、根本的矛盾，都是处于和谐社会中的一员，都在为更为和谐的社会贡献力量，双方之间既有制约、限制，又有相互之间的竞争、依存关系。具体到随迁子女入城受教育而言，他们并不必然与城市儿童争夺城市优质教育资源，承担农民工子女教育的流入地政府不必担心对其城市造成巨大的经济和人口压力，为农民工解决孩子受教育问题使他们无后顾之忧，更安心贡献于城市的发展；随迁子女教育问题对正在执行的义务教育管理制度等提出挑战的同时，也促进了其改革和发展。现阶段随迁子女教育问题虽然在一定程度上成为社会不和谐的因素，但这只是暂时的，并不构成必要因素，但其中所暴露出的一些问题，可以促进进一步的改革与完善，制定出更符合所有人发展的教育政策。综上，对于整个社会来说，树立和谐社会理念，让每个人都成为推动和谐社会建设中的强有力个体，加速某些个体的社会融合进程，以"海纳百川、有容乃大"的胸襟来接纳随迁子女，剔除一些不合理的屏障，为他们创造更好的学习和生存环境，使整个社会的发展更加和谐一致。

二　教育与和谐社会建设

在中外历史的长河当中，有许多仁人志士都曾经为和谐、大同、稳定的社会秩序的实现而抛头颅、洒热血，然而迄今为止和谐社会仍是很多人梦寐以求的理想和奋斗目标。那么，怎么推动社会发展？怎样实现我们理想中的和谐社会？社会成员如何才能和谐相处？这是很多历史精英人物都竭力要寻求解决的问题，也刺激着不同时代的人物奉献终生去获取答案。我们回顾中外社会发展的历史，也许可以悟到这样的经验，在通往和谐的道路上有很多的途径可走，但教育始终是任何社会保持和谐统一的一条重要捷径。首先，教育培养出能够满足社会发展需要的人。回顾历史，不管是中国古代为国家源源不断地培养文官的科举教育，还是西方中世纪时期的神学教育，无一不在培养能够满足社会需要的人。不管我们今天的人们怎么看待其时的教育，它们都对其时的社会发展做出了某种程度的贡献，即使是社会冲突积累到一定程度而爆发的历次社会变革，在很大程度上也是人们接受教育的结果。其次，教育还能为社会造就心性向善、品性高尚的人，即有德之人。历史是一面镜子，可以借古晓今。任何国家为了保持社会长治久安、国民安分守己，无不强调教育目的中德行的培养，无不把德育放在诸多教育内容中的首位。教育通过培养有德之人，达到人际社会的相安无事、国家的稳定太平。

具体到目前的社会来说，随着各个国家民主、平等进程的加速，每个人都成为社会建设中的重要一员，每个人的发展已构成整个社会发展中的必要条件。人才，尤其是德才兼备的社会人才群体是整个社会发展和国家昌盛的基石，人才质量已经成为制约国家发展的重要条件。而培养人是教育的本质，教育正是通过有计划、有目的地培养有德有才、既实现个人发展又满足社会发展的公民，才真正实现它的终极目标，也是达成社会和谐的重要途径。

与教育可以培育和谐社会一样，反过来，和谐社会也应该是教育发展稳定的外围或宏观环境。和谐社会是以民主、公平、发展为核心，强调以人为本的社会。让教育惠及社会中的每一个人，是和谐社会对教育最起码的环境保障。具体到我们国家来说，社会主义教育制度是我国立国、富国、强国、富民的基本制度保证，它通过培养有道德、有文化的各级各类人才，改革创新不同层次的技术水平，通过人人可以施展才华来达到国强民富的目标。目前在建设和谐社会的目标的指引下，我国的教育理应为此目标的实现而努力。众所周知，受教育与否，对公民个人职业发展、社会流动及社会公平公正有较大的影响，而能够使教育惠及每一个公民，使社会中的每一个成员公平地接受教育，是社会公平重要的一项内容。教育公平与否，不仅是衡量社会公平的一个重要维度，也是关系社会稳定和谐的一个重要因素。教育既可再生产出差异，同时又可再生产出平等效应。我国封建社会中的寒门子弟通过科举考试而考取功名，享受国家俸禄并光宗耀祖，实现由寒门到世代名门的跨越。如今我国偏远乡村的农家子女通过刻苦读书而"鱼跃龙门"，实现在社会层级中向上流动的愿望。这些例子，不管是在封建时代还是在目前我国社会主义建设时期，都证明了教育对个体向社会上层流动的重大作用。同时，也说明了教育具备的两种属性，即既可再生产出差异，又可再生产出平等，对社会流动和平等有较大的影响，为原有差异化社会结构的调节和变动提供了极大的可能性，尤其是在更为强调民主、平等的和谐社会的大环境之下。因此，在我国社会主义制度与构建和谐社会的理念之下，通过普及教育，使教育公平地惠及社会中的每个个体，实现教育起点、教育过程的公平公正，并最终达到教育结果的公平，使每个个体在同一教育起跑线上，共享种种教育资源，达到人人成才成人的目标，从而逐步促成社会的公正公平，最终趋向和谐社会的构建。

我国教育制度的理想目标是通过教育最终实现所有社会成员的自由而全面发展，把每个个体培养成为社会历史发展活动的真正主体。我国教育的现实目标在于通过教育培养出有理想、有道德、有文化、有纪律的新人，引导个体认识自我与周围世界，促进个体发展的主体性与社会化，增强个体的能动适应性与改造周围世界的自觉能力和自由能力。在理想目标的指引下，逐步实现培养目标的多层次化和多样化发展，以满足所有人受教育的需求，适应我国和谐社会建设的需要。所以，我国的教育制度是满足所有人发展的，是为所有人生存与发展服务的制度，也是体现社会公平正义的一种社会制度。

我国的教育目标决定了教育制度制定与维护必须实现教育的全面均衡发展，尤其是实现义务教育阶段的均衡发展，只有这样才能体现社会公平。但是，教育均衡发展的理想遭遇了这样严峻的现实挑战：第一，教育资源的有限性导致如何更为有效配置教育资源的问题；第二，受教育者的个体差异性，产生了如何使具有不同需求的学生更好地接受教育的问题。

虽然我国的教育制度坚持教育的公共性原则、平等性原则及救济补偿性原则，但仍然满足不了教育现实发展中的需要。尤其是一些偏远贫困地区，贫困人口的比重很大，需要投入更多的资金、人力补助，除了必要的"输血"以供给基本生存外，还必须助其发展"造血"功能，而开展教育与科技扶贫是缩小差距最好的"造血"办法。通过发展边远及贫困地区的教育和科技，提升劳动者本身的素质，增加其在就业市场中的竞争能力。在现代知识经济时代，"知识创造财富"已不再仅仅是一个口号，已经演变成个人参与社会及国家之间国际竞争的重要因素。人力资本的力量远远大于物质资本。舒尔茨把人力资本的概念用于穷人经济学，强调解决贫困问题的关键是增加穷人的人力资本投资。社会公平的基础在于经济发展的程度，而经济差距实际上产生于知识差距，根本的原因在于教育差距。

在我国目前诸多教育差距之中，城乡教育差距是最为突出的一种差距。因此，缩小社会距离，消除由差距产生的社会矛盾问题，实现社会公平的关键在于缩小教育差距，尤其是城乡教育之间的差距。故此，教育与社会公平的维持及和谐社会的建设均有极为重要的意义。

三　农民工随迁子女的社会融合

与其说农民工群体是随城市化进程衍生而来，倒不如说是城乡发展差距所致。农民工受城市经济发展的吸引，为了改善自身及家庭经济状况而远离家乡，远离子女进城谋求更高的经济收入。他们深知自身的基本素质状况成为衡量他们进入何种就业领域与获得何种经济收入的重要因素，自身基本素质状况中最重要的是学历因素，与城市就业者相比，在就业中他们缺失的不仅仅是一纸城市户口，更重要的是自身受教育水平较低的限制。这在很大程度上也是他们携带子女入城就学的一大原因，在调查农民工携带子女进城的原因中，86%农民工表示就是为了让子女接受更好的教育。其实，这也可以理解为"择校"，与为让城市孩子拥有较好教育资源其父母想方设法住进好的学区一样，农民工不远千里甚至万里带孩子来到城市，也是为了让孩子与城市儿童一样，能够接受更好的教育。只不过，他们背负的艰辛更多一些。为让子女接受更好的教育而携带子女入城的想法，在新生代农民工的意识中有更多的体现。新生代农民工与其父辈相比，对自身素质提升有更大更多的追求，来城的目的并不仅仅是挣钱养家，更多的是自身的发展。当然，对其子女的教育也更重视。这就是新生代农民工更愿意把子女携带入城的原因所在。

随着更多的农民工子女进入城市生活，产生的不仅有空间场域的转变，还有无法触摸的心理场域的转换，所有这些都是阻滞随迁子女与城市社会和谐相处的客观存在，是每一个经历环境转换的人都会遇到的一般因素。社会融合本质上就是要达到双方之间的一种良性互动，因此，城市对其接纳的意愿当然也是影响随迁子女社会融合的一种因素。最为关键的还有随迁子女自身对城市生活的意愿、心理调适能力及能否进行主动融合，这些都是随迁子女社会融合中应该考虑到的影响因素。这也是我们预设中的随迁子女在社会融合中所可能遇到的一些问题，而调查结果也证实了这些问题确确实实存在，这在前面的章节中已经探讨过。那如何更好地促进随迁子女的社会融合？很多研究者及一些学校也进行了调查研究，发现教育安置方式，即随迁子女进入学校的性质，对其社会融合有较大的影响。除此之外，还有一些研究者认为社区中的不良因素也在阻碍随迁子女正常融入城市生活。总之，不同的研究对象使研究者有不同的研究视域，解决问题的方案也是多种多样的，以至于出现解决策略的碎片化。这些策略虽然在某一环节上可以解决某一类问题，但仍不能有效解决随迁子女整个的社会融合问题。在这个问题当中，农民工随迁子女与社会融合是至为重要的关键词。在国家出台越来越多的保障随迁子女入学受教育政策与一些户籍松绑政策及农民工住房保障政策之后，"随迁子女"与"农民工子女"这样标签化的表达不应也不该存在，他们与所有城市儿童一样，是社会中的一分子，处于正在接受各种形态教育的时期，因此，我们不能忽视的是，教育他们，给他们提供各种形态的优质教育是他们此刻正需要的。因此，从教育各因素入手，从教育促进社会融合的力度上来考虑，应视为我们解决随迁子女社会融合的有效路径。

当今社会处于知识经济时代，知识通过教育这一途径，培养更具创新意识、更兼具各种能力的人，而成为人类社会发展的强劲动力。知识通过各种形态的教育途径，不管是家庭教育、学校教育还是社区教育，成为主宰社会发展的真正动力，同时也决定了社会发展中个体所在的位置与能动力。因此，教育是人真正进入社会发展，融入社会生活的重要力量与纽带。

从人类发展的历史上看，人类从最初的自然人成长为社会人，是经历了种种教化的结果。在古老的原始社会，年老一代通过口耳相传的方式将日常的生产生活常识传递给年幼一代，通过这种方式，年青一代学会社会生活规范和准则。进入现代社会以来，教育所发挥的作用越来越强，也更多地参与到人类的社会生活中，正如杜威（John Deway）所言，"教育是使生活具有社会连续性的手段"。[1] 从此种意义上说，教育对人的社会生活具有巨大的作用。人通过种种形态的教育，达到社会需要的本领或者能力，成为满足个体生活需要与群体互动的桥梁，因此教育使人的社会化得以实现。在这一点上，怀特（White）的说法更直接："不可否认，教育就是社会化，只有野蛮人或缺乏教养的人才会企图否认这一点。"[2] 人从自然人到社会人，教育具有巨大的促进作用。作为整体的社会融合来说，教育将发挥更大的融合动力。

第二节　公办学校：随迁子女社会融合中的可为与应为

2012 年，对于全国的农民工及其子女来说，有诸多新政策值得关注：农民工子女将和城里孩子一起享有同等入学的机会，很多省市将完善农民工子女接受义务教育的保障措施，采取过渡性办法，逐步取消定点学校，实现就近入学。2016 年在第十二届全国人民代表大会第四次会议上，李克强总理在作政府工作报告时强调，要继续落实和完善农民工随迁子女在当地就学和升学考试政策。《中国流动儿童教育发展报告》显示，截至 2015 年底，在北京市普通中小学（含民办农民工子弟学校）接受义务教育的流动儿童总数为 48.36 万人，其中约 37.87 万流动儿童入读城市公办学校，约占义务教育阶段在读流动儿童总数的 78.31%。[3] 其实早在 2011 年底，全国义务教育阶段有

---

① 〔美〕约翰·杜威：《我的教育信条》，彭正梅译，上海人民出版社，2011，第 27 页。
② 〔英〕约翰·怀特：《社会化与教育》，见瞿葆奎主编《教育学文集·教育与社会发展》，人民教育出版社，1993，第 33 页。
③ 杨东平主编《中国流动儿童教育发展报告（2016）》，社会科学文献出版社，2017，第 110 页。

1800 万农民工随迁子女，就有 79.2% 的随迁子女在输入地进入公办学校就读。[①] 在国家相关政策的保障下，绝大多数随迁子女获得了进入公办学校就读的"入场券"，接下来凸显的问题是他们能否真正"在场"，即是否能真正获得学校及社会的认同与接纳。作为随迁子女学习活动的重要场域——学校，在促进随迁子女社会融合的有效性方面学校应为的依据，以及应采取哪些可为的策略，这是本节探讨的关键点。

一　促进农民工随迁子女社会融合：公办学校职责的应有之义

义务教育阶段是儿童成长的关键性阶段，接受义务教育是儿童生存权和发展权相统一的基本需要。对随迁子女义务教育阶段的教育责任不能简单归因于流动人口个体或家庭能力的问题，而应该从社会公平机会的提供和义务教育权利的保障来重新思考这个问题。因此，公办学校作为我国义务教育实施的主体，为随迁子女提供义务教育是其推动社会建设及自身发展的应有之义。对农民工随迁子女来说，教育是他们将来改变自己生存地位的一种重要资源，公办学校是促进他们与城市融洽相处的最好场所。因此，公办学校应该而且能够在促进农民工随迁子女的社会融合过程中发挥更大的作用。这不仅是随迁农民工及其子女的渴望与诉求，同时也是公办学校教育的职责所在。

1. 农民工及其随迁子女对优质教育的渴望

在中国这样一个城乡二元分割的社会，城乡教育资源的极大差距是一个不争的事实。在经济状况允许的条件下，为了给孩子一个更好的成长空间，越来越多的农民工选择将子女带入城市，其目的就在于希望孩子能够接受优质的学校教育。从传统社会到现代社会，教育作为自致性因素在个人社会流动中的作用愈益显得重要，个体社会地位的获得更多依靠教育。从一定意义上讲，农民工经历了从农村到城市的转变，更深刻、更具体地感受到了城乡之间极大的差距，因而对子女寄予更深厚的期望。可以说，生活的经历让他们意

---

① 吴晶：《教育"改"出新天地》，《中国青年报》2012 年 2 月 6 日，第 1 版。

识到知识的重要性，他们希望自己的子女接受更好的教育，借以转化为以后立足城市社会的筹码和提升社会地位的资本。正如布尔迪厄所认为的：文化资本在某些条件下能转换成经济资本，而且以教育资格的形式被制度化。文化资本的积累是处于具体状态之中的，即采取了我们称之为文化、教育、修养的形式，它预先假定了一种具体化、实体化的过程。① 也就是说，通过接受教育这一转化过程，进而获取文凭这一实体化的过程，获取文化资本进而转化为社会资本，是一种切实有效的途径。农民工虽然不能给予其随迁子女更多的文化资本和社会资本，但仍寄希望于其子女借助学校教育场域，获取文化资本并实现文化资本向社会资本的有效转化，并使文化资本的再生产在其子女这一代得以实现。因此，把孩子带往城市的农民工对于城市优质教育资源的渴求，使其更希冀公办学校给予其子女接受优质教育的机会。

2. 公办学校的本质使然

尽管居住时间的增加可能有助于流动儿童逐步适应和融入城市，但完全依赖流动儿童自身的能力来融入城市是非常缓慢的，效果也会不理想。公办学校作为主要接收农民工随迁子女的实体单位，因其本身所独具的本质属性，承担农民工随迁子女的社会融合之责是其题中应有之义。

公办学校在我国而言，主要是从其投资举办的主体来看，即公立学校是由政府负责举办，靠财政投入来维持的面向所有适龄人口的学校。② 那么从定义上看，公办学校应包含以下两个基本特征。首先，公平性是其本质价值诉求。"面向所有适龄人口"即不分城乡地域、不分贫富贵贱，均要体现其公平价值。那么面向一切受教育个体、民主平等地提供教育服务是其职责所在，而作为利益主体的农

① 《文化资本与社会炼金术——布尔迪厄访谈录》，包亚明译，上海人民出版社，1997，第 192～194 页。
② 贺武华：《"公立学校"概念考辨》，《教育学术月刊》2009 年第 4 期。

民工子女，公办学校应确保其获得最基本的教育服务，确保公民所需要的民主平等价值得到培养。其次，具有公共性和普及性。公办学校设立的目的不在于营利，而在于实现公共利益，即具有公共性和普及性。公办学校主要由政府负责提供财政投入，公共教育财政维持是它的根本特点，是为了所有受教育者公共利益的获得。公办基础教育是国家公共事业，主要目标人群是所有适龄人口，具有普惠性。那么作为适龄人口中的农民工子女，拥有享有这种公共利益的权益。从这两点上看，公办学校有接收随迁子女的义务，而不应以地理条件的转移等其他附加条件为借口。其实，作为专门从事教育教学活动的学校本身来说，学校是培养个人个性与群性发展的一种职能部门，"必须承认并接受存在于各种个人、男女、民族和文化之中的价值观的能力，并发展同他人进行交流、分享和合作的能力"①。诚然，存在差异性是学校教育对象的天然本质。承认并正视每个个体之间的多样性差异，并促进每个个体之间的互动和交往是学校教育的本质所在，因此公办学校本身的属性及学校教育的本质也决定了在促进农民工随迁子女社会融合中的特殊作用与地位。

3. 社会发展的期待

2001 年诺贝尔经济学奖获得者约瑟夫·斯蒂格利茨（Joseph Stieglitz）教授说过，"21 世纪对世界影响最大的有两件事：一是美国高科技产业，二是中国的城市化"②，可见我国城市化发展的影响与趋势。在我国继续推进城市化的进程中，将需要转移更多的劳动力进入城市各行各业，社会对劳动力素质的要求也会越来越高。学校作为劳动力再生产的重要场域，承载着社会所赋予的多重身份与多种责任，培养人、培养良好公民、培养社会各行各业所需的建设人才是其最主要的责任。依据联合国开发计划署（UNDP）2010 年

---

① 联合国教科文组织：《教育的使命——面向二十一世纪的教育宣言和行动纲领》，教育科学出版社，1996，第 194 页。

② 张运红：《教育在社会融合中的作用研究》，《经济体制改革》2012 年第 6 期。

发布的《中国人类发展报告》，中国在未来 20 年将有约 4 亿人口从农村转移到城市。[①] 那么，农民工随迁子女的数量还会不断增加，如何解决他们的教育问题，如何引导他们有效地与城市社会融合，把其培养为社会再生产的有用人才，这些问题的解决都要发挥学校教育的社会融合功能。如果学校能够合理妥善地解决农民工随迁子女的教育和融合问题，必然会为我国社会稳定、经济发展带来不可估量的效用。如果随迁子女不能接受良好的教育并顺利融入所在城市，就不能为未来就业提供良好的基础，有可能成为一个严重的社会问题，不利于社会的和谐。因此，从我国城市化进程发展的需要来说，让农民工随迁子女获得公平的受教育机会并达成与城市社会的良好融合互动，为社会建设贡献力量，从学校教育入手是最基本也是最便捷的一条路径。

二　应为研讨：学校促进农民工随迁子女社会融合的基本依据

1. 充分认识社会融合的特质

目前，关于社会融合并没有一个统一的定义。在《现代汉语规范词典》中，将融合解释为"若干种不同事物相互渗透、合为一体"。在英语中"Social Cohesion"和"Social Integration"都可以译为社会融合，"Cohesion"有"凝聚、聚合"的意思，"Integration"则有"结合、综合"的意思。一般而言，"Integration"经常为社会学家所采用，"Cohesion"则为社会心理学家所青睐。[②] 而根据法国社会学家埃米尔·迪尔凯姆社会团结（Social Solidarity）理论中所认为的：现代社会的融合是一种有机的团结，一种弹性的整合，并不排斥社会的歧异性和多元性，其最终目的是要实现多元主体的共存共处，其基础就是要有一套共享的价值体系和制度规范，基本形式

---

① 左学金：《我国进城农民工市民化模式探讨》，《西部论坛》2011 年第 1 期。
② 悦中山：《当代西方社会融合研究的概念、理论及应用》，《公共管理学报》2009 年第 2 期。

则是多元主体之间的积极互动。① 综而观之，不管在哪种语境中，社会融合基本涵盖这样的关键词：互动共融与歧异多元。因此，基于社会融合的基本关键词，学校在促进随迁子女的社会融合中应该坚持两个基本的原则。

其一，承认差异性。人之不同，各如其面。世界的丰富性，得益于人的差异。社会进步需要不同类型、不同层次的人才，对每个学生来说，也有"刚柔敏钝之异"。对接纳来自祖国各地随迁子女的公办学校来说，学生之间存在的差异性不仅明显，而且多样：既有城乡文化的不同，也有不同地域文化的差异。没有差异，也无所谓融合。但应谨记的是：融合的目的不是取消差异，而是使之达到和谐统一的境地。故而，学校应把地域文化、城乡文化的差异性作为一种教育资源，通过一些制度规范、课程设置、综合实践活动、社团工作等引导学生之间的差异互动，开展有针对性的多元融合活动，创建多元文化的校园环境，进而打造容纳不同个体、不同文化的有深厚包容力的和谐校园。

其二，强调交互性。社会融合的过程强调个人行为与社会活动都不是孤立地进行的，而是个体之间、群体之间复杂互动的结果，任何人的行为活动都受他人和所处环境的影响。因此，表现在随迁子女的社会融合方面，存在多样的交互性。首先，随迁子女与城市社会的融合具有交互性，即随迁子女并非单向、被动地适应并融入城市社会，城市也不是被动地或简单地接纳，双方都要在某种情景的日常交往磨合中经历一个不断调适的过程。因此，学校作为联结随迁子女和社会之间的纽带，在促进随迁子女社会融合过程中不能一蹴而就，而应循序渐进地进行。其次，学校内部同辈群体交往存在交互性。同辈群体在个人社会化的过程中有举足轻重的作用。毕竟随迁儿童和城市儿童来自不同的亚文化环境，属于两个不同的类属群体，在鼓励两个类属群体交流沟通的同时，注意随迁儿童内部

---

① 〔法〕迪尔凯姆：《社会学研究方法论》，胡伟译，华夏出版社，1988，第80页。

群体的同质交流、互动，加强其交往的自信心，由此激发其交往向外扩展，进而达到异质互动。因此，学校在促进融合的过程中，应强调参与交往的双方都是主体，都应有其主动性的发挥，强调城乡儿童双向的接纳和认同。

2. 准确把握公办学校在农民工随迁子女社会融合中的角色定位

研究已经证明，教育安置方式不仅影响到流动儿童人力资本的积累，而且影响到流动儿童的心理健康和文化适应，并最终影响到流动儿童的城市融入。在目前形势下，相对农民工子弟学校而言，城市公办学校是比较好的就读选择，流动儿童在城市公办学校可以实现较好的社会融入。在国家发布一系列保障随迁子女就读公办学校的政策文本后，关键的是公办学校在能力允许范围内接受部分随迁儿童后，还要做好自己的角色定位。学校教育公平既是和谐社会的内在要求，也是社会和谐的重要基础。杜威在阐述"学校是特殊的环境"时说过，"学校环境的职责在于平衡社会环境中的各种成分，保证使每个人有机会避免他所在的社会群体的限制，并和更广阔的环境建立充满生气的联系"，"每个人所加入的社会环境有种种不同，每个人的倾向受到种种不同势力的影响，学校发挥着协调作用"。[①] 而公办学校的性质决定了其在随迁儿童受教育的所有场域中要充当主导者、联结者及合作者等多重角色。

（1）联结者：充当随迁子女与城区儿童和谐沟通的使者

虽然随迁子女和城市儿童共处一校，年龄相仿，属于同辈群体，但所处的文化环境不同，分属于两个不同的异质群体。来自农村文化环境的随迁子女进入公办学校，与城市本地学生在互动沟通方面会存在一定的人际隔膜。实现二者的良性互动、增强同辈群体之间的积极效应是学校促进随迁子女社会融合的关键。美

---

① 〔美〕约翰·杜威：《民主主义与教育》，王承绪译，人民教育出版社，2001，第27~28页。

国社会学家林南认为异质性互动不能促进情感分享或者情感不能导致异质性互动。在异质性互动中，行动者对于资源运用的控制是不相等的、存在差异的，需要评估每个人参与交换的意愿，所以异质性互动的参与双方要比同质性互动付出更多的努力。[①] 由此，互为异质的城乡儿童群体由于所处亚文化环境的不同及价值观的差异，二者在相互融合中存在一定难度。在随迁子女的初融合阶段，两个差别较大的异质群体之间必然存在诸多的不和谐。因此，作为二者联结者的学校，在承认差别的基础上，更新原有的教育理念，以人为本，以所有学生的共同发展为本，倡导亚文化多元共生的教育理念，在两个群体的融合过程中采取循序渐进原则，既鼓励随迁子女的同质性情感互动，又要组织诸如结对子的相关活动，加强异质群体之间的交往，力戒二者之间交往真空的出现，激发两个群体各自交往的内生力，进而达到异质的同辈群体互动共融。因此，处于教育阶段的农民工随迁子女，他们社会融合程度的提高和融合范围的扩展首先在于同辈群体间的互动融合。学校作为教育教学的行为主体，面对不同的两类群体，在其中扮演着沟通者和联结者的角色，促进全体学生和谐发展是其不可推卸的责任。

（2）合作者：与农民工子弟学校合作

教育促进社会和谐发展是学校所肩负的社会使命，实现随迁子女的社会融合是学校促进和谐社会建设的题中应有之义。在这样的背景下，公办学校的角色理应被定位为促进所有随迁子女的社会融合。目前随迁子女进入城市后虽然大部分得以在城区公办学校接受教育，但囿于公办学校容纳力不够的客观现实，一部分随迁子女不得不进入由社会力量创办的农民工子弟学校。城市公办学校因其所处社会结构位置拥有远远多于民办学校的教育投资、政策扶持等有

---

① 〔美〕林南：《社会资本——关于社会结构与行动的理论》，张磊译，上海人民出版社，2005，第 137 页。

利因素。所以，在教育资源的配置及教育声望上，城市公办学校拥有天然的优势，因此只有通过加强两者的合作交流，充分发挥公办学校的资源优势，实现优势互补，才能保证所有的随迁子女都能得以享受优质的教育资源而获得公平发展。公办学校与农民工子弟学校合作是它完成融合角色转变的关键。公办学校和农民工子弟学校合作的具体方式多种多样：实行两类学校的教师流动，公办学校的老师可以作为资源教师到农民工子弟学校进行帮扶支教，农民工子弟学校的教师也可以去公办学校进行听课观摩。同时，公办学校也可作为优质资源中心为农民工子弟学校的教师开展有关融合教育的课程开发、活动指导、教学方法等方面的咨询和培训服务。此外，公办学校因为在城区拥有良好的声望等优势，还应协调好教育行政部门、学生家长、社区与农民工子弟学校之间的关系。

因此，在新的教育背景下，公办学校应打破长期以来形成的独立、封闭的运作逻辑体系，以开放共融的姿态与农民工子弟学校合作，完成从独立专享向合作服务这一新角色的转变，更好地促进随迁子女的社会融合。

三 可为建议：以公办学校为主体多方推进，实施全面融合

农民工随迁子女的社会化和社会融合问题是全社会的教育合力问题，它需要家庭、社区、社会和学校的共同参与。这种多方的参与合作，有利于形成社会融合的大氛围，有利于及时交流，共同勾勒随迁子女社会融合的新图景。在经验探讨中，取长补短，因而能够促使融合不断深入。很显然，公办学校以其自身优势理应充当领头羊的主导作用，实施多方联动，比起一个或少数几个学校单独、闭塞地推动融合教育，多校、多方力量合力参与将更具针对性，更加富有成效。

1. 以"中心校"为主体，构筑多校共同推进

随着"取消定点学校，实现就近入学"的政策落实，农民工随迁子女人数的增多，会使原有的城区学校承载的压力越来越大。一

方面，原有的教育场地、教育资源无法满足现在教育的需求；另一方面，在农民工子弟学校就读的学生会越来越多地流入城区公办学校，势必造成现有学校教育资源紧张的矛盾。从目前学校的构建方式来看，单独一所公办学校显然不可能拥有所有的能力和资源来应对所有的随迁子女社会融合教育的需要。所以，教育资源的合理配置已显得越来越重要。不妨采用我们较为熟悉的"中心校"或者"学校合作体"的模式，即以几个或数个教育资源较为丰富、声望较高的重点学校联合几所普通学校形成学校合作体，在合作体内的多所学校，实施优势资源共享，在共同研究和探索的基础上，协调各校在随迁子女社会融合教育方面的关系，做到既有共同促进随迁子女社会融合的理念和实施原则，又鼓励各校在促进随迁子女社会融合策略构想上的创新，相互交流，相互呼应。通过这种方式，参与合作的学校的优势力量和可用资源与全体学生的需求得以最大程度的契合。例如，共同研讨政策与制度的支持，包括如何规范外省学生信息的管理，如何建立相关学生转入制度及随迁子女学习层面补救措施的制定。再如，如何开展分层补习计划，如何合理混编班级，在同辈交往方面如何建立"结对子制度"，等等。

以学校教育促进随迁子女社会融合，不仅关涉随迁子女在学习适应、心理适应、同伴交往适应等学校内部适应层面，还包括与城市社会的互动融合。因此，随迁子女的社会融合教育是一个关涉方方面面的长期问题，只有点面结合，以点带面，形成良好的舆论和融合气氛，才能使随迁子女的融合教育深入开展。由于"中心校"中的几所学校都是在当地城区比较有影响的学校，因此，它们的带动必然会起到牵一发动全局的效应，必然会引起其他教育机构的呼应，进而形成促进融合的利好局面。

2. 以公办学校为主体，实行多方协力合作

随迁子女社会融合的实现，有赖于在国家政策导向下形成正确的价值取向和社会舆论，有赖于所有公办学校集体力量的发挥和氛围的改变，也有赖于社区和家庭的共同努力。公办学校因其在促进

农民工随迁子女社会融合方面的独特作用，以及所拥有的优质资源和社会声望，应发挥领头羊作用，调动家庭、社区等多方力量，全面营造互动和谐的融合氛围，通过多方力量的凝聚，共同促进社会的和谐共融。

首先，充分发挥社区的力量。在整个社会体系中，"社区是新移民和城市居民比邻而居、共同生活的空间，也是新移民在城市获得家园感觉，重构主体意识和心灵归属感的依托"①。城市社区可谓随迁子女的第二故乡，所居住社区对随迁子女的认同和接纳是促进融合的路径之一。基于此，学校可派较有经验的优秀教师深入随迁子女所在的社区，发动社区管理人员参与对随迁子女家庭的教育指导，开发社区内在的教育资源，拉近社区和随迁子女的距离，使社区逐步转化为对随迁子女进行主动融合教育的有效场域。社区融合场域一经形成，社区就会利用自身资源，主动搭建农民工就业平台来提供咨询服务，以提高其经济收入。考虑到农民工不能够满足子女教育辅导的需要，学校可与社区通力合作，共同开展随迁子女家庭教育免费培训班，定期对随迁子女家长进行辅导。

其次，提升家庭的教育能力。家庭是个人社会化的第一场所，它的教育和影响对个体早期社会化甚至是一生的社会化都具有重要意义。但随迁子女家长由于自身因素的限制，致使其家庭教育力量非常的薄弱，通常无法与学校教育同步。因此，学校要客观地针对随迁子女家庭教育中的问题，加强班主任和家长之间的沟通，双方就学生的学习、课外活动等共同关心的问题充分交换意见，减少或避免双方因缺乏沟通而引起的误会，建立学校和家庭之间彼此信任的关系。在相互的交往中，达成家校共融局面，共同形成教育合力。

综合而论，在我国城市化进程中，来自不同地域的农民工随迁

---

① 童星、马西恒：《"敦睦他者"与"化整为零"——城市新移民的社区融合》，《社会科学研究》2008 年第 1 期。

子女与城市社会交相融合，是一个渐进的、复杂的过程。公办学校承担随迁子女社会融合教育，既是学校教育功能发挥的职责所在，也是顺应时代发展的应时之需。公办学校在发挥其促进随迁子女社会融合主体地位的同时，也应以自身优势调动多方参与，共同推进整个社会和谐共融局面的形成。

第三节　差异教学：随迁子女教育融入的正面应对

随迁子女与城市儿童在教育上的差异问题，归根结底是城乡教育不均衡发展的结果。面对这种差异，应持正视的态度，正面应对，针对这种差异采取差异教学。对农民工随迁子女教育公平议题的讨论，从 20 世纪 90 年代以来就持续升温，目前学界对教育公平的论说主要体现于三个方面，即教育起点公平、教育过程公平、教育结果公平。在追求农民工子女教育公平的道路上，三个方面涵盖各自不同的内容和任务，即教育起点公平主要解决其"有学上"的难题，实现城乡儿童教育权利的平等统一，彰显同一性，主要体现于宏观方面国家政策的管理与调控；教育过程公平是在争取教育权利平等的基础上，主要解决其"上好学"的问题。在此过程中，城乡教育、城乡文化及家庭背景的差异是阻滞其"上好学"的关键因素，因此正视差异的存在，把差异作为一种教育资源，实施差异教育，才能使农民工子女真正享有教育过程中的公平，真正实现教育融入。目前随着一系列保障农民工随迁子女就学政策的颁布，大部分农民工子女"有学上"的问题基本得以解决，即在教育起点公平问题的解决上基本已初见成效，初步实现了受教育权利的一致性与同一性。那么有必要将关注的方向转移到如何实现其在受教育过程中的公平，关注如何在学校环境中促进不同群体、不同个体的良性健康发展。如前所述，实施差异教育，在差异中凸显不同群体与个体独特性，是实现教育过程公平的关键因素。因此，在教育公平层级提高即由起点公平到过程公平的提升中，也必然要经历内涵与任务的转变，即由强调同一到重视差异的转变。

一　求同：随迁子女教育起点公平的追求

随迁子女教育问题引起广泛关注是在 20 世纪 90 年代，我国政府首次颁发的有关流动儿童教育的政策文件是在 1996 年。随着我国城市化进程的加速发展，流动儿童教育问题日益突出，我国政府又相继颁布了一系列政策文件。截至 2016 年，随迁子女教育问题引起政策关注已有 20 年。其间，中央政府相继出台的一系列相关政策，构建了随迁子女在流入地接受教育的政策框架。纵观 20 年间中央政府所做出的有关随迁子女教育的政策努力，其最终目的旨在努力缩小由二元户籍制度所产生的随迁子女与本地儿童的教育差距，进而达成"一视同仁"的最终目标。

（一）教育权益的渐趋一致

90 年代后，随着我国城镇化进程的发展，大规模的农民工举家迁移至城市，其子女教育问题引起学者和政府的关注。由于我国城乡二元户籍制度的存在，教育权益与户籍制度紧密相连，随迁子女由乡到城的位置迁移，导致其户籍与所应享有的教育公共服务相剥离。面对不断涌入的随迁子女，如何保障他们与城镇儿童享有同等的教育权益，成为政府工作的主要议题。自 90 年代中期以来，我国政府出台一系列政策文件，努力缩小随迁子女与本地城镇儿童的教育差异，确保二者教育权益上的"一视同仁"。

在随迁子女的教育权益方面，政府在 1996 年出台的《城镇流动人口中适龄儿童少年就学办法（试行）》中，确定随迁子女与其他流动儿童可以就读城市公办学校，但就学方式为借读并缴纳借读费。根据义务教育的公益性与普及性的特点，这其实是一种区别对待，而且直接增加了随迁子女入读城市公办学校的难度。2001 年国务院发布《关于基础教育改革与发展的决定》，在提出"两为主"政策的基础上，采取多种形式，依法保障流动儿童少年接受义务教育的权利，这项规定对确保农民工随迁子女就学权利具有里程碑式的意义。2003 年，国务院办公厅转发教育部《关于进一步做好进城务工就业农民子女义务教育工作的意见》，指出"在评优奖励、入队入团、课外活动等方面，学校要做到进城务工就业农民子女与城市学生一视同仁"，同时要求流入地政府要"确保随迁儿童就学的收费标准与当地学生一视同仁"。首次在农民工随迁子女就学权利上予以明确的法律条文保证，该意见中两次"一视同仁"的使用，强调了国家在农民工随迁子女就学权益均等上的明确态度。

2006 年国务院发布《关于解决农民工问题的若干意见》，同样明确指出要保障农民工子女平等接受义务教育，再次强调城市公办学校对农民工子女接受义务教育要与当地学生在收费、管理等方面"同等对待"，并强调不得向其加收借读费及其他任何费用。2006 年该项规定被写进《义务教育法》，要求当地政府为农民工随迁子女"提供平等接受义务教育的条件"，确保随迁子女真正享有与城市本地学生一样的教育权益，政府在确保农民工随迁子女就学权利保障上的态度愈加清晰、明朗。2010 年国务院审议通过的《国家中长期教育改革发展规划纲要》，对义务教育阶段进城务工人员随迁子女教育问题，从促进教育公平的高度提出了新的要求，要求制定针对这部分学生义务教育阶段完成后在当地参加升学考试的办法，在保障农民工随迁子女教育权益均等的层级上又进一步。

（二）就学方式由借读到就近入学

随着各类媒体以及学术界对农民工子女教育问题的关注，这一问题也逐渐引起了国家教育行政部门的关注。1995 年教育部着手调查研究流动人口子女的受教育问题，并于 1996 年印发了《城镇流动人口中适龄儿童少年就学办法（试行）》，在京、津、沪、浙等6 省市各选 1 区试行，根据试行结果，1998 年教育部、公安部联合颁发《流动儿童少年就学暂行办法》。从此之后，农民工子女的受教育问题开始正式获得国家政策关注。在该办法中，规定包括农民工子女在内的所有流动儿童少年就学，主要"以在流入地全日制公办中小学借读为主",明确规定了随迁子女在城市就学的方式为借读,同时缴纳一定的借读费。与本地儿童相比,随迁儿童不仅要缴纳一定的借读费,而且还要符合相关条件才能进入公办学校就读。2001 年,国务院颁布了《关于基础教育改革与发展的决定》,指出义务教育阶段的农民工随迁子女在城市就学"以流入地区政府管理为主,以全日制公办中小学为主",未再提及借读。2003年,关于解决农民工随迁子女义务教育问题的专门政策文件——《关于进一步做好进城务工就业农民子女义务教育工作的意见》由国务院颁发。该意见明确指出要充分发挥全日制公办中小学的接收主渠道作用,尽可能多地接收进城务工就业农民工子女就学,要保障进城务工农民工子女接受义务教育。农民工随迁子女教育被置于义务教育的议题框架之内,意味着享受城市公办义务教育资源是其题中应有之义,农民工随迁子女在就学身份和就学方式上理应与城市儿童得到同等对待。2006 年新修订的《义务教育法》明确指出,地方各级人民政府应当保障适龄儿童、少年在户籍所在地学校就近入学。同时,《义务教育法》也强调对于父母或者其他法定监护人在非户籍所在地工作或者居住的适龄儿童、少年,在其父母或其他法定监护人工作或者居住地接受义务教育的,当地人民政府应当为其提供平等接受义务教育的条件,从法律层面确保了农民工随迁子女平等接受城市义务教育的权利。

2010 年颁布的《国家中长期教育改革和发展规划纲要》重申了"两为主"的就学政策,确保农民工随迁子女平等接受义务教育。为贯彻落实该纲要,次年,教育部办公厅发布了《关于做好 2011 年秋季开学进城务工人员随迁子女义务教育就学工作的通知》,要求各省市在 2011~2012 学年秋季学期开学之际,务必确保随迁子女在流入地"就近""免费"接受义务教育。该通知虽然只是确保符合流入地政府规定条件的随迁子女可以就近入学,平等地接受义务教育,但是在户籍限制依然没有松动情况下的一种突破,在一定程度上确保了符合条件的随迁子女的入学机会。

（三）收费标准的逐渐趋同

按照我国《义务教育法》规定，所有学生在接受义务教育期间免交学费，也就是说，适龄人口不管就学地在何处，都可享受此等国家待遇。故此，借读生也不应缴纳借读费，其教育经费应由流入地政府在向流动人口征收的税额中提取并转拨给接纳借读生的公办学校。然而，当时我国并未有相关法律条文规定，所以，20世纪90年代中期以前，流动儿童在流入地入学均被收取一定的借读费用。对未入学适龄流动儿童的调查显示，来自农村的流动儿童也即随迁儿童达到了66.7%，未入学的原因是学校收费太高。[①] 实际上，90年代以来大量适龄流动儿童入读城市学校，确实给流入地政府与学校带来较大的经费和办学压力，因此收取适当的借读费具有一定的合理性。1998年颁布的《流动儿童少年就学暂行办法》，明确规定随迁儿童就学方式为借读，接纳随迁儿童的公办学校向其收取一定的借读费就变得理所当然。上学难，上学贵成为随迁子女在城市就学的突出问题。

进入21世纪，为改变基础教育发展水平不高且发展不平衡的面貌，国家于2001年颁布了《关于基础教育改革与发展的决定》，对于一些地方和学校的乱收费现象，明确提出要坚决刹住行业不正之风，并控制学校收费标准，以切实减轻学生家长特别是农村学生家长的负担。该决定对于农民工随迁子女入学中的高收费情况有一定的遏制，在一定程度上降低了学费收取的门槛。同时，为解决农民工随迁子女在城市接受义务教育的问题，国家首次确立了"以流入地区政府管理为主，以全日制公办中小学为主"的政策。以此为起点，国家开始正面关注农民工随迁子女教育问题，在其入学收费上不断出台保障性条款。2003年9月30日，国务院办公厅转发教育部《关于进一步做好进城务工就业农民子女义务教育工作的意见》，其中指出："进城务工农民流入地政府要制定其子女接受义务教育的收

---

① 余舰：《我国部分地区流动人口适龄儿童、少年入学情况调查报告》，《教育研究》1997年第9期。

费标准，减免有关费用，做到收费与当地学生一视同仁。"2006 年国务院颁布的《关于解决农民工问题的若干意见》明确指出，要保障农民工子女平等接受义务教育，将农民工子女义务教育纳入当地教育发展规划、列入教育经费预算。同时，指出城市公办学校在接收农民工子女时，要与当地学生在收费、管理等方面"同等对待"，不得违反国家规定向农民工子女加收借读费及其他任何费用。至此，延续了 10 年的借读费终于停止，横亘在农民工随迁子女入读公办学校的额外收费难题终于化解。同年，新修订的《义务教育法》，再次明确规定了义务教育作为一项国家公益性事业，面向所有适龄儿童，"不收学费、杂费"，正式以法律的形式保障了农民工随迁子女在流入地免费接受义务教育的权利。至此，随迁子女与本地儿童一样，在义务教育阶段的收费标准上达到了同一。新修订的《义务教育法》颁布之后，一些大中城市跟进出台了免除借读费或学杂费的新的地方性政策，如上海、福州、西安等地相继出台了《关于继续做好本市农民工同住子女进入义务教育阶段公办学校就读免借读费工作的意见》（沪教基委〔2008〕58 号）、《福州市教育局关于农民工子女入学工作的政策》、《西安市人民政府关于免除城市义务教育阶段学生学杂费工作的通知》（市政发〔2008〕86 号）等文件，各大中城市农民工随迁子女上学贵问题得到了一定程度的缓解。

通过对随迁子女就学政策演变情况的考察，可清晰地看出国家确保随迁子女受到公正对待、确保他们在教育机会均等方面所做出的努力与探索，尽力缩小随迁子女与本地儿童的就学差异，力求达到二者在就学权益、收费标准以及就学方式等方面尽量趋同。进入 21 世纪，在对农民工随迁子女的教育问题的处理上，国家的角色与地位也发生了较大的转换，开始由问题呈现到引发关注再到出面疏通的被动问题解决模式，转向主动引导的积极探索模式，确保农民工随迁子女教育机会均等的政策理念逐步凸显。其实就教育机会均等而言，"教育机会"主要指人们接受公共教育的机会，而对于作为公共教育的主要提供者——政府来说，教育政策导向上"求同"意识的加强，表明了政府旨在提供均等教育机会于一切儿童的愿望。随着保障随迁子女就学新政策的不断出台，我国农民工随迁子女在城市就读公办学校方面取得了显著的成绩。

作为制度安排的措施，国家颁布的这些政策文本，从宏观层面保障了要向所有具有一定资格的人平等开放公共教育资源的可能性，但并不能取消一切中观或微观层面所产生的教育差别或教育不平等，目前随迁子女教育问题已由显性的"就学难"变成隐性的"质量忧"及"融合难"。提倡和实现充分的、完全意义上的教育均等不仅仅是一项教育行动，还应该是一项社会行动。① 从这两层意义上说，教育均等的完全实现，不仅有赖于国家宏观导向的教育机会均等的政策指引，也有赖于各个社会部门尤其学校在消除中观层面的教育不平等所做出的努力。目前各公立学校在贯彻国家关于随迁子女教育机会均等政策方面，做出了很大的努力，基本达到了共享入学权利的同一性目标。那么接下来如何保证随迁子女就学权利的实现，如何真正享有教育过程的均等是亟待解决的问题。在二元城乡经济结构依然存在的情况下，城乡教育差异是很难解决的难题，也成为制约农民工随迁子女教育融入的瓶颈。因此，需要中观或微观层面的学校及教师面对差异、正视差异，从差异中破解随迁子女教育中的"质量忧"与"融合难"。

二 存异：城乡差异的现实需求

如前所述，在历经二十多年的"求同"努力后，农民工随迁子女大多获得了在城市入学的机会。但城乡之间的教育、文化及家庭教育背景等差异的真实存在，成为阻滞其有效教育融入的关键因素。诸多差异的存在造成城乡儿童发展上的差距也是不争的现实。对于接受随迁子女的公办学校及教师来说，仅仅给予全体同学"一视同仁"的对待是远远不够的，必须认识到差异的存在，要有"存异"

---

① 石中英：《教育机会均等的内涵及其政策意义》，《北京大学教育评论》2007年第4期。

的态度和观念。

首先，教育差异的存在。长期以来，在"二元分治"的社会结构体制下，我国教育资源配置倾斜，使城乡办学条件、城乡教育师资、城乡教育投入方面均存在显著的差异。随着我国经济的发展、人均 GDP 的增长、城市化水平的提高，城乡收入差距进一步拉大；城乡收入差距给教育带来的是教育条件、教育内容和价值、学习机会的不均等，进一步拉大了城乡之间的教育差距，也造成了农村地区的进一步贫困。诚如迈克尔·罗斯金等人所指出的，贫困人口致贫的"更深层次的根本性问题是他们缺乏正规的学校教育，这会产生文盲和不识数的劳动力"[①]。面对城乡教育的巨大落差，怀着教育改变命运的梦想，越来越多的农民工把子女带入城市接受教育，希冀借助城市优质教育资源，使贫困的梦魇不再发生在下一代身上。教育作为自致性因素在个人社会流动中的作用愈益显得重要，个体社会地位的获得更多依靠教育。从一定意义上讲，农民工经历了从农村到城市的转变，更深刻、更具体地感受到了城乡之间较大的差异，因而对子女寄予更深厚的期望。可以说，生活的经历让他们意识到知识的重要性，他们希望自己的子女接受更好的教育，借以转化为以后立足城市社会的筹码和提升社会地位的资本。正如布尔迪厄所认为的：文化资本在某些条件下能转换成经济资本，而且以教育资格的形式被制度化。[②] 目前我国携带子女进城的农民工中，绝大部分是渴求城市优质的教育资源。因此，入读城市公办学校的农民工随迁子女日益增多，2011 年，全国进城务工人员随迁子女在公办学校就读比例约为 79.2%，比 2010 年增长 12.7%。[③] 据国家发展和

[①] 〔美〕迈克尔·罗斯金：《政治科学》（第 6 版），林震等译，华夏出版社，2001，第 384 页。

[②] 《文化资本与社会炼金术——布尔迪厄访谈录》，包亚明译，上海人民出版社，1997，第 192~194 页。

[③] 吴晶：《教育"改"出新天地》，《中国青年报》2012 年 2 月 6 日，第 1 版。http://zqb.cyol.com/html/2012 - 02/06/nw.d110000zgqnb - 20120206 - 6 - 01.html，最后访问日期：2018 年 4 月 11 日。

改革委员会公布的数据，截至 2016 年 2 月，国家财政性经费保障义务教育阶段随迁子女就学的比例已达到 90%。

　　与之而来的，城乡教育的巨大反差也给接受随迁子女的公办学校及教师带来很大的压力和不适。首先，由于随迁子女在学龄前阶段接受的启蒙教育普遍落后于城市儿童，这意味着当他们进入正规学制体系前，与城市儿童已经存在一定的差距。其次，一些从农民工子弟学校转入的学生，由于教学内容、教学水平的差异，这些孩子的学习情况和城市本地学生存在一定的差异。因此，城乡儿童之间的教育差异在同一就学环境中愈发凸显，但教育差异的存在并非朝夕可以弥补，也绝非"一视同仁"就可解决，必须采取差异性的补偿对待方可解决。

　　其次，文化差异的存在。对于接纳来自祖国各地随迁子女的公办学校来说，随迁子女来自不同的省份和地区，文化传统、人文地理、历史发展、风俗习惯等的不同而造成了文化背景上的诸多差异。这些文化差异不仅明显，而且多样：既有城乡文化的不同，也有不同地域文化的差异；既有语言文化的不同，也有风俗习惯的差异。这些差异往往会影响来自不同地区儿童智能的发展，使其形成独特的认知模式和学习方式。在面对城市文化及城市教育模式时，来自不同地区的儿童必然会由于遭遇异质文化或教育模式而产生一定的不适甚至冲突。这就对学校及教师的教育教学提出了更高的要求，即如何使不同文化背景的儿童更好地度过不适期，如何使来自不同文化群体的儿童达到和谐统一的境地。正如美国人类学家朱利安·斯图尔德（Julian H. Steward）在其著作《文化变迁论》中所强调的那样：城市文化在发展过程中必须正视文化个体的差异性和文化元素的多样性，通过有意识地协调与平衡，使之达到和谐统一。① 因此，公办学校在对待随迁子女和城区儿童之间的文化差异时，必须

---

① 张洪波：《文化生态学理论及其对我国城市可持续发展的启示》，《现代城市研究》2009 年第 10 期。

考虑承载每个儿童发展的文化背景，认识并尊重不同学生之间的差异性和多样性，在具体的教育教学活动中，开展城乡儿童之间的差异性互动活动，营造和谐共生的多元校园文化氛围。

三　实施差异教学

差异教学在 20 世纪 90 年代开始成为我国教育界普遍关注的教育理念。学者华国栋把差异教学界定为"在班集体教学中立足学生差异，满足学生个别的需要，以促进学生在原有的基础上得到充分发展的教学"。① 那么对目前接纳随迁子女的公办学校及教师来说，差异教学就是将城乡儿童之间的多样化差异视为教学的组成要素，教学应从城乡儿童的具体差异出发设计教学内容、过程及结果，促进每个儿童得到应有的发展。也就是说，既顾及对随迁子女的弱势补助，又要满足城市本地儿童的正常发展，并使二者在互动中共同发展。

如前所述，面对城乡儿童之间存在的教育及文化上的差异，对于接收随迁子女的公办学校及教师来说，正视差异、了解差异、区分差异，把存在的差异作为有效教学的一种资源，实施差异教学，才能真正做到教育过程中的公平，才能真正有效地确保国家政策导向下随迁子女受教育机会均等的落实。因此，面对阻碍随迁子女教育融入的两大因素——教育差异与文化差异，必须实施建立在平等基础上的区别对待，促进随迁子女与城市儿童的共同发展。

第一，对于教育差异的存在，采取向随迁子女倾斜的"补偿性教育"。换句话说，在国家教育政策导向下，基于随迁子女的入学机会得以保证的前提，作为公共教育资源的提供者和分配者，公办学校及教师不仅有义务保障全体学生共享教育资源和学习机会，而且面对有额外教育需求、在学习上处于弱势的学生，应为其提供补偿性的教育，以帮助其获得与之能力相适应的发展。其实这就是罗尔斯公平论断中继"平等性原则"之后的"补偿性原则"，只有开展

---

① 华国栋：《差异教学论》，教育科学出版社，2001，第 24 页。

补偿性教育，才能真正有效地减少教育过程中的不公平。随迁子女进入城市学校后，由于城乡教育差异的存在，通常与城市儿童之间存在学习鸿沟，加之城市教育环境及教师教学方式等不同，难免会产生挫败感。如果不向这些随迁学生提供额外的教育和帮助，他们就容易因不能有效地参与和融入学校的各项活动而产生更多的学业失败、人际适应不良、行为异常等一系列问题，进而逐渐被边缘化。这不仅有违给予平等入学权的初衷，还会对他们的身心发展造成巨大伤害。对于接纳随迁子女的公办学校来说，应迅速建立起补偿性教育支持体系，根据他们的不同需要，提供多元化的补偿性教育支持项目。首先，提供学习性的补助，诸如为随迁学生提供弹性课程、个性化的教学以及额外的课外指导，应让其掌握相应知识，培养其良好的学习习惯和学习态度，从而跟上正常的教学进度。其次，针对由新环境引起的不适应，应提供专业的心理健康咨询服务，配置以相应的辅助设备，减少其心理震荡与困惑。再次，为随迁子女的家长提供相应的培训、指导和支持，助其在子女教育中与学校形成教育的合力等。就城乡儿童之间的差异而言，只有采取有针对性的差异措施，才能帮助随迁子女学习及心理上的适应与提高。

第二，针对文化差异的存在，开展城乡儿童之间的差异性互动活动，创建和谐共生的多元校园文化环境。相对于学生各门具体学科的课堂学习而言，校园是全体学生参与活动的大课堂，在这个大环境中，所有学生都会不自觉地参与其中，各所学校凭借其特色的文化氛围、人文精神，使学生在不知不觉中被同化、被塑造。在接纳随迁子女的公办学校中，除城乡文化差异外，学生来源地的地域差异也带来了不同地域的文化差异，整个校园文化环境也变得相对复杂而多元。面对这些文化差异的存在，首先，要正确看待这些文化差异，合理分析它们在校园文化建设中的效应；同时应该创建和谐的校园文化环境，视学生来源的地区性差异及城乡差异为一种校园文化资源，多渠道地发挥它们在校园文化建设中的积极作用。接纳随迁子女的学校及教师应在全体学生中开展多元文化教育，要让他们认识到校园中文化多样性的存在是有益的，也是必要的，增强城乡文化与不同地域文化之间的理解和交流。在学校通过开展不同的活动，宣传介绍不同地域文化的特点，增进学生对不同地域文化、城乡文化的了解，消除他们在认知上的障碍。其次，开展城乡儿童之间的文化交流活动，增加彼此之间的异质文化互动。在异质文化的互动交流过程中，增强城乡儿童之间的了解，可以让来自不同文化背景的学生现身说法，介绍不同地域家乡文化中的风俗习惯、风土人情及风景名胜，增加学生对祖国各地的向往和热爱，进而彼此了解，在了解中深化情感。通过这些方式，可以使学生认识到，地域不分大小、远近，作为其精神沉淀的文化各有其优劣，每个地域的文化中都有积极的成分。学校通过倡导城乡文化、地域文化之间的了解与理解，有意识地开展多元文化互动，创建和谐共生的多元校园文化氛围，把异质文化作为校园文化建设的资源；不同地域的学生可以学习其他地域的优秀文化和优良品质，在交往中相互学习，取长补短，提高自身的综合素质。

综合而论，不管是国家政策层面的"求同"，保障城乡儿童在教育起点的公平与平等，还是学校教育教学层面的"存异"，针对城乡儿童之间真实存在的教育差异及文化差异，开展差异教学，确保随迁子女在教育过程中的公平，都是为了实现最终教育结果的公平，更好地实现农民工随迁子女的教育发展。

第六章

小市民：一个特殊的
社会融合群体

本章所言的"新市民"不同于学界普遍所指的新市民。他们虽然都出身于农村，但最大的不同之处在于前者拥有了城市户籍身份。在我国现有二元户籍制度之下，这一身份转变所带来社会地位的改变及其背后所代表的经济基础、受教育水平以及个体实力等，均非常明显地昭示：二者之间有着截然的差异。新市民作为农民工中的特殊群体，他们虽然在数量上属于小众，但对城市社会发展与建设的力量和贡献不容小觑。由于各种因素的影响，新市民子女在与城市社会的融合方面出现了一些问题，对正处于学前及义务教育阶段的儿童来说，利用教育手段促进他们与城市社会的交往互动显得尤为重要。在获取城市教育的"入场券"后，排除制度性与经济性等外在因素，家庭作为随迁儿童生活的重要场域，成为影响其社会融合的关键因素。

第一节　新市民群体的出现

随着我国城市化进程的加速，越来越多的农民工怀揣改变家庭及个人命运的期望，远离家乡到城市谋生和发展。其中，一部分农民工群体依靠近年来逐步宽松的落户政策，凭借自身卓越才能和较高学历优势，通过购买住房或投资经营等方式得以获得城市户口。他们通过获得城市户口而拥有了与其他市民同等的城市待遇，从而成为真正意义上的"新市民"，他们的子女自然而然成为"小市民"。在享受城市优质教育资源方面，这些小市民群体与城市本地儿童相比，并无二致。按理说，城市身份的确立，为小市民群体适应城市生活与教育提供了必要的条件，其可以无忧无虑地生活和学习。然而，城乡生活环境的转换所带来的文化、教育，以及生活空间的不同，使他们面临诸多的适应问题。即使出生于城市的新市民子女，父母自身与城市社会的融合程度，也在一定程度上影响着小市民群体与城市社会融合的广度和深度。因此，小市民群体和城市社会的融合程度与其家庭密切相关。

一 新市民及小市民的概念界定

新市民的称谓始自 2006 年 2 月，青岛市为使 120 万外来务工人员享受与市民同等的待遇，提高他们的社会地位，将外来务工人员改称为"新市民"，其子女称为"新市民子女"。这些"新市民"取得了当地政府发放的居住证，并凭此获得一定的市民待遇。随后，一些学者把进城务工的农民群体统称为"新市民"，目的是消除文字运用上对进城务工人员的歧视。虽然形式上的称谓得以改变，但是农民工的身份由于城乡二元体制的制约始终无法改变。对于这些漂泊于城市、为城市建设做出巨大贡献的农民工来说，形式上的更改并未带来实质性的改变，浮萍般的寄居使这一称谓充满了讽刺意味。正如 20 世纪 50 年代由于大量农民向城市流动而被冠以"盲流"的称号一样，八九十年代他们被称为"打工仔""打工妹"，直至 2006 年"农民工"这一称谓被写进中央政府的行政法规文件而被最终确定下来，如今又从人文关怀层面被改称为"进城务工人员"或"新市民"。不管称谓如何变化，由二元体制所造成的农民身份却无法改变。顾名思义，这一群体就是指那些在户籍上为农民但流动到城市从事非农事活动的群体。农民工进入城市工作与生活，是以外来者的身份暂且居住在城市，与城市居民群体相比，确实存在诸多不同于一般市民的特点。而且，农民工与农村居民相比也有所不同，显示出独有的群体特征。由于他们长期生活于城市，深受城市文化与文明的浸润和熏陶，在生活习惯与思维方式上逐渐地脱离农村而趋近城市。不容忽视的是，虽然农民工对于城市生活与工作有深层的需求和向往，但现实又阻碍着理想的实现，大多数情况下，城镇居民的社会保障和社会福利他们都无法享受，从病痛的医保到子女的入学等，他们都无法正常地享受应有的城市公共服务，这些使他们依然游离于城市社会的外层，而无法深入地融入城市生活与工作。面对农民工处境的艰难及由此频发的社会问题，呼吁改革二元户籍制度的热情越来越高涨。但二元体制结构的破解仍是一个渐进的、长期的过程。然而，我国城市化进程的脚步始终在一刻不停地向前迈进，农民工市民化已然开始。基于此，很多学者开始探讨新市民的界定问题。

关于"新市民"的具体定义，不同学科的学者有不同的界定。一般来说，社会学意义上的界定是指走上城市道路的人，在我国指户口在农村注册的乡镇企业从业人员、城市农民工、个体工商业者和民营企业主等。他们经过一段时间的城市化，获得了一定的市民待遇，发展成为新市民。有的学者认为新市民是指迁入城镇人群的总称，还有一些学者认为所有外来务工人员均可称之为新市民。总之，对新市民的界定不一而足。不管学者如何界定，其实大部分人忽略了另一个群体的存在，即在现有国家体制性障碍并未完全破解的情况下，一些大城市及省会城市为满足城市化进程的需要，在外来务工人员落户政策方面有所松动，允许通过购房或者个人投资经营等方式把户口迁移到城市中来，这就使部分进城务工人员落户城市的愿望得以实现。这部分落户群体就是本章所指的新市民。

因此，本章所界定的新市民与以往研究不同，主要是指近年来随着城市化进程的加速，那一部分通过购房等途径获得城市户口，在我国城乡二元户籍制度下成为真正新市民的进城农民工。这部分新市民一般具有以下特征：有较高的学历和精湛的专业技能；具有稳定的工作；能够在城市中稳定地生活。他们子女的户口随其落户于城市，是名副其实的新市民。一般来说，这部分随迁子女可分为三种类型：一是出生在城市、落户在城市、生长在城市；二是出生在老家农村，跟父母辗转多个城市最后随着父母落户城市；三是出生在老家农村，与父母共同生活一段时间后，被委托给爷爷奶奶或亲友照顾，父母到城市工作，最终落户后把孩子迁入城市。不管哪种类型，他们的共同特点是取得了城市户口，是名副其实的新市民二代，亦即本章所指的小市民。

二　小市民：一个特殊的社会融合群体

就农民工及其随迁子女的社会融合来说，最大的障碍来自城乡二元体制的制约，尤其是城乡二元户籍制度成为农民工及其子女享受同城待遇、获取城市社会基本公共服务与福利的绊脚石。那么新市民的户口问题一旦解决，是否一切问题就迎刃而解了呢？是否小市民与其他农民工随迁子女相比就能更好地融入城市社会了呢？

与其他农民工随迁子女相比，小市民拥有良好的居住环境与学习条件，没有农民工随迁子女那种面对城乡环境转换所引起的入学难问题。从空间地理意义上说，小市民与普通城市儿童一样，出生于城市、生长于城市，同享城市的天空和白云，共同分享城市公共教育资源，从理论上讲与城市儿童并无二致。然而，在一切社会的、制度的、外在的因素达到等同之后，家庭因素成为考量小市民能否与城市社会达成良性互动的关键因素，其父母作为城乡环境变换的适应者，能否很好地适应城市生活成为影响小市民社会融合的关键因素。因此，从某种意义上来说，小市民与其他随迁子女的社会融合及普通城市儿童的正常社会化过程相比，是介于二者之间的特殊的社会融合群体，即从影响小市民与其他随迁儿童社会融合的综合因素考虑,小市民所受的阻力要小得多。前文的统计分析结果已经表明,随迁子女的社会融合在很大程度上受父母社会融合程度的影响,父母的社会融合状况良好,其子女的社会融合情况也会较好。而且一些研究也表明,随迁子女的社会融合与父母之间是否进行正常的亲子交流也有很大的关系。换句话说,小市民的社会融合状况在很大程度上受制于家庭各个因素的影响,小市民的社会融合因其父母社会融合的特殊性而有所不同。

第二节 小市民的家庭融合教育探讨

为了对小市民所受到的家庭教育进行真切的透视,本部分的研究主要采用质性研究方法。所谓质性研究,主要是指"以研究者本人作为研究工具,在自然情境下采用多种资料收集方法对社会现象进行整体性探究,使用归纳法分析资料和形成理论,通过与研究对象的互动对其行为和意义构建获得解释性理解的一种活动"[①]。基于此,在本部分的研究中分别选取了哈尔滨市、武汉市、郑州市的5个新市民家庭,通过访谈、电话、网络聊天、电子邮件等方式,与其进行深入的沟通,记录、收集资料,采用类属分析法进行整理分析,从而发现小市民家庭教育出现的一些特殊的变化,以及这些新变化对小市民社会融合的影响。

一 新市民家庭教育的新特点及对小市民社会融合的影响

新市民作为庞大进城务工人员中的一个特殊群体,凭借个人的主观努力,利用发达城市开放的人口政策跻身城市居民行列,显示了他们的智慧和能力,当然这些人口政策也决定了新市民较高的经济能力和社会层次。新市民所具备的较高的学历使其拥有较高的教育素养,所拥有的相对稳定的工作使其具有一定的经济实力,这两

---

① 陈向明:《质的研究方法与社会科学研究》,教育科学出版社,2000,第12页。

者使新市民在熟悉城市生活、融入城市文化及参与城市发展方面均比一般进城务工人员有较大的优势，使其社会融合的程度更高。与城市居民相比，他们虽然取得了城市户口，却仍然身处一个相对陌生的环境中，面临诸多纷繁复杂的问题，其中家庭育儿问题更是这些正值生育期的新市民面临的首要问题。他们所经历的社会身份与生活方式的变化，以及在与城市社会的磨合过程中，自身社会融合的经历必然影响其对子女的家庭教育，使其家庭教育发生质的变化，进而影响其子女的社会融合。

1. 家庭教育观念的趋城市化、潮流化与小市民的社会融合

家庭教育观念其实就是父母的教育观念，是指父母在教育和培养子女的过程中，对子女发展以及子女如何发展所持的基本、整体的观点。家庭教育观念是一个深受时代和社会发展变化影响的概念，其内涵具有强烈的时代性。其实，新市民的出现本身就是社会变迁与时代进步的一个标志，他们在城市化进程的时代背景之下，怀揣与城市居民共享优质资源的梦想，从农村辗转至城市，凭借个人努力和大城市相对宽松的户籍政策落户城市，开始了梦想中的城市人生活，在适应中开始融入城市生活，并与之休戚与共。在城市文化教育的熏染之下，他们的家庭教育观念也随之发生深刻的变化，其中一个比较突出的特点就是家庭教育观念出现城市化与潮流化的倾向。

新市民背负着高额房贷移居城市，其出发点不仅在于自身对城市生活的向往，更在于为子女提供优质的教育资源。因此，关注各种不同来源的教育信息成了他们生活的一部分。然而对城市教育的不甚明了，使其在收集信息时越来越多地受到城市教育风尚和各种教育传播媒介的影响，从而在家庭教育观念中呈现追随潮流与趋向城市的倾向。在这种"社会性感染"之下，新市民家庭逐渐趋同或接受城市文化教育的样态，抛却或调整濡化自己多年的农村传统理念，如：抛却农村的"多子多福"观念，认同"男孩女孩一样"；由农村"不打不成才"的棍棒教育转向"以说

服为主"的柔性教育。这些都充分展现了新市民在儿童观、儿童教养等方面所发生的变化，即逐渐与最新流行的教育理念相适应，并逐渐趋同于城市家庭教育新理念。家庭教育观念的趋城市化使其在家庭教育行为的选择上，更趋向于城市认同的方式、方法，也更为合理、科学。无疑，这种变化对其子女的个性及心理发展均有所裨益。

　　当然，任何对潮流的追求都在一定程度上隐含着盲目和跟风。新市民受从众、攀比等心理驱使，希望自己的孩子在各方面都趋同于城市孩子的水平，甚至有部分新市民盲目跟风，与城市居民比吃比穿，导致孩子追求物质、虚荣攀比，新市民由此也背负更大的经济与心理压力。希望孩子比自己小时候过得好，是父母的普遍心态。新市民由于过往生活的艰辛，这种代偿心理显得更为突出。由此，新市民家教观念的趋城市化对子女教育较为突出的表现是：新市民用于子女教育投入的比例大大增加。通过对 5 个家庭的访谈得知，每个家庭对孩子的教育投入都超过了家庭总收入的 40%，其中用于音乐艺术的培养费用比例较大。大多数新市民父母都希望子女能接受艺术的熏陶。其一方面出于让子女掌握更多的技艺，以便出人头地；另一方面出于代偿心理，弥补自己艺术教育欠缺的遗憾。因此，新市民在为子女购买乐器、报各种艺术辅导班，甚至聘请家庭教师对孩子进行专门辅导方面，可谓不遗余力。"超越自己、超越农村"是新市民对子女较大教育投入的主要动力，希冀借助优质教育提升子女未来在城市生活中的竞争力，不再承受历经打拼的艰辛和磨难。诚如布尔迪厄所认为的：文化资本在某些条件下能转换成经济资本，而且以教育资格的形式被制度化。[①] 新市民正是看到了教育的这种转换功能，所以对教育寄予厚望，希冀通过获取各种制度化的教育文凭，以得到经济物质与社会地位的提升，因而不惜代价对孩

---

　　① 《文化资本与社会炼金术——布尔迪厄访谈录》，包亚明译，上海人民出版社，1997，第 192～194 页。

子施以"英才教育"。这种做法不仅忽视了子女自然天性的发展，而且过多占用了子女游戏娱乐及与同伴交往的时间，而游戏、交往恰恰是子女社会化发展中极其重要的一环，进而影响了子女的社会融合进程。

2. 家庭亲子关系的亲密化与小市民的社会融合

亲子关系原为遗传学用语，指亲代和子代之间的生物血缘关系；在心理学上则是指父母与子女之间的相互关系。作为家庭中最基本、最重要的一种关系，亲子关系具有极强的情感亲密性，它直接影响儿童的身心发展，并将影响他们以后形成的各层次的人际关系。[1] 因此，亲子关系是影响儿童社会融合的一个重要指标。据调查，农村家庭亲子关系有如下特点：亲子间的亲密度低，亲子交往的频率低；父母对子女有偏爱现象，更加偏爱男孩和排行靠前的孩子；子女对母亲更加信任、依恋和亲近。[2] 新市民受城市教育文化及各种教育媒介的影响，其家庭亲子关系已几乎脱离农村家庭亲子关系模式，表现出父亲参与教养子女的意识增强，父母与子女的关系更加亲密等特点。而且与农村大家族的远离及生育观念的变化，使家庭结构核心化、子女独生化，孩子成为家庭生活的中心和重心，与农村相比，新市民与子女之间的关系变得更加平等与紧密，父母会给予子女更多时间和精力上的照顾与陪伴。

亲子关系的平等化、亲密化，使儿童生活在民主、平等、和谐的家庭氛围里，可以让其在情绪上乐观积极、行为上友善亲和，易于与人建立良好的沟通关系，对儿童的社会融合产生良好影响。新市民亲子意识的增强，使其在对孩子的照料、管理与教育中均表现出尊重、平等的民主气息，更加自主地参与孩子的日常生活，注重在互动与沟通中，建立良好的亲子关系。如一些新市民会考

---

① 叶一舵：《国内外关于亲子关系及其对儿童心理发展影响的研究》，《福建师范大学学报》（哲学社会科学版）2002 年第 2 期。

② 朱俊卿：《农村亲子关系模式及特点研究》，《心理科学》2004 年第 5 期。

虑孩子的意愿，乐意利用有限的空闲时间带孩子郊游、参观博物馆，有的新市民利用废旧物品与孩子一起进行手工制作。通过这些亲子交往活动，新市民有意识地培养孩子的观察力与创造力，营造更为和谐的家庭关系。然而，新市民在对子女的教育过程中，因对亲子关系含义存在误解，产生了宽容有余、限制不足的问题。由于过往生活的艰辛，出于代偿心理，部分新市民会对子女的各种要求言听计从，甚至满足孩子的非分需要，放弃应有原则。这种教育方式使小市民在不知不觉中形成了唯我独尊心理，缺乏对他人、他物的认同和协作，进而在社会交往中产生障碍，不利于他们健康成长。

3. 家庭教育文化多元化

家庭文化是家庭成员通过学习与生活活动所创造和形成的精神财富、文化氛围以及承载这些精神财富、文化氛围的活动形式和物质形态。[①] 家庭教育文化主要包括家庭教育价值观、家庭教育主体观等，它是家庭文化的一个重要侧面，对人的发展方向与进程具有直接的决定作用。[②] 新市民由于自身特殊的身份类属，兼受城乡文化、地域文化等多重亚文化的熏染，自然而然地形塑了特殊的家庭文化。

新市民来自不同省份、不同区域的农村，自幼便接受农村传统乡土文化的濡染与熏陶，虽然已移居城市，但仍不可避免地会带有农村传统文化的印记。众所周知，中国原本就属乡土社会，农村乡土文化的重要价值取向是以家庭为本位，农村家庭教育秉承传统，也具有这种鲜明的价值追求，"鱼跃龙门""光耀门楣"是其共同的心理诉求。虽然新市民身离农村，但多年的乡土文化的熏染，使其在家庭育儿中自然而然地受到原来农村家庭教育文化的影响。同时，小市民多由农村老家的祖辈带养，农村家教文

---

① 崔丽华：《论和谐理念下家庭教育文化的构建》，《前沿》2010年第19期。
② 缪建东：《家庭教育社会学》，南京师范大学出版社，1999，第118页。

化也随之延续至新市民家庭。因此，农村传统教育文化对其家庭育儿的影响程度不言而喻，"学习至上""教育改变命运"是其基本的家庭教育价值观，落实到具体的教育行为上就尤其注重孩子的学习成绩与书本能力的培养，相对忽视甚至漠视孩子自身的兴趣与爱好。

同时，新市民身居城市数年，加之城市文化资讯的通达与便利，使其家庭文化必然深受城市文化的影响。因此，地域文化、城乡文化杂糅相陈、共同交织，形成了新市民家庭特殊的、多元的文化样态。家庭文化的多元化，使新市民子女自幼便感知城乡之间、不同地域之间的风俗习惯和文化风情，聆听不同的方言与乡音，对其语言、个性成长及社会性发展都有所裨益。加之新市民自身相对较高的文化程度，能够不断整合各方文化优势，把各种文化上的差异当作家庭教育的天然资源，在一定程度上提升了家庭教育的文化厚度。但不容忽视的是，新市民对各种文化的认识与整合能力取决于其自身的文化修养及其对多元文化的认同程度，如果不能很好地认识多元文化的优势所在，或者对多元文化整合的能力不够，那么地域文化与城乡文化之间的差异必然会产生一定的矛盾和冲突。表现在对子女的教育中，易出现朝令夕改，在教育方法甚至理念上摇摆不定，从而导致孩子茫然无措，失去应有的判断力，使其处在一种"到底要我怎么样""我该听哪个"的忧虑之中，影响其健康成长。

4. 家庭休闲活动集体化

新市民移居城市，工作与生计的压力使其在城市中除却工作交往之外，其他社会交往较少；加之远离农村家乡，与农村家族式的大家庭相反，"三口之家"是其主要的家庭结构。社会关系的单一及城市社会交往的缺乏，使新市民家庭中的闲暇娱乐时间大部分是父母和子女共同度过。新市民相对较高的教育素养，使其比较关注与子女的沟通及孩子的内心情感需要，能够在有限的闲暇时间里陪伴孩子开展有益的家庭娱乐活动。同时，在对家庭活动内容与形式的选择上，新市民较注重听取孩子的建议，往往是父母与子女共同协商、一起活动。新市民与子女之间不仅仅是父子（女）、母子（女）关系，更多的是一种同伴关系。与一般城市家庭相比，社会关系的缺少使新市民家庭成员更倾向于在家庭内部寻求慰藉和支持，因此家庭成员之间的关系更为亲密。新市民家庭在购物、晚间散步、外出游玩等家庭闲暇活动中，整个家庭共同参与的集体化特征尤为明显。这种特点有利于构建和谐、平等的亲子关系及亲密的家庭关系，为儿童个性及身心健康发展营造了良好的家庭氛围。

同时，我们也应该看到，新市民家庭呈现的活动集体化特征是一种被动的集体化，是在缺乏其他社会关系尤其是亲属关系之下的无奈、被动的选择。新市民"三口之家"中的每个成员都是彼此依赖的对象，而对孩子来说，这种依赖性更为明显。其他社会关系的缺乏，使孩子的交往活动过于狭窄，多局限于生活在成人世界里，而缺乏与儿童的交往，这必然会影响其正常的社会性发展。而且，正值事业上升期的新市民与子女一起活动、娱乐的闲暇时间也相对有限。

二　多方联动，共促新市民及其子女的社会融合

在新市民融入城市社会的过程中，其自身的社会融合经历与融合的程度，对其子女的社会融合及教育有较大的影响。新市民在城市社会的处境和待遇也是影响其子女成长的一个重要因素，而且其自身社会融合程度与子女的社会融合呈正相关。因此，要促进新市民子女的社会融合，首先应加速新市民的社会融合。同时新市民的社会融合是一个渐进的过程，不仅包括新市民自身的主动融入，也包括城市社会对其的接纳与包容。因此，新市民的社会融合还是一个全社会合力而为的系统工程，它需要社会、社区及新市民自身的共同努力。这种多方的共同参与，有利于形成社会融合的大氛围，有利于及时交流，共同勾勒新市民及其子女社会融合的新图景，促

使社会融合不断深入。

1. 制定相关政策法规，保障新市民群体的合法权益

目前，我国的城市化已到了关键时期，根据国际城市化进程的历史经验，当一个国家的城市化率达到 30% 后，这个国家将进入城市化的加速时期，我国城市化率在 2011 年已经突破50%。[①]这不仅意味着我国城市人口超过了农村人口，而且表征着城市中新市民的群体规模呈逐渐增大之势，他们已经成为城市建设与发展中不可或缺的中坚力量。在城市中落户，表明他们已获得了参与城市建设并在城市生活的"入场券"，但他们是否真正地"在场"，是否能真正地融入城市社会，是否能共享城市发展成果，需要国家法律政策予以制度上的保障。首先，在目前我国二元户籍制度及其思维惯习还依然存在的情况下，应继续放低农民工落户城市的门槛限制，从思想深处克服保守意识，使其落户城市不致背负更大的经济与心理压力，进而能够顺利地在城市安家且顺心适意地工作与生活。其次，制定农民工高层次人才的引进政策，切实保障他们的合法权益与劳动条件，鼓励更多的优秀农民工加入城市建设的队伍，营造全社会尊重农民工的制度氛围与社会心理氛围。

2. 倡导社会融合理念，培育多元文化氛围

社会融合的主旨在于构建良性和谐的社会，其手段在于强调个体与个体之间、个体与社会之间在彼此互动中的相互认同、相互包容。新市民属于进城农民工中的一个特殊群体，与城市本地居民相比，他们毕竟是外来者，而且他们也坦言，在与城市本地居民交往及城市生活中或多或少存在"融不进去"的感觉，但对城市优质教育资源的渴求又使他们不得不正视现实，这种经历或者心路历程必然会影响到其子女的社会融合。因此，在城市社会中，倡导社会融合的理念，培育和谐共生的文化氛围，对新市民的社会融入有较大

---

① 牛文元：《中国新型城市化报告 2012》，科学出版社，2012，第 2 页。

的促进作用。新市民与城市文化生活的融合不仅包括自身对城市的认同，也包括城市社会对其的包容和接纳。因此，需要调动多方力量加强宣传，倡导社会融合理念，促进新市民及其子女与城市社会的共融。第一，充分利用各种媒体宣传我国不同地域的文化习俗，开阔人们的视野，使其形成城乡文化、地域文化没有孰优孰劣之别的认知，了解并认同各地的文化差异，学会尊重与理解承载各种文化的个体，在此基础上营造和谐多元的社会文化氛围。第二，发动社区开展交谊活动、张贴宣传图画，宣传农民工为城市建设所做的突出贡献，让城市本地居民和新市民家庭通过结对子、互相串门等方式交流双方家乡风俗习惯，增进居民之间的相互了解和交流。通过共同努力，为新市民参与城市建设及其子女教育提供良性发展的平台，以帮助新市民更快地融入城市社会生活，从而创建和谐共生的多元文化氛围。

3. 提升新市民自身教育素质，改善家庭教育能力

从社会建构论的视角看，主体自身的建构是通过"顺应"过程实现的。主体在利用原有的认知结构同化外界时，常常会遇到不符合自身认知结构的新特性。此时，主体就会利用自我调节功能对自身的结构进行调节，改变原结构，创造新结构，进而去同化外界，这个过程就是顺应。主体的认知结构正是在主体顺应外界的过程中不断积淀和发展的。因而，顺应的过程，就是主体调节自身结构以适应外界的过程，也是主体实现自身建构的过程。[①]新市民在自身融入城市生活的过程中，经历了由陌生到熟知，由被动的适应到主动的认同，这一过程本身就包含了新市民主动调节自身行为，在自我的不断学习与探索中去适应城市社会，进而建构对城市社会的认同。在新市民家庭中，随着新生命的到来，在茫然无措中通过观察城市家长的育儿模式及借助网络、书籍等途径，获得了育儿知识及最初的对子女教育的认知，这一过程本身也是新市民自我教育的一种展

---

① 宋惠芳：《皮亚杰建构理论的启示》，《马克思主义研究》2000 年第 4 期。

现，也是在顺应过程中发挥主体性的表现。马克思和恩格斯指出："孩子的发展能力取决于父母的发展。"① 儿童毕竟是不成熟的个体，父母的生活态度、价值观念、行为方式与文化知识等都对其成长发挥着潜移默化的影响，孩子最初对社会的认知主要来自父母的影响。因此，年轻的新市民要努力提高自身素质，完善教育学、心理学等方面的知识修养，尊重子女的独立性，调整对子女的期望值，营造良好的家庭氛围，促进儿童的健康成长。

综上所述，随着户籍身份的变化，新市民家庭教育也随之出现了变化，这些变化对其子女的教育及社会融合均产生一定的影响。同时，新市民及其子女的社会融合是一个复杂的过程，在这一过程中多种因素都会对之产生影响，政府、社区无不在直接或间接地促进或阻碍着新市民的社会融合。所以，构建新市民及其子女社会融合的支持网络，需要全社会协力进行。政府提供有关农民工的落户政策和社会保障政策支持的大环境，社区采取相关措施推进的中观环境，幼儿园及其他幼教机构创建的支持体系等微观环境，以及来自新市民自身的努力，以上诸多因素共同协作，营造完整的社会支持网络化体系，是推进新市民子女社会融合最有效的途径。

① 《马克思恩格斯全集》（第 3 卷），人民出版社，1995，第 498 页。

第七章

随迁子女社会融合教育模式的构建

根据布朗芬布伦纳的人类发展生态学理论，儿童的发展处于一个由各种大小不一的同心圆所组成的复杂环境中，这些层次既包括微观的、具体的与儿童发展直接相联系的各种人际交往关系或身处其中的日常生活学习环境，也包含宏观的国家政策、社会文化等或可调控或短期不能管控的诸因素。其中，儿童处于各种环境的中心，其周围的各个层次相互关联，共同构筑错综复杂的多重关系，并以直接的、具体而微的或间接的、渐进的方式共同地对儿童的发展产生或大或小的影响。因此，在考虑随迁子女社会融合问题时，必须把其置于这样的一个发展的中心来考量问题的出路，必须综合考察与随迁子女生活、学习相关的微观、中介、外在及宏观环境，切实关注各个环境层次中影响其发展的重要因素，才能确保随迁子女社会融合问题的真正解决。简要言之，关注影响随迁子女社会融合的家庭、学校、社区等微观环境因素，搭建微观环境中各个因素之间互动交往的桥梁，营造和谐共生的多元文化氛围及出台具体而微的教育保障政策，调动各环境中的要素因子相互配合，形成随迁子女教育的合力，才能确保随迁子女社会融合问题的有效解决，真正促进随迁子女身心健康发展。正如怀特所言，"研究人类发展时，我们必须把人们周围的社会实践活动作为整个研究中不可缺少的一部分。

同样的道理，要想改变某个人的活动方式，我们需要理解和对待个人活动所处的各种情形"。① 这句话精辟地指出了运用人类发展生态学的系统观研究随迁子女社会融合及教育的思路。同样，在研究随迁子女的社会融合时，我们必须把随迁子女周围的一切教育环境和其他生态因素作为整个研究中不可缺少的部分，需要理解和对待随迁子女社会融合中所处的各种情形。简言之，关于随迁子女社会融合及教育发展的生态研究要求我们将关注的目光从单一因子层面拓展到多角度、多层面、多因素的多元系统分析中，这种看待问题的思路无疑将大大拓展理论研究的眼界及实践执行的视野。

基于以上理论思考，在研究与探求随迁子女社会融合问题的解决之道时，应主要关注以下几个层面：其一是能充分注意到随迁子女的社会融合教育作为生态系统的一个组成部分，是与整个教育生态系统中的各种环境密切关联的，是共同对随迁子女的教育及发展发挥作用的，因而必须有意识地关注并竭力协调好与各种环境的关系，诸如随迁子女与家庭、学校、社区等微观环境之间的关系；其二是协调好微观环境中的要素环境即家庭、社区与学校三者之间相互协调发展的中介环境；其三要尤为关注外环境或者说宏观环境对随迁子女社会融合发展的影响。如果能从开放的、多元的、微观与宏观相结合的角度综合考量随迁子女的社会融合问题，势必给该问题的纵深研究提供多维的分析视角与解决路径。

第一节　随迁子女社会融合的基石：
微观教育环境营建

人类发展生态学理论所言的微观系统是指由儿童个体亲身接触、参与其中并产生体验，以及与儿童接触最密切的其他成员组成的环

---

① Bronfenbrenner, U. , *The Ecology of Human Development*: *Experience by Nature and Design*, p. 36.

境，在这个系统中儿童个体与他所处的环境产生最直接的相互影响，儿童通过个体主观能动性的发挥与所接触的环境发生作用，这种微观系统主要包括儿童学习和生活中所直接接触的环境，如家庭、学校、社区等。这些环境由于是儿童直接接触并可以直观感知的，所以对儿童个体的发展更具有决定性的意义。如果从人类发展生态学中的微观环境视角去构建随迁子女社会融合的教育模式，那么首先要考虑的就是随迁子女日常生活与学习中经常接触到的家庭、学校、社区等微观环境的教育干预措施。

一　家庭教育：随迁子女社会融合的起点

家庭教育是儿童健康成长的重要保障。对于个人品德修养、行为习惯、性格情操等方面的养成教育与培养来说，家庭具有不可或缺的重要作用。农民工将子女带至外地务工城市生活、学习，与留守儿童缺乏有效监护等方面相比，确实可以使子女的学习、生活、思想等方面得到更好的教导和保障，更有利于子女身心健康成长。但由于农民工自身的种种原因，他们对子女的教育感到力不从心，不少农民工感到付出没有得到应有的回报，孩子的成绩依然徘徊在中等甚至偏下的水平。在调查中发现，71%的随迁子女的学习成绩处于中等以下水平，11%的随迁子女的学习成绩属于较差水平。在成绩较差的随迁子女中，父母对其的家庭教育指导基本处于缺失状态，占72%；25%的父母虽然在辅助学习方面付出了相当大的努力，但由于方法失当或其他原因而收效甚微。

在前面的章节我们也分析了随迁子女家庭教育中存在的问题，农民工自身的受教育水平、居住状况等方面均对随迁子女的社会融合有着较大的影响。而在造成家庭教育不良的原因方面，也存在多种因素的困扰。首先，农民工的职业性质决定了他们工作、居住地点的流离与不安定，家庭教育的环境较差。对于工作强度较大、工作时间较长、待遇低下的农民工来说，他们更换工作的频率较大，由此造成工作地点与住所的不停更换，随着父母不停迁移搬家的儿童很难适应多变的环境。频繁流动对儿童学业所造成的影响，在已往的研究中已有很多，此处不再赘述。其次，农民工自身教育文化水平的低下也是影响家庭教育质量的一个重要原因。调查数据显示，所调查的农民工中，受教育程度初中及以下所占最多，高达33.6%；其次是高中层次的24.9%和大专层次的23.1%；所占比例最小的是本科，仅占调查总数的18.4%。从总体看，高中及以下学历的随迁子女家长占调查总数的近60%。由此可见，农民工的文化水平普遍较低。在知识经济时代，人类总体的教育观念已然发生了较大的改变，更为强调儿童自身素质与能力的培养，而在农民工的深层意识中，仍然潜藏着小农经济时代的棍棒教育，在知识的掌握上也远远不能满足孩子学业指导的需要。农民工对现代教育的理解存在很大的局限性，尤其看重子女成绩的提高与进步，而忽视孩子基本能力的培养。尤为值得注意的是，农民工在家庭教育过程中，最易忽视的是对儿童心理是否健康的关怀及儿童个人人格的塑造。而这点在随迁子女的社会融合方面却是至为关键的一环。自身文化修养水平所造成的教育视野上的局限、家庭教育理念与观念的滞后，导致他们无法给孩子的学习及未来的职业生活进行有效的指导，在日常的学习生活中也缺少对其子女进行应有的帮扶与教育。再次，家庭关系中的亲子互动较少，也是影响随迁子女社会融合的一项要素。显而易见，农民工的工作性质导致休闲时间有限，加之权威性的家长做派及有失科学的家庭教育观念，这些因素都造成了农民工家庭亲子关系中互动沟通的缺乏。

家庭是农民工随迁子女城市化的初始环境，是子女融入城市生活最基本的社会化条件。而本研究及前述一些研究者的调查结果均表明，农民工随迁子女的家庭教育存在严重问题，那么如何在一定程度上降低或者化解不良影响，从而使家庭成为促进随迁子女社会融合的有利因素，是每一个研究农民工随迁子女社会融合问题的人所试图解决的基本问题。

农民工携带子女进入城市的本意是期望对子女的学习、生活、思想等方面实施更好的监护，使其子女享受更为优质的教育资源，促进子女更好地成长。但是他们促进子女学习和发展的意愿与其自身的家庭教育能力存在一定张力，即农民工在教育观念、教育方法及其生活习惯等方面与城市社会所要求的现实存在偏差。农民工携带子女入城接受优质教育的实际行动，明白无误地表明想让其子女的教育发展更为顺畅的意愿，但意愿本身并不意味着可以转化为实际的教育行为。简单来说，农民工有想提高子女学习成绩的意愿，并不表明他们就能够化意愿为能力，农民工在子女教育方面往往显得心有余而力不足。正如安东尼·吉登斯倡导的结构－能动分析的社会研究模式所指出的那样，能动涉及行动者的一种转换能力，即能动作用不仅仅是指人们做事情所具有的意图，而且首先是指他们做这些事情的能力。[①] 换言之，个体的能动作用不仅指向他有没有实际行动的动机与意愿，更在于个体是否有能力改变既定事态或事件进程，而这种能力才是行动的真正基础，但至为关键的是个体行动者的改变或应对问题的能力受到一系列具体境况的限制，这些具体境况又是在特定的社会情境下被结构化的，因为行动总是在一定的社会条件下进行，具有社会结构的属性。简言之，农民工的家庭教育能力总是在受一定社会结构的制约，如二元社会结构即制约的根本。

　　从安东尼·吉登斯的社会结构角度考察农民工子女家庭教育中的问题，所反映的是中国城乡二元分治下的社会结构与个体农民工的关系。城乡二元社会体制的存在决定了农民工的现实身份，使其不能正常享受城市居民所享有的居住、医疗、就业、社会保障及子女教育等权益和权利。制度性的歧视造成农民工就业选择与劳动保护受到限制，居住条件差，安全隐患多，社会保障权利缺位及子女教育权益被忽视，而这些现实状况直接对随迁子女家庭教育造成不利影响。因此要有效解决随迁子女的家庭教育问题，就必须提升农

---

① 〔英〕安东尼·吉登斯：《社会的构成》，李康等译，生活·读书·新知三联书店，1998，第80页。

民工的家庭教育能力。首先，必须要从根本上改善农民工在城市的生存状态，从提升农民工收入水平入手。其中，政府的督促与指导是比较重要的一个环节。政府应担负起督促企业的责任，使企业真正承担起平等对待农民工的社会责任，严格履行用工合同制度，合理调整农民工工资水平，逐步提高工资标准，建立健全农民工工资稳定增长机制和支付保障机制，使劳动报酬增长与经济增长和企业效益增长相适应。只有创造适于农民工自身生存发展的条件，农民工才有可能有更多的休闲时间与劳动报酬，才能确保为其子女创设良好的家庭教育环境，才能提升农民工自身的家庭教育能力，农民工随迁子女才能获得强健的身体和健康心智的全面发展，才能真正成人成才。其次，逐步提高农民工的文化水平，促进其城市就业能力的提升。农民工已经成为城市建设的重要组成部分，在城市建设中，政府部门应以财政投入为主导，开展适合当前农民工受教育程度的成人教育，不断提升其体制化的文化资本，以增强农民工的城市就业能力。成人教育要把开展实用技术培训，提高新农民工的职业技能素养作为重点。同时要举办各种形式的专业技术、技能知识和文化培训班，使农民工在参加完成职业技能课程的学习和培训后，能获得相关的就业资格证书，直接进入就业岗位。通过培训从根本上改善农民工的文化水平，增强农民工的就业能力，这对于农民工改善城市生存状态，提升家庭教育能力有着契合实际的需要。再次，借助社会工作的介入，通过家庭教育具体指导活动来增强农民工家庭的教育能力。由于农民工群体内部的聚合能力，相互之间交流互动的频率较高，容易形成支持网络。在此，社会工作者可介入其中，指导他们发展家庭教育互助小组、亲子关系改善小组或学习小组等，在相互交流中学习家庭教育的技能、分享育儿经验。同时，运用社会工作行政的方法，呼吁政府适时建立超越户籍的社会保障体系，尽快出台涉及农民工及其子女的相应法律法规，切实维护农民工及其子女的合法权益，为农民工随迁子女的健康成长营造一个和谐的家庭与社会环境。要鼓励和支持民间组织建立服务于农民工子女家庭教育的机构与团体，提倡心理认知干预，纠正农民工的不合理教育观念。改变农民工忽视对其子女的特质培养的意识，引导他们创新家庭教育方法，鼓励他们挖掘子女学习与生活中的闪光点，培养子女的自信心等，逐渐把自身的家庭教育能力转化为子女的自我教育能力。

二　学校教育：随迁子女社会融合的关键

随着国家一系列保障随迁子女入学接受教育的政策、法规的出台，更多的农民工子女实现了享受城市教育资源的愿望。随着越来越多的农民工随迁子女进入城市学校就读，不仅使原有的学校生态教育环境的一系列教育秩序悄然发生了变化，而且随迁子女在思维方式、行为方式、交往方式等方面与城市学生存在诸多的差异，在学校领域产生了诸多学习上的不适应现象，导致他们在融入城市生活及教育上的困难。因此，农民工随迁子女在城市学校的融合问题成为当前必须解决的问题。

在对社会融合进行具体实践层面的研究过程中，社会学家安德鲁·米切尔和查理德·施林顿认为，社会融合是一个复杂并具有挑战性的概念，它不止一个维度或意义，至少包括以下五个关键的维度：受到重视的认同、人类发展、参与和介入、亲近（拉近距离）、物质丰足。因此，从此种意义上来说，融合不是一个静态的过程，而是一个动态的过程；不是被动融入的事情，而是主动参与的过程，是对一种已经形成的或既定的现状不断进行挑战的动态过程。社会融合既是目的，也是手段；没有任何人可以通过强制的力量达到与社会的全面整体性融合，所以社会融合更强调主观性的融入。

在学校场域内，要切实促进农民工随迁子女的社会融合，其一，必须加强教育管理的融合问题。在目前随迁子女由于教育安置方式的不同，而进入不同性质学校的现实，必须在教育管理层面建立健全多元化的评价标准，而不能仅仅按照公办学校的评价标准去要求农民工子弟学校。比如在很多城市学校里，评价一所学校教学质量的好坏往往以该校学生语、数、外的成绩作为一个衡量的硬性标准，按照这个标准，很多农民工子弟学校由于师资短缺等诸种原因，势必不能与拥有较多教育资源的城市公办学校相抗衡，这也是很多教育主管部门取缔农民工子弟学校的重要原因，他们认为农民工子弟学校的学生成绩太差，低于公办学校的平均成绩。但事实上，农民工子弟学校没有教辅，没有补课，坚持不懈地开发校本课程、有效开展阳光体育运动，促进了随迁子女身心健康发展，很多随迁子女在这些学校里感受了快乐和幸福，这样的学校教育能算很差吗？美国教育家赫钦斯说："教育的目的，不在技工、律师或商人，而是在培养人们的智慧，由此而彰显人性，成为有智慧的人。其目的是培养人格，而不是人力。"① 在目前教育评价单一的学校领域，往往注重的是学生的成绩，社会注重的是学生的文凭及与此相应的知识水平，学校教育往往忽视了学生情感体验与良好人格的培养。农民工子弟学校的生源与声誉也往往和随迁子女的成绩挂钩，长此以往，很多农民工家长不愿把子女送往这类学校，而想方设法地要让子女跨入城市公办学校的门槛，造成了公办学校教育资源的紧张，难以应对。因此，在对农民工子弟学校的管理评价方面，应该建立针对农民工子弟学校的、多元化的评价标准，或者给予农民工子弟学校适当的政策倾斜与资源补助，建立长效多元的评价机制，而不是一味地取缔，允许各类学校在差异中得到特色化的发展。只有这样，才能保障农民工随迁子女更安定的受教育环境的生成。

其二，统合学校与教师资源。为了给随迁子女提供较好的就学条件，使其享受更为优质的教师资源，各流入地城市应统筹规划，在将一些不符合标准的农民工子弟学校取缔的情况下，安排随迁子女就近进入公办学校，并对原农民工子弟学校的教师进行适当的培训和相应的考核，将其整合到公办学校中。对于居住地距离学校较远的随迁子女，应由具备条件的公办学校为其提供住宿服务，以解

---

① 〔美〕赫钦斯：《教育现势与前瞻》，姚柏春译，今日世界出版社，1975，第104页。

决交通障碍和减少因距离远而导致的转学。同时，各地根据政府及教育主管部门的实际情况，在随迁子女相对集中的城区扩充公办学校规模或增加公办学校尤其是普通高中的数量，这样不仅能解决随迁子女的就学问题，还能填补城市户籍学生逐年递减的空缺。

在学校整合后，要对学校管理人员和所有教师进行调整，选择与公办学校在相同职位上具有同等水平的人才担任。所有教师一律要有教师资格证和本科及以上相关学科的学历，才能担任教师职位。只有这样，才能有效保障随迁子女的教育质量，同时需要对这些教师进行持续性的网上或实地职业培训，使其能够更好地理解随迁子女特殊的生活与学习情况，以满足这些孩子身心健康发展的需要。因为社会融合是一个主动的、动态的、积极的过程，教师也要积极主动地投入随迁子女的融合教育实践当中。教师要意识到农民工随迁子女融合困难有其自身的责任，要用关爱和责任促进他们各方面的融合。因为教师在教育教学中，可以较为便利地利用自身的教育心理学知识有效地促进融合，与随迁子女建立融洽的师生关系。需要注意的是，并不是所有的农民工随迁子女在城市学习与生活中都会遇到融合问题，也并不是所有的农民工随迁子女在社会融合的过程中表现都差，或者都有学习心理或生活习惯问题，也有很多的随迁子女有较强的适应能力，他们乐观向上、积极进取。这些意识或观念的树立，需要公办学校里的教师摘掉有色眼镜，去除烙在内心的对随迁子女及其家长的刻板印象。现实情况确实是不容乐观的，公办学校里的教师对农民工随迁子女的期望值普遍偏低，对随迁子女进入自己所带班级表现出种种担心；把随迁儿童完不成作业的原因简单归于他们的学习基础较差，且连带地把更多的责任归于家庭。这些潜意识中的偏见或者已经表现出的诸多现象已经在某种程度上造成了对农民工随迁子女的心理伤害，对于正在成长中的随迁儿童来说是极其不公平的。

对于接收农民工随迁子女的学校教师来说，促进随迁子女教育融合的关键就是在教育教学过程中尊重他们的人格，平等对待每一位学生，关注学生发展中的个体差异，促进学生的充分发展。苏霍姆林斯基在《给教师的建议》一书中指出："我们的工作，就其本质而言，就是不断地关心儿童的生活。请你任何时候都不要忘记：你面对的是儿童极易受到伤害的、极其脆弱的心灵。学校里的学习不是毫无热情地把知识从一个脑袋装进另一个脑袋里，而是师生之间每时每刻都在进行的心灵的基础。"[1] 对于进入相对陌生学习环境中的农民工随迁子女来说，来自老师的关爱是他们取得信心、获得教育发展的最大动力。营建良好师生关系是每一个接触随迁子女的教师所应担负的基本责任。

其三，逐步打开公办学校的大门，在教育的各层级上接收随迁子女。自 2002 年我国实施"两为主"教育政策以来，许多大中城市已实现了多数随迁子女在公办学校就学的目标，如上海、北京和武汉已分别有50%、60%和81.6%的农民工随迁子女进入公立学校就读。[2] 目前，绝大多数流入地政府划出一定数量的公办学校专门用于招收随迁子女，即采用集中的方式接收随迁子女，因为这类学校绝大多数或全部是随迁子女，可称之为随迁子弟公办学校。与个体独立办学的农民工子弟学校相比，这类学校的硬件设施和师资水平存在一定优势，而且其培养目标是未来的市民而非返乡农民，但与同城市的其他公办学校相比仍有较大的差距。受各种发展条件的制约，随迁子女公办学校的教育质量始终处于城市义务教育的末端，还存在诸多不利于随迁子女义务教育阶段中及之后的升学和社会融合问题。

与此同时，还有更多的农民工子女因"两为主"政策而被排斥在城市公办学校的大门之外，使同一城市中具有同等条件的随迁子女不能按照同一政策标准享受同一的教育待遇。其实，从义务教育

---

① 〔苏〕瓦·阿·苏霍姆林斯基：《给教师的建议》，杜殿坤编译，教育科学出版社，1984，第 323 页。
② 龚宝成、胡志琦、殷世东：《农民工子女义务阶段后教育：问题与对策》，《教育发展研究》2012 年第 7 期。

的基本解读上说，公办学校应该面向所有儿童平等开放，而不论其户籍政策下的身份如何。为了使更多的随迁子女享受平等的义务教育机会，国家既然制定了面向所有儿童的义务教育政策，就必须使所有农民工随迁子女都能在公办学校就读。同时，要让随迁子女与城市儿童一样，能够就近入学。城市重点中小学一律面向随迁子女开放，并且在随迁子女教育的管理责任和收费标准上与城市儿童保持一致，从而真正做到义务教育上的公正平等，这也是义务教育的基本精神所在。

　　另外，要逐步合理地调配高中教育资源和允许随迁子女在流入地接受高中阶段教育。我国目前的中高考报考政策仍以户籍制度为主要条件，这就意味着农民工随迁子女在城市接受义务教育后要返回户籍所在地参加中高考，那么随迁子女将再次面临环境的转换与学业上的中断，必将对他们的中高考造成影响，同时这对接近300万且还在逐年递增并希望在流入地参加中考和接受高中教育的随迁子女造成了很大的压力，导致很多学生因此放弃高中学业。① 高中阶段的教育是连接初等义务教育和高等教育的桥梁，能否接受高中教育和接受何种类型的高中教育对学生的高考成绩与上什么层次的大学起关键作用。一方面，国家应制定有关政策，确保流入地政府根据当地高中教育供求的实际情况，逐步设立适当的准入条件，合理扩大高中阶段的教育规模，逐步乃至完全接受随迁子女享受城市高中教育；另一方面，流入地城市政府及教育主管部门应将招生困难的中职学校转化成高中，既缓解普通高中教育的压力，又解决随迁子女在城市接受高中教育的需求，同时部分地解决中职院校的生源紧张问题。

　　只有逐步建立完善的各层级学校都接收随迁子女的教育制度，随迁子女才能安心安定地在城市接受完整的教育，才有可能实现城

---

① 吴霓：《进城务工人员随迁子女在流入地参加中高考的现实困境及政策取向》，《清华大学教育研究》2012年第2期。

乡儿童平等发展，真正实现随迁子女的教育融合。

其四，以公办学校为主，加强与家庭及社区的合作。布尔迪厄强调："社会科学的真正对象并非个体，场域才是基本性的，只有将研究个体置于各种关系系统中才能把握问题的根本所在。"① 农民工随迁子女在学校场域中的融合困难表面看起来是单纯的学校教育问题，从社会学角度考虑，其实质上更是一种社会问题，农民工随迁子女的教育融合问题并不能单一地在教育层面寻求解决之道，也不能单纯地就教育论教育。苏联著名教育家苏霍姆林斯基曾经说过："没有家庭教育的学校教育和没有学校教育的家庭教育都不可能完成培养人这样一个极其细微的任务。"② 对于到异地接受教育的农民工随迁子女来说，培养他们，加强他们与城市社会的融合，恐怕需要社会的全员参与。在国家层面，应制定相关法律法规确保学校、家长和社区三者之间紧密联系，在各级政府及教育主管部门的监督下，由学校、家长和社区共同制定一套完善合理的合作共育体系，并将其纳入学校的综合评比和量化考核当中。应以公办学校为主体，为家长提供力所能及的家庭教育知识培训，要为随迁子女增设心理辅导课程及提供相应的心理咨询服务，在全体师生中树立平等、和谐共融的观念，帮助随迁子女正视社会上存在的偏见与歧视。同时学校应加强与随迁子女所在社区的联系，与社区联手帮助农民工树立科学的教育理念，共同举办随迁子女与社区城市居民的家庭联谊活动，交流孩子的心理发展、人际交往、学习等方面的情况，共同形成教育的合力，共同促进随迁子女及其家长的社会融合。

同时，学校应督促任课教师加强与农民工之间的交流、沟通。建立于理解基础上的活动开展才更为有效。公办学校教师通过开展家访等活动，了解随迁子女家庭的基本情况，加强与农民工的交流

---

① 〔法〕皮埃尔·布迪厄、〔美〕华康德：《实践与反思——反思社会学导引》，李猛译，中央编译出版社，1998，第145页。

② 张万祥：《苏霍姆林斯基教育名言》，天津教育出版社，2008，第383页。

沟通，有利于克服刻板印象所造成的误解，进而将随迁子女成绩不好的主因归于其家庭教育不良。农民工迫于生计的压力，加之从事工作的劳动时间长、劳动强度大，根本没有时间和精力顾及孩子的教育，或者干脆把教育孩子的责任全部推给学校及老师，当其子女学习滑坡或受挫后，又把责任归咎于学校教师没教好。所以，加强教师与农民工的交流和沟通尤为重要，教师可以借助其具有的教育素养与学识帮助农民工不断完善教育理念，改变教育方法，提升教育能力，使随迁子女在其联系最紧密的交往圈内感觉到被关怀与被呵护，加速他们在心理层面对城市教育及社会的接纳，促进他们整体的社会融合。

另外，在师生关系方面，教师应发挥其主导作用。在调查中发现，随迁子女与教师之间的关系良好，但还存在进一步拉近的需求。86.5%的随迁子女认为教师能一视同仁地对待城乡儿童，但65.7%的随迁子女表示老师很少与其主动谈话，且65%的随迁子女感觉自己在与城市教师的关系中并不亲近。也就是说，在这些农民工随迁子女的眼中，教师关注班级里的每一个学生，对学生们也都一视同仁，并没有将他们区别对待。但是这种平等但非亲近的师生关系，使随迁子女在遇到学习、生活及同学之间人际交往中的困难和问题时，只有38%左右的农民工随迁子女愿意并主动跟教师交流、寻求帮助，多半数的随迁子女与带班教师的沟通并不主动和积极，以此推理，与其他任课教师的交流更少。同时，有近半数教师表示由于学生较多，工作任务量大，同部分学生的沟通频率不够高，不够深入。因此，在师生交流的问题上，教师和农民工随迁子女均缺乏应有的主动性，尤其是教师没有充分发挥好自身的引导和辅助作用。

总之，学校尤其是接收随迁子女的公办学校是促进随迁子女社会融合的关键场域，不管是从其教育责任还是拥有的教育能力来说，都是促进随迁子女社会融合的中坚力量和关键教育主体。

三　社区（城市社会）接纳：随迁子女社会融合的核心

在社会融合的过程中，随迁子女及其父母的主动融合与城市客观接纳的双向互动尤为重要，在考虑到农民工为城市建设做出的不可磨灭的贡献时，要关注其子女的教育问题，农民工子女教育是农民工至为关心的问题，很多农民工进城打工的目的就在于为子女提供优越的生活与优质的教育。但在随迁子女的社会交往方面，已有研究表明，农民工随迁子女在城市的社会交往上处于边缘地位，其社会交往的圈子大多局限于与自己有相同背景和生活经验的农民工随迁子女，而与城市本地户籍的学生交往较少，缺乏一种立体的、有足够广度与深度的人际圈子，基本上同城市主流社会、主流文化相疏离。① 社区作为农民工夜宿日往的主要地点，社区的接纳是城市接纳的缩影，社区在随迁子女的社会融合中具有举足轻重的地位与作用，应充分发挥社区在随迁子女社会融合中的关键作用。

"社区"作为学术概念，早在 1887 年由德国社会学家费迪南·滕尼斯（Ferdinand Tennis）所提出，而最早将这一概念引入中国的是费孝通。截至目前，对"社区"这一概念在学术界还没有一个统一的认识。一般社会学意义上认为，社区是指进行一定的社会活动，具有某种互动关系和共同文化维系力的人类群体及其活动区域。因此，人们之间的互动关系是社区形成的基础，正是人们的互动与合作关系群集在一起形成了地域意义上的社区。一般来说，社区的功能主要包括经济功能、政治功能、文化功能、教育功能及服务功能。因此，社区在面对农民工及其子女的社会融合方面，主要应从与他们切身利益紧密相关的方面入手。在经济方面，通过各种途径为农民工提供就业信息，帮助农民工改善家庭经济状况；在政治方面，吸纳农民工参与到社区管理方面，并保障他们应有的权

---

① 徐丽敏：《农民工子女在城市教育过程中的社会融入研究》，《学术论坛》2010 年第 1 期。

利，使其感受到社区之间人们相处的关怀与平等；在文化方面，社区应树立多元文化理念，允许不同亚文化群体在社区内部存在，开展城市居民与农民工之间的城乡文化交流活动，促进农民工及其子女的文化融入；在教育方面，社区应提供力所能及的教育培训项目，提升农民工的文化素养与专业技能，增进他们教育子女的能力与就业能力；在服务方面，社区应该在社区福利与便民服务方面关照农民工及其子女，主动询问他们的困难，帮助他们排忧解难。具体来说，可从以下几方面入手。

首先，社区作为基层的社会服务单位，在促进随迁子女社会融合方面应首先消除市民对农民工及其子女的误解和隔阂。长期以来，城乡之间的二元体制形成了城市居民的优越感和对外来打工者的排斥心理。社区应充分发挥其协调作用，通过开展农民工参与城市建设的图片展及其他活动，让市民充分认识农民工作为城市建设者在城市建设和发展中所做出的贡献，认识到农民工作为国家公民应该享受同等的城市生活与工作的权益，其子女应与城市儿童一样，享受同等的城市教育资源。同时，社区应经常组织小区居民之间的一些交流活动，把农民工及其子女拉入小区活动的圈子，交流产生理解，增强相互之间的了解对于城市居民了解随迁子女及其父母有较大的帮助。来自农村的农民工及其子女本质朴实和本性善良、纯真的特点，也足以成为求真求善的社会追求。虽然长期以来城乡老死不相往来的交往关系阻碍了城乡居民之间的深入了解，但随着交往关系的逐步建立，相互了解的成分会日益增多。这些都有助于促进城市社会对农民工及其子女的心理接纳。社区里的儿童交往频率必定会随着城市居民对农民工了解的深入而增多，因为在儿童的意识中是不存在社会层级与地位差别的。城市社区儿童之所以不愿与农民工子女交往，很大程度上是因为城市儿童父母对农民工的认识不够、了解不深。

其次，社区应开展针对农民工的各种培训。为增强农民工的社会融入能力，应赋予他自给自足、过有尊严的生活的能力。这就需要社区针对农民工自身在求职就业中的困难，开展相应的技能培训工作，帮助农民工找到适合自己能力的工作。另外，针对城乡教育的差别问题，社区应开展相应的家庭教育培训，帮助农民工正视子女教育问题，树立科学的教育观念，加强亲子之间的沟通等，社区通过各种培训工作，在帮助农民工社会融合的同时，也能促进随迁子女的社会融合。

再次，城市社会的接纳。从目前农民工状况来看，他们与老一代农民工相比，学历与文化素养更高，留城的意愿更大。因此，他们更需要达成与城市社会的融合，也是更容易与城市社会实现融合的群体。他们更加渴望城市的文明，更容易受到城市精神及文化的熏陶，他们的意识和行为已接近城市居民。但由于个人、制度和市场等多方面原因，他们还远远没有融入城市生活当中。随着农民工进入城市的规模越来越大，如果长期不能迈过社会融合的这道"门槛"，累积到一定时间和规模，很有可能引发比较严重的社会问题。因此，城市对其在住房、医疗、社会保障及子女就学方面，应给予适当的安排与照顾，使他们顺利而有序地融入城市社会及城市建设中。

其一，经济层面的接纳。所谓经济接纳，就是要不断提高农民工的经济待遇。长期以来，我国的产业模式大多以劳动密集型企业为主，企业员工的低收入、低福利似乎已成为惯例。对于我国的大多数劳动密集型企业来讲，相当一部分的利润来源依靠工人的低工资，农民工的低工资现象已持续多年，已然造成了严重的事实上的劳资矛盾。针对这种现实性问题，在政府层面，应该建立增加农民工收入的长效机制，要根据国民经济增长和企业自身的发展，逐步提高农民工待遇，破解多劳少挣的怪异现象。

其二，社会层面的接纳。在政策保障方面，政府要在户籍、医保、社保及子女入学等方面给予农民工同等的同城待遇。解决农民工的社会接纳问题，除却户籍方面的制约之外，还要给予农民工以附加在户籍背后的各项权益保障。2010年政府工作报告指出，要有计划有步骤地解决好农民工在城镇的就业和生活问题，逐步实现农民工在劳动报酬、子女就学、公共卫生、住房租购以及社会保障方面与城镇居民享有同等待遇。政府应该在农民工的社会保障、教育公平、住房等方面加大政策支持力度。尤为重要的是，随迁子女作为未来城市建设的一支重要力量，应切实解决他们的受教育问题，促进他们在城市教育中同等待遇的实现，免除一些附加的诸如租房证明、父母企业用工证明等门槛限制。

第二节　互动交往：营建随迁子女社会融合的中介环境

人类发展生态学理论强调的中介系统是指个体发展所在的两个或者两个以上的微观系统之间相互联系而构成的互动环境，个体通过自身的主观能动性参与到微观系统的各对相互关系之中。对于发展中的儿童，尤其是处于城乡环境转换之中的随迁子女来说，虽然不直接参与到中介系统的互动之中，但中介系统的互动是围绕儿童本身的发展进行，都将指向其本身的教育发展。中介系统相互关系的有无与良否将影响到儿童自身的发展，因此中介系统中的任何两个微系统间的相互作用都会对随迁子女的发展产生间接而深刻的影响。这种影响根据微系统内部之间相互关系的有无或良否来判断，如果互动良好，对儿童的发展将是积极的，否则反之。具体到随迁子女的教育来说，家庭、学校、社区三者之间是否进行良性互动对随迁子女的影响是很大的。

一　互动交往

互动在一般意义上是指社会上个人与个人之间、群体与群体之间，通过语言或其他手段传播信息而发生的相互依赖行为的过程。它作为人的一种感性的社会实践活动，包含互动双方对意义的双向理解、生成和意见一致；既包含人的生存本质与主体间性的造就，也包含自我与他人、个体与社会的关系，还包含"沟通和共在"——一个和谐的共融世界的建立。在人类发展生态学理论中，中介环境中的各种相互关系的良性与否在很大程度上制约着儿童的发展，而各种良性的、和谐关系的建立，依靠参与双方或多方的互动与交往，并促进和谐共融社会氛围的形成。因此，以教育视角构建农民工随迁子女的社会融合，必须强调微观系统中各种主体之间的互动交往，形成随迁子女教育的合力，营建和谐的中介环境。

借用互动交往理论来解释人类发展生态学中的中介环境，强调以下三点。

第一，教育是一种社会过程。不管是家庭还是学校与社区，所形成与表达的是具有一定社会意义的由各种教育要素构成的环境，学校生活与家庭生活中的教育过程实际上是师生之间、亲子之间传达社会意义的互动交往过程。

第二，有意义的学习是通过互动交往完成的。米德把人看作相互作用的积极参与者，是在与他人的交往关系中获得意义的，有意义的学习过程必然是与他人互动的过程。

第三，教育必须包括自我认知与自我理解。在互动过程中，学生了解周围的环境，借助周围各种交往关系选择、评价和调节自己的行为，从而发展自我。

从此种意义上来说，互动交往不仅有利于形成良性的中介环境，也是随迁子女社会融合教育的关键所在。互动与融合教育之间存在关联性，在本质上是互为一体的。一方面，融合教育是一个强调个人与社会之间、个人与他人之间进行互动联系的有效策略模式，而互动又是融合教育的核心内容；另一方面，有互动才有融合，两者互为条件。通过互动能达成人与社会之间、人与人之间的双向沟通和理解，营造和谐共融的环境空间。

在目前对农民工随迁子女的教育中，基本解决了随迁子女就读公办学校的难题。这在一定程度上加速了其社会融入的过程。一些学校对这些农民工随迁子女采取单独编班，或者虽同班但把其归置于同一区域，或者简单地认为把农民工随迁子女编入班级就是融合，这些做法或想法从一定程度上看都有失偏颇。因为从互动交往理论来看，农民工随迁子女社会融合教育本身是一个互动、沟通的过程，而人与人之间的互动和交往的纵深发展是一个由表及里、渐进发展的过程，农民工随迁子女的社会融合过程也是一个渐进发展的过程，随迁时间的长短及随迁子女融入的程度不同，所应采取的手段亦不相同，应区别对待。

从互动交往的本质来看，人际互动与融合教育之间存在关联性，在本质上是互为一体的，都是为了作为个体的人的共同发展。因此，在此目的下的农民工子女社会融合教育的内涵必然是借助各种教育途径和教育活动，以促使农民工随迁子女在心理和文化方面与城市教育及城市生活相适应、相融合的教育形式。营造适应农民工子女生活与教育的空间，提供随迁子女与家庭、学校以及社区等微观环境中的融合双方互动的平台，对于加速彼此的融合显得尤为重要。

二　家、校、社区合作共育模式的构建

根据人类发展生态学理论，家庭、学校、社区是一个相互联系的整体，都是促进儿童发展不可或缺的重要组成部分，三者之间的互动关系可以形成促进随迁子女正常而有效融合的社会氛围。学校、家庭和社区是随迁子女积极参与的环境，三者之间的互动关系构成随迁子女发展的中介系统，中介系统中各个环境的互动、联结与交流等是随迁子女社会融合中的重要影响因素。随迁子女处于整个大的生态系统之内的中心地带，分别与学校、家庭、社区发生千丝万缕的联系。根据人类发展生态学理论，各个子系统只有相互协调、通力合作，才能发挥整体的最佳效果，产生更大的增值效应。因此，在构建家、校、社区合作共育模式时，首先要考虑的就是三者之间良好关系的形成。而三者之中的任何一方，都是互动关系中的主体，

都应能动地发挥其主体性，都应明白三者没有孰轻孰重，都是促进随迁子女发展的关键性主体，在随迁子女的社会融合中，三者共同营造和谐共融的社会氛围。但就社会融合中处于弱势的随迁子女家庭来说，毕竟农民工属于外来迁移群体，在发挥家庭促进子女融入社会的主体性的同时，学校与社区应伸出扶助之手，主动与之沟通。其实，如果家、校、社区之间在随迁子女社会融合方面能够形成互动合作的良好关系，那么对于整个社会来说，和谐共融的社会局面也将形成。因为，对于目前的中国社会来说，基本就是一个高流动性的社会，随迁子女家庭、学校、社区合作共育关系的形成，不仅有利于三者之间形成教育的合力，也有助于形成互助合作的社会网络，从而促进整个社会的和谐安定。

Epstein（1995）从学校为家长提供指导与支持的角度，提出了六种类型的学校与家庭、社区合作的模式。①养育期，指学校对家长进行家庭教育方面的指导，帮助家长为儿童获得成功的学校学习与交往生活营造良好的家庭环境。②交流期，指学校和家庭围绕儿童的发展，就学校提供的教学方案进行有效沟通。③志愿者活动，指家长以志愿者的身份积极参与学校的日常事务和教育教学活动。④家庭学习，指学校为家长提供相关信息和活动建议，帮助家长指导孩子的家庭学习。⑤决策，指家长参与学校的决策管理。⑥与社区合作，指将社区中的资源和服务整合起来，进而促进学校教学与家庭活动的实施及儿童的学习。①

仔细分析 Epstein 提出的家、校、社区合作的六种模式，不难看出他所强调的是以学校为中心的合作类型，而在人类发展生态学理论框架下，每个环境系统都是合作中的主体，都应发挥其相应的作用。但 Epstein 模式又给随迁子女社会融合教育提供了一定的启示，给予我们一定的思考。随迁子女社会融合的整个过程，是一个渐进

---

① 周欣悦：《谈中美家长参与教育的差异》，《教学与管理》2003 年第 3 期，第 78 ~ 79 页。

的、不可一蹴而就的过程，不妨对整个融合过程适当地进行划分，如初始融合期、中间期、融合完成期等，每个时期都有不同的指导主体，带动三者积极参与互动。另外，对于如何调动三者的积极性问题，不妨引进服务性机构的介入，即引进作为三者协调方的服务机构的介入。在随迁子女的社会融合中，不妨把社区作为学校与家庭之间的调节性服务结构。因为社区在整个生态教育系统中的位置也决定了其适合这一角色。目前很多国家正在推行以社区为基础的整合性教育服务机构，各国都希望借助这种服务机构，将家长、学校与社区纳入整个教育当中来，期望通过家长和社区的全程参与及服务机构对家庭与社区的积极影响，为儿童发展提供有利的生态环境。这些服务机构不仅为儿童发展提供必要的帮助、制订必要的发展计划，还直接指向家庭支持与社区支持，为家庭成员与社区成员提供他们所需要的服务内容，并将整合性机构作为解决国家所面临的家庭问题与儿童问题的重要手段。同时在管理思路上，打破了从教育系统角度进行专业化管理的思路，将专业化的学校教育机构与社会化的服务机构有机协调起来，共同促进儿童的健康发展。而对于其中的执行细节，则完全可以借鉴 Epstein 提供的方案，将三者完全调动起来，真正形成合作共育的生态教育模式。

第三节　随迁子女社会融合的外在环境系统营建

外在系统是指在个体成长的生态环境中，一些环境因素并不直接接触或参与，但可以对个体产生直接或间接影响的系统，包括父母的工作单位、学校的领导机构及当地的教育主管部门等。换句话说，随迁子女社会融合的外部环境主要有父母所在企业雇主的接纳，政府部门的行政指导或者说政策文本的颁布实施，以及教育主管部门采取的具体措施与教育政策。这些来自上层的接纳，无疑会对随迁子女的社会融合问题予以极大的便利和支持，继而有利于营造与之相应的社会氛围。随迁子女教育问题的解决，建立在农民工问题彻底解决的基础之上，政府在颁布保障随迁子女在城市就学的一系列政策的同时，也应关注农民工问题的彻底解决。

一　政策支持：来自政府的接纳

在随迁子女的入城受教育方面，从 20 世纪 90 年代以来我国针对形势发展的变化，制定了保障其入学受教育的宏观及微观层面的一系列政策。同时针对农民工问题也制定了诸多相应的政策，彰显了国家对于农民工及其子女教育的重视。但在具体的操作层面，执行的效果并不乐观，诸多政策的出台并不意味着农民工子女教育问题的解决。农民工随迁子女在接受城市教育中的困难以及融合难的现实表明，相关政策本身及政策执行确实存在一定的缺陷与问题。首先，政策本身存在缺陷。政策的具体明确性是有效执行的关键所在，是政策执行者行动的依据。考察政府颁布的一些有关农民工子女教育的政策，可看出多存在含混不清、模棱两可的文本失误，在一定程度上影响了政策的有效执行。例如，国务院在 2006 年颁布的《关于进一步做好进城务工就业农民工子女义务教育工作的意见》中规定，流入地政府要制定有关行政规章，协调有关方面，切实做好进城务工就业农民工子女接受义务教育工作；流入地政府财政部门要对接收进城务工就业农民工子女较多的学校给予补助；城市教育费附加中要安排一部分经费，用于进城务工就业农民工子女义务教育工作等。在政策文本的描述中，较多地出现了诸如"有关行政规章""有关方面""较多的""一部分"等表述不清的用词用语，致使各级政策执行主体按照自己的解读来执行，对国家颁布的政策进行象征性的或附加的随意的执行，造成政策执行失灵。同时，比较极端的是，由于没有明确到具体的执行主体，不管是流出地政府还是流入地政府在农民工子女的义务教育问题上权责不明，甚至互相推诿。这些都最终造成了随迁子女在城市受教育的种种困难。

其次，政策制定的不完整及相应的配套政策跟不上。在随迁子女教育政策的制定中，我们可以发现宏观政策与微观政策之间、大政策和它的具体实施细则之间没有很好地衔接和配套。这样，不仅给政策执行带来困难，也给一些政策执行者以投机钻营、钻政策漏洞的机会。从20世纪90年代到21世纪初，我国制定了一些农民工教育培训方面的政策，对增强农民工自身的文化素质及技能发展有很大的帮助，对其子女的教育成长予以间接的影响，但相应的配套实施细则没有及时跟进制定与颁布。例如，《关于进一步做好进城务工就业农民工子女义务教育工作的意见》第五条规定，建立进城务工就业农民工子女接受义务教育的经费筹措保障机制；流入地政府财政部门要对接收进城务工就业农民工子女较多的学校给予补助；城市教育费附加中要安排一部分经费，用于进城务工就业农民工子女义务教育工作。该项规定明确强调要建立保障农民工子女受教育的经费机制。其实，教育经费能否落实到位是关系农民工子女受教育问题能否解决的关键，对于这一问题政策制定者有较好的认识，但是令人遗憾的是，关于农民工子女教育经费筹措的具体细则一直没有出台。又如，2010年颁布的《国家中长期教育改革和发展规划纲要》第八条规定：坚持以输入地政府管理为主、以全日制公办中小学为主，确保进城务工人员随迁子女平等接受义务教育，研究制定进城务工人员随迁子女接受义务教育后在当地参加升学考试的办法。这条规定的前半部分是对原有政策的简单重复，后半部分中对随迁子女接受义务教育后至为重要的具体安排措施，却迟迟没有跟进出台。近年来，我国随迁子女受教育问题依然存在，随迁子女在与城市社会融合中出现了诸多的需要制度保障才能最终解决的问题，但是国家及各部门出台的专门性的保障农民工子女教育的政策特别少，这在一定程度上制约了随迁子女社会融合的进程。

再次，国家和有关部门出台了很多关于解决农民工子女教育的政策，在落实的时候没有收到预期的效果，一个主要的原因就是政策执行者的不力及缺少对政策执行的严格监控。政策执行者在考虑随迁子女教育政策的落实中，更多的是考虑本地与自身的利益。比如随迁子女所在的流入地政府如果真正贯彻落实了"两为主"政策，那么就有可能在一定程度上增加当地教育财政经费的压力，另外还可能要对相关的社会保障、经费使用、人口管理等政策进行一系列的调整。所以，多数流入地政府以财政紧张为由，表示难以接受更多的随迁子女入学，尤其是进入公办学校就读，故此，对政策执行的积极性并不高。政策执行过程中的监控是政策实施过程中的保障环节。在随迁子女教育政策的执行中，一直以来就缺乏强有力的监管机构。对于政策执行与否及执行的程度怎样，都缺乏一个专门的负责检查与监督政策执行的机构。另外，政策执行的对象即农民工群体由于自身文化素养偏低及对政策解读的意识与能力不够，无法正确解读国家颁布的一系列政策，也无从对政策实施进行监控。因此，由于政策执行不力与缺乏监管，很多政策流于形式，有令不行，也失去了政策颁布的初衷与相应效果。

目前，农民工子女进入城市受教育的规模越来越大，他们与城市社会的融合问题，不仅关系到他们日后能否成人成才的问题，是我国城市化进程中所面临的教育公平问题的进一步凸显，也是政府体现社会公平正义的一个突破口，因此，必须纳入政府日程。

要想真正解决随迁子女的教育问题，必须首先破解城乡二元体制的限制。因为长期以来，进城农民工子女在社会融合中所遇到的问题，皆源于户籍制度的制约，才最终导致他们不能和城市户籍儿童一样平等地享受城市相对优质的教育资源。当前，应该对我国的户籍制度进行有利于随迁子女健康成长的改革。一方面，要逐步弱化乃至取消与户籍相挂钩的造成城乡严重差别的各种不合理制度，保障进城务工人员在城乡之间的自由流动，政府要逐步破除由户籍制度而衍生的医疗、住房、就业、教育等制度壁垒，逐步过渡到城乡人员的无差别对待，使农村居民进入城市生活与工作时，可以享有与城市户籍居民平等的权利和权益。比如，我国义务教育体制是与二元户籍制度挂钩的，政府要进一步完善义务教育的管理体制，一切以人的发展为依据，以一切人的平等公正为改革教育体制的根本，改以户籍为依据的教育管理体制为以居住地或常住人口为主的教育管理体制；为所有来城市居住与生活的常住人口子女提供同样的城市公共服务，改户籍管理为学籍管理，真正保证随迁子女与城市户口儿童享受同等的教育服务，能在义务教育之后享受同等的高中阶段教育。另一方面，要建立全国性的、信息化的、新型的统一电子学籍信息管理系统，要对包括农民工子女在内的各类流动学生的学籍进行实时更新和管理，流入地政府要改以户籍为依据为以学籍为依据来划拨教育经费和教育资源，从而保障流入地政府对农民工子女教育经费的投入。对于户籍制度的改革，不是一朝一夕的事情，是一个巨大的长期工程，但只要坚定不移地持续进行，总归会有解决的一天。

其次，从义务教育的性质来说，所有的儿童均应享受国家给予的教育保障，而不管其在哪个省区接受教育。对于流入地政府来说，必定要额外承担随迁子女的教育责任，这对于作为责任承担者的流入地政府来说，产生一定的心理逆抗也情有可原。针对这种情况，国家应承担起责任，而不应一味地要求流入地政府全权负责。政府要建立健全教育财政拨款制度，合理分担农民工随迁子女的教育经费。政府要建立农民工随迁子女教育专项资金，加强监督和调控，中央政府在义务教育财政一般性支付中，规定一定的比例专门用于农民工随迁子女教育，同时对于随迁子女流入量较大的地区采取补偿性的支付，根据农民工随迁子女的数量将一部分资金统一划拨给流入地政府，作为专门补助性经费。这样，政府分担了流入地政府的教育财政压力，能保证农民工随迁子女教育经费的真正落实，增强流入地政府的接纳能力，势必会激发流入地政府接收农民工随迁子女的积极性。

再次，政府应出台相应的政策或措施来进一步规范农民工子弟学校。农民工子弟学校是城市化进程的产物，虽然在目前"两为主"

教育政策下，鼓励随迁子女以进入城市公办学校为主，但是在教育资源比较短缺而随迁子女大量涌入的情况下，一些公办学校必然会面临严重的压力。因教育资源的有限性，该政策必然会遭到公办学校的抗拒，仅仅依靠公办学校难以满足随迁子女的教育需求。因此，农民工子弟学校"作为不合理的教育体制下的一个特殊产物，有其存在的合理性"①，不能一味地采取"一刀切"的办法武断地关闭。农民工子弟学校由于其办学地点灵活、价格低廉、入学手续简单及管理方式灵活多样等优点，能满足农民工的不同需求，因而受到农民工的欢迎。农民工子弟学校的存在，在一定程度上缓解了政府与公办学校接收农民工随迁子女的财政压力，对农民工随迁子女的基础教育发挥了重要作用，基本上可以解决农民工随迁子女无学可上的问题。但是，农民工子弟学校的基础设施、师资力量等基本的办学与教学条件较差，远远不能保证教育质量。所以，在允许农民工子弟学校存在的情况下，为更好地发挥其对公办学校的补充作用，政府应给予其一定的管理和规范，将其纳入正常的教育监督管理系统之内，与城市公办学校一样，接受教育部门的管理和规范。政府要加大对农民工子弟学校的资金投入，借以改善农民工子弟学校的校舍、图书及教学等硬件建设，以提高它们的办学水平。教育主管部门应加强对农民工子弟学校的师资进行专门业务培训，并将其作为一种长期行为坚持下去。通过教育培训，提高他们的教育教学水平。政府还应着力改善农民工子弟学校教师的待遇，提高他们的工资水平，为他们提供与公办学校教师同等的评奖评优和提升机会，确保他们在继续教育培训、职务聘任、教龄和工龄计算等方面享有与公办学校教师同等的权利和待遇。这样不仅可以减少农民工子弟学校教师的高流动性，激励他们坚守在现任工作岗位，还可以吸引更高学历的优秀人才充实到农民工子弟学校教师队伍中。另外，教育主管部门可以组织公办学校中的优秀教师到农民工子弟学校上课，

---

① 杨东平：《深入推进教育公平》，社会科学文献出版社，2005，第 147 页。

鼓励公办学校的公开教学活动与教研活动向农民工子弟学校开放等。

另外，政府要召集社会力量来关注与支持农民工随迁子女教育。在我国城乡二元体制尚未解除的情况下，随迁子女的社会融合问题还将长期存在，而且农民工随迁子女的数量还在持续猛增，单靠政府或公办学校的力量不太现实，而且农民工随迁子女的社会融合问题事关教育公平与和谐社会的建设。因此，农民工随迁子女社会融合问题存在的长期性与解决的复杂性和重要性，决定了政府要发动全社会参与，依靠广大的社会力量来关注、参与、解决。鼓励一些非营利性的教育组织或企业与个人，采取捐建校舍与图书馆等方式，支援随迁子女的教育。同时，政府要鼓励和引导高校大学生利用自己掌握的最新知识与良好素养，积极参与到随迁子女的补偿性教育或者心理辅导之中，以青年人的热情鼓舞随迁子女正视眼前的困难，调动他们的学习热情，丰富他们的知识。另外，政府还可以鼓励师范类高校大学生到接收农民工随迁子女的公办学校或者私立学校去实习，这样既可以提高农民工随迁子女的学习能力，又可以锻炼大学生的教学实践能力，可谓一举两得。

在政府制定与颁布一系列政策法规保障随迁子女的教育之后，还要继续完善与细化各项教育政策，在考虑政策制定的弹性之余，还要注重政策制定的权威性与强制性。因为弹性必定是有一定限度的，如果抛却了政策的权威与强制，那么就会造成政策执行的失效，正如詹姆斯·E.安德森所说，"行政机构常常是在宽泛的和模棱两可的法令下运行的，这就给他们留下了较多的空间去决定做什么或者不做什么"[①]。政策执行活动的基本特点是需要很多人的共同活动，而共同活动的"首要条件也是要有一个能处理一切管辖问题的起支配作用的意志"。这个意志就是权威和强制，失去了权威和强制，在各行其是的境况下是无法实现政策目标的。所以，政府在对随迁子

①　Anderson, James E., *Public Policy-Making* (Florida: Holt, Rinehart and Winston, Inc., 1984) p. 84.

女的教育政策进行调整时，要对具体的责任和目标做出明确的规定，尽量避免前述的"有关""应该"等这种模糊且约束性不强的修饰词语，加强政策解读的明确性。政策的制定应建立在严格的调研基础上，在制定农民工随迁子女的教育政策时，应充分、准确地把握农民工随迁子女教育中的相关信息和资料。只有这样，经过调研制定的农民工随迁子女教育政策才具针对性和可操作性。同时，随着农民工随迁子女教育情况与时代发展的变化，应适时地对一些政策进行调整，对政策制定中存在的矛盾与反复应及时纠正。在20世纪90年代制定的一些政策，如在1998年制定的《流动儿童少年就学暂行办法》中就有一些不符合时代发展的规定，如"流动儿童少年就学，以在流入地全日制公办中小学借读为主"和"招收流动儿童少年就学的全日制公办中小学，可依国家有关规定按学期收取借读费"等，这些条款已经制约了随迁子女入城受教育的权利，必须予以废止。因此，政府在制定相关政策时应有一定的前瞻性与预见性，应在保障随迁子女教育权益、以随迁子女发展为旨归的基础上制定。正如《大学》中所言，"事有终始"，计划的制订也好，政策的制定也好，都应该首先考虑到其结果，考虑其最终能带来的效益如何，然后才能着手制定各类政策。

同时，政府在政策制定以后应该加强对政策文本的解读与宣传，加强农民工对关乎其子女教育政策的认知能力。政府制定的一系列随迁子女教育保障政策的目的，就在于保证随迁子女能公平公正地享有相应的教育权利，使他们能够与所有城市儿童一样共同成长进步，并减轻农民工来自子女教育上的压力。在政策出台之后，政府应加强对政策的宣传与解读。通过各种手段的宣传，使各层教育主管部门与农民工群体充分了解和认识国家有关农民工随迁子女的教育政策，领会其本质意义，提高对政策的认知与执行的力度，从而促进随迁子女教育问题的顺利解决。

最后，也是最为重要的是，制定保障随迁子女教育的专门法规。随迁子女教育问题长期以来没有得到有效的解决，没有专门的立法保障也是其中的一个重要原因。虽然在之前颁布的诸项教育政策中，也有一些保障随迁子女受教育的法规条文，但都限于在现有政策和国务院文件中的简单表述，针对性不强，造成难于操作，在执行的效果上就大打折扣。因此，应借鉴国外针对移民子女受教育者政策的颁布与实施，在现有的"两为主"政策基础上，制定合乎我国国情的随迁子女教育保护法，使随迁子女教育问题的解决能够有法可依。

二　企业的支持与接纳

调查显示，农民工一般在劳动密集型企业就业，这类企业劳动强度较大，报酬低廉，尚未建立相应的保障制度。企业是农民工在城市存在的依靠，对于农民工基本生活与生存的保障尤为重要。许多企业为解决自身的用工紧张问题，在遵循国家基本政策、保障员工最低生活方面实施得比较好，但提高农民工劳动报酬来解决民工荒问题光靠临时性涨工资是不够的，除了要根据地方政府确定的以经济发展情况提高最低工资标准之外，还需要企业从长远眼光出发，建立一整套长期稳定的工资增长机制。企业要根据自身利润增长情况不断增加农民工的薪酬待遇，起到稳定员工队伍的作用。在我国，尤其是在劳动密集型企业，劳资关系的建立还不完善。因此，一方面要着手建立完善的劳资关系；另一方面要着手解决农民工和城市户籍人口的同工不同酬问题，争取实施同城待遇。在对待农民工的态度方面，企业必须正视农民工的新选择，转变用工观念。要根据他们不同的文化程度给予其一定的岗位待遇，并以此激励其他农民工奋起。企业应该明确，要想在一定的时间内找到足够的工人完成工作任务，就要提高工资待遇，改善企业用工环境。更为重要的是，不能再把农民工简单地看作廉价的、随意驱使的劳动力，而是当作人事部门正式招聘而来的新员工，是企业发展中重要的人力资源，与城市户籍入职员工一样，为农民工设计适合他们的职业发展规划，提供他们在企业内部向上流动的机会，满足他们的发展需求。在文化教育培训方面，应给予其不同程度的教育训练，关注农民工的文化教育成长。企业应加大对中低端农民工的专业培训力度，让他们在工作中体验知识和技能的获得对于自身价值不断提升的必要性与重要性。要加大对青年农民工的教育培训力度，不断提高其知识文化水平，满足其日益增长的知识需求。因为目前的农民工与20世纪的农民工不同，他们来到城市不仅仅是为了追求物质生活的改善，更多的人也开始追求精神层面的享受和子女教育条件的改善。因此，企业在为农民工改善住宿与工作条件的基础上，还应满足农民工精神文化上的追求。比如，近年来上海市开展了"共享阳光"慈善就业培训项目，该项目由共青团上海市委、上海市社区青少年事务办、上海市慈善基金会合作开展，专门资助来沪青少年参加为期两年的中专学历培训和技能培训。该项目在为他们提供工作技能、提供就业通道的基础上，提升了他们的文化知识水平与学历水平。

企业在农民工的文化满足方面提供的支持越多，农民工自身积累的文化资本就越多，而文化资本理论表明，文化资本是可以在家庭的上下代之间流动与继承的。所以，企业满足了农民工自身的文化需求，也间接地满足了其子女或未来子女的文化积累。这也是人类发展生态学理论中的外在环境系统中，所能给予随迁子女影响的一个重要的方面。农民工尤其是新时期的农民工对受教育程度、职业期望值、物质和精神享受的期望越来越高。企业不仅要在企业文化方面激励农民工奋发向上的精神追求，而且要不断地采取各种措施丰富农民工的精神文化生活，加大文体活动场所的建设力度，为员工构建一个良好的文化娱乐家园。同时，在不影响生产的情况下，企业要给予农民工一定的享受精神生活与家庭生活的时间保证，尽可能地组织农民工开展文化娱乐活动，开展企业内部的亲子交流活动，促进农民工及其子女的社会融入。

另外，企业应发挥工会的力量，使其积极参与到对农民工及其子女的帮扶中。作为劳动者的自愿联合体，工会是企事业单位里职工权益保障的基本组织，其目标和任务就是表达与维护劳动者特别是会员的利益及合理要求。工会不仅可以有效地维护农民工的合法权益，也可以把农民工的利益需求通过适当的途径传达给企业、政府、国家，为政府制定政策提供信息，同时还可以把国家的相关政策下达给农民工，让农民工充分地了解国家政策方针和自己的权利义务，有利于提高他们的维权意识和政治参与意识。但是，就目前的情形来看，工会在农民工的维权方面并未真正发挥作用，远未达到预期的效果，这也成为农民工权益不断受损的原因之一。

公民在法律面前一律平等，农民工的合法权益应该受到保护。农民工的经济与人身权益得到保障，既有利于农民工自身在城市中的生活，也有利于城市社会的和谐与安定团结，必然会有利于随迁子女的社会融合。因此，首先，应该广泛建立农民工工会组织，积极吸纳农民加入组织。企业应转变意识，切实按照我国《工会法》的规定，不得阻挠和限制工会的组建及个人加入工会组织。工会有责任、有义务吸纳农民工入会，充实到工会组织中去。针对农民工流动性大而不愿加入工会的现状，工会可以深入农民工聚集地、工地或者农民工人才市场，通过组建农民工分工会的形式争取农民工入会，采取会员制的方式实现会员的组织转移，确保他们在工会中的地位，并向他们大力宣传工会在农民工权益保障方面的维权作用，使他们通过合法手段维护自身权益。其次，增强工会切实维护农民工权益的能力。早在 2006 年初，全国总工会就提出了"农民工有困难找工会"的口号，引起了各地工会组织的积极响应。但现有的工会大多是事后维权，这种维权往往存在诸如取证难、成本高的缺点，导致很多维权行为无法进行，造成了很多农民工权益的受损。因此，工会要切实维护农民工的权益，不仅要坚持事后维权，还要从源头上为农民工把好权益的关口。诸如监督农民工劳动合同的签订与否，定期召开农民工大会询问农民工自身权益是否得到保障，并加强对农民工薪酬、劳动强度与劳动时间等方面的监督，做到事前预防和事中监管同时进行，避免农民工侵权行为的扩大化。同时还可成立法律救援中心等，开展法律培训与讲座，促进农民工维权意识的增强。工会通过各种方式为农民工进行维权，既增强了农民工的维权意识，又扩大了工会组织对于农民工的吸引力，减少影响社会不安定因素的存在，促进社会的和谐共融。

三　媒介支持：随迁子女社会融合的舆论氛围营造

媒介是大众传播媒介的简称，通常也被称作大众传播工具，指的是书籍、报纸、电视、网络等多种形式的传播手段。媒介已经成为现代社会中一种越来越重要的社会化传播手段，不仅成为影响随迁子女社会融合的一种重要舆论力量，也成为随迁子女社会融合环境构建的重要的外部环境。

大众媒介作为公共领域的一环，在监督国家的权力机构和表达公众意见上是不可替代的。正如西方批判政治哲学的代表人物哈贝马斯在解释媒介和公共领域的关系时所言，"新闻媒介是社会之公器，是全体公民窥视社会和自然环境的共同管道和从事公共事务讨论的公共论坛，在现代国家的公共领域中具有头等的重要地位"。① 新闻媒介对随迁子女教育的关注与报道，引起了社会公众层面的舆论，那么必将引起国家的干预与治理，一系列相应的政策法规就应时而生。在现实的报道中，媒介虽然对随迁子女的报道普遍采取了"关爱""权益""平等""慈善"这样的名称，借以引起社会公众的关注与同情，但在对农民工的报道中，存在严重的污名化（stigmatization）现象。"污名化"这一概念是由著名社会学家埃利亚斯（Norbert Elias）提出的，他在研究胡格诺教徒的时候，发现了一个值得注意的现象，即污名化过程，也就是一个群体将人性的低劣强加在另一个群体之上并加以维持的过程。② 造成污名化的原因在于社会群体之间地位的不对等，是一个群体对另一个群体精神的践踏和蹂躏，片面地将一些负

---

① 〔德〕尤尔根·哈贝马斯：《公共领域的结构转型》，曹卫东等译，学林出版社，1999，第125页。
② 李培林主编《农民工——中国进城农民工的经济社会分析》，社会科学文献出版社，2003，第155页。

面、消极、狰狞、丑恶的特点强加于该群体而不考虑其处于的真实境遇与自身条件。早在改革开放初期，农民工群体形象经常与肮脏、盗窃、随地吐痰这样的歧视性词语联系在一起，这个群体被笼统地称为"盲流"。于是，在城市中发生的偷盗抢劫、卫生环境的恶劣均被归因于农民工身上。而在目前媒体诸多的报道中，对农民工的报道也大多是负面的、消极的信息，经常报道农民工包括新生代农民工暴力讨薪以及他们生活的困乏和单调，以打扑克等无聊的方式打发时间等，缺乏对农民工问题的深层揭示与报道。据调查，以《羊城晚报》为代表的都市报，对农民工的负面报道占 75%，正面报道仅占 6%。① 这些倾向于单一模式的媒介污名化报道不仅造成了社会公众对农民工的刻板印象，而且这种偏见又被习惯性地转移到农民工子女身上，对随迁子女产生了一定程度上的歧视与偏见：有些市民不仅在城市儿童与随迁子女的交往中横加阻止，甚至还公然抵制随迁子女进入公办学校就读。这严重影响了随迁子女的社会融合进程。媒介有这样的一种能力，"通过反复播出某类新闻报道，强化该话题在公众心目中的重要程度"。② 大众媒介对农民工的长期污名化报道，在城市社会中不免会形成刻板印象，消除这种刻板印象，也不是一朝一夕的事情。解铃还须系铃人，大众媒介应担负起这种责任，把报道建立在对事件背景的分析、事实真相的考察之上，而切记避免污名化的再度发生。

随着随迁子女进入城市的规模越来越大，如何帮助他们尽快地融入城市生活已经成为每一个教育者及教育机构的重要责任，也是促进随迁子女认识城市、身心健康成长的一个难题。毋庸讳言，随

---

① 孙朝芳：《议程设置下农民工媒介形象的律构》，硕士学位论文，西南政法大学，2011。据中国优秀博硕士学位论文全文数据库：http://kreader.cnki.net/Kreader/CatalogViewPage.aspx? dbCode = CDMD&filename = 1011219251.nh&tableName = CMFD2012&cpn =4。

② 〔美〕沃纳·赛佛林、〔美〕小詹姆斯·坦卡德：《传播理论：起源、方法与应用》，郭镇之等译，华夏出版社，2000，第 246 页。

迁子女的社会融合不是一蹴而就的过程，需要耐心与持之以恒，需要全社会的广泛参与。大众媒介作为社会公众的发声器与瞭望塔，在随迁子女的社会融合方面发挥着重要的舆论引领作用。

首先，大众媒介是制定随迁子女教育政策的鼓动者。农民工子女教育问题受到媒体的关注是从农民工子女入城接受教育开始的。1995 年 1 月 21～24 日《中国教育报》发表的《流动的孩子哪儿上学——流动人口子女教育探讨》系列报道，被认为是媒体关于农民工子女教育的最早报道。这个系列报道提出"流动人口子女教育问题，是关系到普及九年义务教育、提高全民族文化素质的大问题，应该摆到有关领导的议事日程，引起全社会的高度重视；对流动人口子女教育应从长计议，应尽快制定出流动人口子女入学的暂行规定和管理办法"。据称，这个系列报道"引起了国家有关单位和教育行政部门的关注"，"原国家教委基础教育司义务教育处与北京市教育科学研究所开始调查、研究流动人口子女入学问题，并于 1995 年底出台了有关政策"。可见，随迁子女教育问题一经出现，便引起了媒体的关注。正是媒体的关注与报道，引起了社会及政府对其的关注，随迁子女教育问题开始走进公众视野，并被政府提上议事日程。

其次，大众媒介是随迁子女父母正面形象的塑造者。美国传播学者 M. E. 麦库姆斯和 D. L. 肖指出，大众媒介具有一种为公众设置议事日程的功能，其新闻报道和信息传达活动赋予各种议题以不同程度的显著性的方式，影响着人们对周围世界的"大事"及其重要性的判断。大众媒介中所反映的农民工及其子女的议题、农民工及其子女的形象等，形成了库利所说的"镜中我"认识，不仅影响了农民工及其子女对自己的认识，也影响了社会大众对这一群体形象的认识。因此，大众媒介在报道农民工及其子女的有关新闻时，应积极报道他们在城市建设和发展中所发挥的重要作用、他们的优良品质与先进事迹，报道农民工的英雄事迹。同时，在新闻报道的词语选择上，应尽量避免使用带有歧视性的"农民工"等词语，在大众面前还原农民工真实、朴素、勇敢、坚毅的传统美德形象，促进城市居民对农民工形成真正认知，加速他们之间的往来与理解。媒体和公共舆论应该选择正面的、健康的农民工形象树立典型，引导城市居民客观公正地评价农民工，从心理上接纳并尊重农民工，从而营造有利于农民工及其子女城市融入的舆论氛围。同时，为农民工与城市居民搭建各种有利于双方互动交流的平台，促使农民工与城市居民有效沟通、消除隔阂、和谐共处，在潜移默化中消除双方的心理排斥，架构起双方交往的社会关系网络，实现农民工城市融入的媒介舆论接纳。

再次，大众媒介应树立自身的社会责任意识，传输健康向上的正能量信息。随迁子女作为未成年人，他们的心智还远没有成熟，不能正确分辨所接收信息的正误与是非，对其中的价值与道德判断并不能产生明确的认识。就像约翰·洛克在其《人类理解论》一书中提出的"白板理论"所认为的那样，儿童就像一块白板，其生活的经历将他在生活中的变化记录在这块白板上。① 未成年人的社会化过程是在不断模仿和教化的过程中实现的，现代传播学的多种观点都表明，媒介无论是从长期效果还是从短期效果上说，对未成年人产生的影响都比成年人大得多。在未成年人尚未形成足够的理性与心智正确地对待大众媒介时，他们不能正确处理自己与媒介之间的良好互动关系，那么，媒介对其的影响也将是极其深刻的。随迁子女不仅是未成年人，他们还是远离父母监控的一类人。随迁子女的父母由于为生计奔波，无暇顾及他们的课余生活，他们更多的时间是在接触电视、电脑等媒介。而且一些农民工没有认识到媒介传播中的不良信息对孩子心理的负面影响，甚至把这些大众媒介作为孩子的陪伴，认为只要孩子不外出做坏事，在家待着，多接触也无妨。所以，对于随迁子女来说，他们接触媒介是没有限度与边界的。因此，大众媒介应树立自身的社会责任意识，注入关爱包括随迁子女

<hr>

① 苗棣、范钟离：《电视文化学》，北京广播学院出版社，1997，第214页。

在内的一切未成年人的人文底蕴。

最后，大众媒介应成为随迁子女媒介素养提升的培育者与教育者。如前所述，随迁子女在社会融合的几个融合维度中，文化融入问题最大，其次为心理融入，而教育融入表现最不明显，且在影响随迁子女社会融合的家庭因素中，家庭的经济因素最不显著，而父母的文化水平与亲子互动却是影响随迁子女社会融合的重要因素。因此，随迁子女在与城市社会的融合方面，最为缺乏的是文化精神及价值观念方面的融合，而这些方面的缺失是他们在与城市儿童、教师及城市社会的交往中产生较大阻碍的地方。但是，从目前的状况来看，由于随迁子女的年龄较小，无法也没有合适的途径让他们快速地获取价值观念及文化层面对城市社会的了解。加之自身文化及知识储备水平的限制，使他们不能做出正确的价值判断与深层的文化理解，只有借助表面的、具体的媒介展示来提升认识水平。而大众媒介具有普及文化与知识的能力，能够借助其文化信息平台，传播随迁子女明白易懂的城市文化理念与主流价值，向随迁子女提供他们所需要的与城市儿童发展相一致的知识、价值观念、城市社会规范及具象化的城市建筑和风景。这对于随迁子女快速了解城市文化、城市风景名胜与城市的价值规范等具有重要作用，有利于促进随迁子女的文化融合。正如英国的文化社会学家所说的，"传媒能够提供新的社会接触点、新的社会习惯和仪式……提供了结构与行动、社会与个人之间的枢纽"。① 大众媒介通过有意识地传输随迁子女所需的文化素养，提升他们认识城市社会的能力。同时，随迁子女群体作为各种媒介的受众，他们不可避免地暴露于各种媒介环境之下，而作为没有良好媒介素养储备的受众群体，他们缺乏对媒体负面效应的"免疫力"，很容易成为媒介奴役的工具。因此，媒介还须借助自身的传播平台，有意识地开展针对随迁子女群体的媒介素

---

① 马戎、周星：《21 世纪：文化自觉与跨文化对话》，北京大学出版社，2001，第 38 页。

养教育，教会他们理性地辨识各种媒介信息，学会选择与主流文化价值相一致的信息内容。

　　总之，我们应重视大众媒介在促进随迁子女社会融合中的作用，充分利用媒介的话语权和利益表达权，通过大众媒介的广泛影响力所营造的舆论风暴，来为随迁子女的社会融合打造一个和谐共融的外部舆论环境，进而促进随迁子女快速地融入城市社会。

参考文献

一　中文著作类

〔英〕安东尼·吉登斯：《第三条道路——社会民主主义的复兴》，郑戈译，北京大学出版社，2000。

〔英〕安东尼·吉登斯：《社会的构成》，李康等译，生活·读书·新知三联书店，1998。

《文化资本与社会炼金术——布尔迪厄访谈录》，包亚明译，上海人民出版社，1997。

鲍传友：《教育公平与政府责任》，北京师范大学出版社，2011。

蔡昉：《中国人口流动方式与途径（1990－1999年)》，社会科学文献出版社，2001。

陈成文：《社会弱者论》，时事出版社，2000。

陈奎熹：《教育社会学》，台北：三民书局，1990。

陈时见、彭泽平主编《教育公平》，高等教育出版社，2012。

陈向明：《质的研究方法与社会科学研究》，教育科学出版社，2000。

范国睿主编《多元与融合：多维视野中的学校发展》，教育科学出版社，2002。

方明主编《陶行知全集》（第1卷），四川教育出版社，2005。

费孝通：《乡土中国　生育制度》，北京大学出版社，1998。

风笑天:《社会学研究方法》(第 2 版),中国人民大学出版社,2005。

冯建军:《教育公正——政治哲学的视角》,福建教育出版社,2008。

顾明远:《中国教育的文化基础》,山西教育出版社,2004。

管健:《身份污名与认同融合:城市代际移民的社会表征研究》,社会科学文献出版社,2012。

国家统计局社会统计司编《中国社会统计资料》,中国统计出版社,1985。

〔美〕赫钦斯:《教育现势与前瞻》,姚柏春译,今日世界出版社,1975。

洪小良:《城市贫困家庭的社会关系网络与社会支持》,中国人民大学出版社,2008。

侯钧生:《西方社会学理论》,南开大学出版社,2010。

华国栋:《差异教学论》,教育科学出版社,2007。

华桦:《教育公平新解——社会转型时期的教育公平理论和实践研究》,上海社会科学院出版社,2010。

黄河清:《家校合作导论》,华东师范大学出版社,2008。

黄志成:《全纳教育——关注所有学生的学习与参与》,上海教育出版社,2004。

黄忠敬:《知识·权力·控制:基础教育课程文化研究》,复旦大学出版社,2003。

〔美〕杰拉尔德·G. 马尔腾:《人类生态学:可持续发展的基本概念》,顾朝林等译,商务印书馆,2012。

〔美〕詹姆斯·S. 科尔曼:《社会理论的基础》(上、下册),邓方译,社会科学文献出版社,2008。

〔英〕克里斯·希林:《身体与社会理论》,李康译,北京大学出版社,2010。

赖俊明:《新形势下进城农民工子女教育的社会化问题研究》,

中国致公出版社，2011。

　　雷江华：《融合教育导论》，北京大学出版社，2012。

　　李春霞：《融入筑城：中国西部流动人口社会融合研究》，九州出版社，2013。

　　李竞能：《马恩列斯论教育》，中国人民大学出版社，1977。

　　李培林：《农民工——中国进城农民工的经济社会分析》，社会科学文献出版社，2003。

　　李书磊：《村落中的"国家"——文化变迁中的乡村学校》，浙江人民出版社，1999。

　　李松林：《控制与自主：课堂场域中的权力逻辑》，教育科学出版社，2010。

　　联合国教科文组织编《全纳教育共享手册》，陈云英等译，华夏出版社，2004。

　　联合国教科文组织国际教育发展委员会编著《学会生存：教育世界的今天和明天》，上海师范大学外国教育研究室译，上海译文出版社，1979。

　　联合国教科文组织总部编著《教育：财富蕴藏其中》，联合国教科文组织总部中文科译，教育科学出版社，1996。

　　梁启超：《清代学术概论》，商务印书馆，1921。

　　〔美〕林南：《社会资本——关于社会结构与行动的理论》，张磊译，上海人民出版社，2005。

　　刘成斌：《留守与流动：农民工子女的教育选择》，上海交通大学出版社，2008。

　　刘红、陈小凤：《从社会排挤到社会融合：以中国社会转型时期女性就业为视角》，辽宁大学出版社，2008。

　　刘淑兰：《学校与社区的互动》，四川教育出版社，2003。

　　刘铁芳：《乡土的逃离与回归：乡村教育的人文重建》，福建教育出版社，2008。

　　刘云杉：《学校生活社会学》，南京师范大学出版社，2000。

刘祖云：《弱势群体的社会支持》，社会科学文献出版社，2011。

柳树森：《全纳教育导论》，华中师范大学出版社，2007。

陆学艺：《当代中国的社会流动》，社会科学文献出版社，2004。

马戎、周星：《21世纪：文化自觉与跨文化对话》，北京大学出版社，2001。

马宇：《教育支持研究的持续探索》，江苏美术出版社，2012。

〔美〕迈尔斯、〔美〕休伯曼：《质性资料的分析：方法与实践》，张芬芬译，重庆大学出版社，2008。

〔美〕迈克尔·罗斯金：《政治学》（第6版），林震等译，华夏出版社，2002。

苗棣：《电视文化学》，北京广播学院出版社，1997。

缪建东：《家庭教育社会学》，南京师范大学出版社，1999。

牛文元：《中国新型城市化报告2012》，科学出版社，2012。

裴娣娜：《教育研究方法导论》，安徽教育出版社，1995。

〔法〕皮埃尔·布迪厄、〔美〕华康德：《实践与反思——反思社会学导引》，李猛等译，中央编译出版社，1998。

〔英〕皮特·本顿、〔英〕提姆·奥布赖恩：《全纳教育与教师发展》，范晓慧译，北京师范大学出版社，2008。

皮艺军：《大融合：和谐共生的社会生态》，中国人民公安大学出版社，2012。

钱丽霞：《普通学校促进不同学习需要学生有效参与的策略——可持续发展教育视野下的全纳教育实践研究》，教育科学出版社，2008。

钱民辉：《教育社会学——现代性的思考与建构》，北京大学出版社，2004。

〔美〕乔治·H.米德：《心灵、自我与社会》，赵月瑟译，上海译文出版社，2005。

沈小革、周国强：《流动人口子女教育公平问题研究》，群众出版社，2006。

史柏年等编著《城市边缘人——进城农民工家庭及其子女问题研究》，社会科学文献出版社，2005。

田慧生、吴霓主编《农民工子女教育问题研究——基于12城市调研的现状、问题与对策分析》，教育科学出版社，2010。

王鉴、万明钢：《多元文化教育比较研究》，民族出版社，2006。

王晓萍、刘宏主编《欧洲华侨华人与当地社会关系：社会融合·经济发展·政治参与》，中山大学出版社，2011。

王毅杰、高燕等：《流动儿童与城市社会融合》，社会科学文献出版社，2010。

翁文燕：《教育公平与学校选择制度》，北京师范大学出版社，2003。

〔美〕沃纳·赛佛林、〔美〕小詹姆斯·坦卡德：《传播理论：起源、方法与应用》，郭镇之等译，华夏出版社，2000。

吴德刚：《中国全民教育研究：兼论教育机会平等问题》，教育科学出版社，2010。

吴康宁：《教育社会学》，人民教育出版社，1998。

薛烨、朱家雄：《生态学视野下的学前教育》，华东师范大学出版社，2007。

杨聪敏：《农民工权利平等与社会融合》，浙江工商大学出版社，2010。

杨东平：《深入推进教育公平》，社会科学文献出版社，2005。

杨晓明主编《SPSS在教育统计中的应用》（第2版），高等教育出版社，2012。

〔德〕尤尔根·哈贝马斯：《包容他者》，曹卫东等译，上海人民出版社，2002。

〔德〕尤尔根·哈贝马斯：《公共领域的结构转型》，曹卫东译，学林出版社，1999。

于述胜、李兴洲、倪烈宗、李涛：《中国教育三十年：1978~2008》，四川教育出版社，2008。

余秀兰：《社会弱势群体的教育支持》，中国劳动社会保障出版社，2007。

袁振国：《农民工子女教育问题研究》，经济科学出版社，2012。

〔美〕约翰·杜威：《民主主义与教育》，王承绪译，人民教育出版社，2001。

〔美〕约翰·罗尔斯：《作为公平的正义——正义新论》，姚大志译，上海三联书店，2002。

悦中山、李树茁、〔美〕费尔德曼：《农民工的社会融合研究：现状、影响因素与后果》，社会科学文献出版社，2012。

〔美〕詹姆斯·E.安德森：《公共政策制定》（第5版），谢明译，中国人民大学出版社，2009。

张人杰：《国外教育社会学基本文选》，华东师范大学出版社，2009。

张文京主编《融合教育与教学》，广西师范大学出版社，2013。

赵中建编《教育的使命——面向二十一世纪的教育宣言和行动纲领》，教育科学出版社，1996。

郑杭生：《社会学概论新修》，中国人民大学出版社，2005。

中共中央马克思恩格斯列宁斯大林著作编译局编《马克思恩格斯全集》（第3卷），人民出版社，2002。

钟启泉、高文、赵中建：《多维视角下的教育理论与思潮》，教育科学出版社，2004。

周敏：《美国华人社会的变迁》，上海三联书店，2006。

周宗奎：《儿童社会化》，湖北少年儿童出版社，1995。

二　中文论文类

白文飞、徐玲：《流动儿童社会融合的身份认同问题研究——以北京市为例》，《中国社会科学院研究生院学报》2009年第2期。

鲍传友、刘畅：《小学流动儿童的文化适应状况及其改进——以北京市公办小学为例》，《教育科学研究》2015年第3期。

鲍国光、俞彩霞:《进城务工人员随迁子女与本地生的新融合教育:"和合教育"的研究与实践》,《中国特殊教育》2011 年第 9 期。

蔡春驰:《融合教育课程:内涵、缘由及策略》,《教育发展研究》2012 年第 10 期。

曹俊怀:《农民工随迁子女教育融入探究:问题、原因及政策建构》,《基础教育研究》2013 年第 20 期。

车广吉、丁艳辉、徐明:《论构建学校、家庭、社会教育一体化的德育体系——尤·布朗芬布伦纳发展生态学理论的启示》,《东北师大学报》(哲学社会科学版) 2007 年第 4 期。

陈云龙:《对帮助进城务工人员随迁子女获得公平教育的非政府组织的考察——以南京市 G 区爱心助学协会为例》,《江苏社会科学》2011 年第 S1 期。

程仙平:《民工子女学校融入问题研究》,硕士学位论文,华东师范大学,2009。

池建宇、杨军雄:《中国户籍制度变迁的供求分析》,《经济体制改革》2003 年第 3 期。

代祥、李志友:《教育财政公平与农民工子女教育机会均等》,《徐州师范大学学报》(哲学社会科学版) 2011 年第 2 期。

丁芳:《一种正在演进着的人类发展观——人的发展的生物生态学模型述评》,《华东师范大学学报》(教育科学版) 2009 年第 2 期。

丁勇:《全纳教育——当代教育发展的方向、内涵和启示》,《外国教育研究》2007 年第 8 期。

董章琳:《城市农民工社会融合的影响因素分析——基于重庆市 1032 名农民工的调查》,《重庆理工大学学报》(社会科学版) 2011 年第 2 期。

杜永红、陈碧梅:《农民工随迁子女初中后教育政策支持研究》,《中国教育学刊》2012 年第 5 期。

范先佐、彭湃:《农民工子女义务教育经费保障机制构想》,《中国教育学刊》2009 年第 3 期。

方俊明：《融合教育与教师教育》，《华东师范大学学报》（教育科学版）2006 年第 3 期。

方巍：《农民工子女的城市社会融合——发展型社会政策视野下的杭州市个案分析》，《浙江工业大学学报》（社会科学版）2012 年第 4 期。

冯帮：《经济排斥与流动儿童的教育公平》，《教育与经济》2011 年第 1 期。

嘎日达、黄匡时：《西方社会融合概念探析及其启发》，《国外社会科学》2009 年第 2 期。

高明华：《教育不平等的身心机制及干预策略——以农民工子女为例》，《中国社会科学》2013 年第 4 期。

葛新斌：《外来工子女接受义务教育的现状及政策建议——以广东省珠江三角洲地区为例》，《教育理论与实践》2009 年第 9 期。

葛新斌、胡劲松：《非户籍常住人口子女义务教育的地方立法与政策探索——一项基于广东东莞市的实地研究》，《华南师范大学学报》（社会科学版）2007 年第 5 期。

葛新斌、尹姣容：《农民工随迁子女异地高考困局的成因与对策》，《华南师范大学学报》（社会科学版）2014 年第 2 期。

龚宝成、胡志琦、殷世东：《农民工子女义务阶段后教育：问题与对策》，《教育发展研究》2012 年第 7 期。

巩在暖、刘永功：《农民工进城子女社会融合过程分析》，《科学社会主义》2010 年第 3 期。

郭星华、李飞：《漂泊与寻根：农民工社会认同的二重性》，《人口研究》2009 年第 11 期。

韩嘉玲：《北京市流动儿童义务教育状况调查报告》，《青年研究》2001 年第 8 期。

韩世强：《农民工子女义务教育后的升学保障及制度完善——以宁波调查为例》，《宁波经济》2011 年第 8 期。

何玲、段秀婷：《流动儿童社会融合需要去标签化》，《中国社会工作》2013 年第 12 期。

何培忠:《人类生态学的研究与发展》,《国外社会科学》1994 年第 2 期。

贺武华:《"公立学校"概念考辨》,《教育学术月刊》2009 年第 4 期。

洪秀敏:《儿童社会性交往的生态学分析》,《学前教育研究》2003 年第 4 期。

黄匡时:《社会融合的心理建构理论研究》,《社会心理科学》2008 年第 6 期。

黄婷婷:《高校招生考试制度变革:异地高考政策执行力的视角》,《高教探索》2014 年第 6 期。

黄兆信、李远煦、万荣根:《"去内卷化":融合教育的关键——进城务工人员子女融合教育的现状与对策》,《教育研究》2010 年第 11 期。

黄兆信、潘旦、万荣根:《农民工子女融合教育:概念、内涵及实施路径》,《社会科学战线》2010 年第 8 期。

纪德奎:《城乡教育一体化进程中乡村学校文化的冲突与调适》,《教育发展研究》2013 年第 21 期。

金荣:《农民工子女教育问题及其出路》,《内蒙古师范大学学报》(教育科学版)2009 年第 2 期。

靳小怡、彭希哲、李树茁、郭有德、杨绪松:《社会网络与社会融合对农村流动妇女初婚的影响——来自上海浦东的调查发现》,《人口与经济》2005 年第 5 期。

景安磊:《多源流理论视域下的异地高考政策议程分析》,《全球教育展望》2014 年第 3 期。

雷万鹏:《新生代农民工子女教育调查与思考》,《华中师范大学学报》(人文社会科学版)2013 年第 5 期。

李丹、徐鑫锫、官泰然、崔丽莹:《家庭环境与儿童的心理适应:关系与应对》,《北京社会科学》2015 年第 2 期。

李慧:《农民工随迁子女城市普通高中就学政策研究》,博士学位论文，东北师范大学，2014。

李梅香、王永乐：《外来人口社会融合中文化与制度的影响研究——以浙江省为例》，《石河子大学学报》（哲学社会科学版）2013年第4期。

李明、史蒂：《成建制农村转移人口的社会融合研究——内涵、路径和测量》，《湖南社会科学》2013年第3期。

李森有：《论教育公平与教育立法的权威——以农民工子女教育的相关立法为例的研究》，《社会科学战线》2010年第7期。

李小园：《基于社会融合的内生型和谐社会秩序的建构》，《浙江师范大学学报》（社会科学版）2013年第3期。

李一龙：《从"边缘人"到"新市民"：传媒与新生代农民工的城市融合》，《新闻爱好者》2012年第12期。

李煜：《制度变迁与教育不平等的产生机制——中国城市子女的教育获得（1996—2003）》，《中国社会科学》2006年第4期。

刘国权：《城市转型中的新生代农民工人力资源开发探析》，《湖南社会科学》2012年第6期。

刘海峰：《我国城乡教育一体化改革的若干理论问题》，《教育理论与实践》2011年第11期。

刘谦：《家庭教育与学校教育互动的文化机理初探——基于对北京市农民工随迁子女教育活动的田野观察》，《教育研究》2012年第7期。

刘庆：《流动人口随迁子女社会融入感的结构与影响因素分析》，《南京工程学院学报》（社会科学版）2014年第4期。

刘善槐、邬志辉：《农民工随迁子女公办校的教育质量困境与应对策略》，《教育发展研究》2013年第6期。

刘玉侠、尚晓霞：《新生代农民工城市融入中的社会认同考量》，《浙江社会科学》2012年第6期。

卢小君、王丽丽、赵东霞：《流动人口的社会融合对其居留意愿的影响分析——以大连市为例》，《大连理工大学学报》（社会科学版）2012 年第 4 期。

罗英智：《农民工随迁子女学前教育现状与对策——以沈阳市和鞍山市为例》，《中国教育学刊》2012 年第 10 期。

孟昉、黄佳豪、齐玉龙：《西方社会排挤理论研究回顾与借鉴》，《科学社会主义》2008 年第 5 期。

潘泽泉：《农民工融入城市的困境：共有的空间何以可能》，《中州学刊》2008 年第 3 期。

齐芳：《流浪儿童的社会排斥与社会融合》，《青年探索》2008 年第 3 期。

钱正荣：《流动人口的社会融合问题研究》，《湖北社会科学》2012 年第 2 期。

乔金霞：《"新市民"家庭教育对儿童社会融合的影响》，《当代青年研究》2013 年第 6 期。

乔金霞：《互动与融合——基于符号互动理论视角下的农民工子女社会融合教育》，《哈尔滨学院学报》2012 年第 10 期。

乔金霞：《农民工随迁子女社会融合：公办学校的应为与可为》，《商丘师范学院学报》2015 年第 1 期。

邱兴、杨志俊：《论城市新移民子女亚文化跨越的学校教育干预》，《教育学报》2006 年第 5 期。

曲正伟、周小虎：《农民工子女教育"问题"：基于公民身份缺失的归因》，《教育科学》2008 年第 2 期。

任远、陶力：《本地化的社会资本与促进流动人口的社会融合》，《人口研究》2012 年第 5 期。

任远、邬民乐：《城市流动人口的社会融合：文献评述》，《人口研究》2006 年第 3 期。

史亚娟、华国栋：《论差异教学与教育公平》，《教育研究》2007 年第 1 期。

宋月萍：《社会融合中的性别差异：流动人口工作搜寻时间的实证分析》，《人口研究》2010 年第 6 期。

童星、马西恒：《"敦睦他者"与"化整为零"——城市新移民的社区融合》，《社会科学研究》2008 年第 1 期。

汪长明、傅菊辉：《从"他者"到"群我"：城市化进程中随迁子女融入问题》，《当代青年研究》2013 年第 6 期。

汪萍：《外来工随迁儿童社区融入问题探讨》，《苏州大学学报》2011 年第 6 期。

王安全：《农民工子女教育问题新论》，《教育评论》2009 年第 6 期。

王春光：《新生代农村流动人口的社会认同与城乡融合的关系》，《社会学研究》2001 年第 3 期。

王光光、赵鹏程：《关于农民工随迁子女教育问题的研究综述》，《当代教育论坛》2013 年第 3 期。

王桂新：《城市外来人口社会融合研究综述》，《上海行政学院学报》2008 年第 6 期。

王慧娟：《城市流动儿童的社会融合》，《重庆理工大学学报》（社会科学版）2012 年第 6 期。

王守恒、邵秀娟：《农民工子女教育：难题与对策》，《教育科学研究》2011 年第 1 期。

王晓慧：《农民工子女教育：研究态势及其引申》，《重庆社会科学》2013 年第 5 期。

王晓宇：《北京市流动儿童异地中考政策执行研究》，硕士学位论文，首都师范大学，2014。

王毅杰、史浩然：《流动儿童与城市社会融合：理论与现实》，《南京农业大学学报》（社会科学版）2010 年第 2 期。

魏毅：《农民工子女初中后阶段教育需求及其影响因素分析》，《农林经济管理学报》2014 年第 6 期。

邬志辉：《城乡教育一体化的制度束缚与破解》，《华南师范大学学报》（社会科学版）2013 年第 1 期。

吴开俊：《珠三角地区进城务工人员随迁子女义务教育问题研

究》,《教育研究》2011 年第 12 期。

吴霓、张宁娟、李楠:《农民工随迁子女教育的五大趋势及对策》,《当代教育科学》2010 年第 7 期。

吴瑞君:《农民工子女教育问题及解决思路》,《教育发展研究》2009 年第 10 期。

吴新慧:《融合教育:流动儿童师生关系及其校园适应》,《教育科学》2012 年第 5 期。

吴新慧、刘成斌:《接纳? 排斥? ——农民工子女融入城市的社会空间》,《中国青年研究》2007 年第 7 期。

吴雪娅、杜永红:《中等职业教育:农民工随迁子女初中后教育的重要路径》,《教育与教学研究》2012 年第 11 期。

项继权:《农村社区建设:社会融合与治理转型》,《社会主义研究》2008 年第 2 期。

肖庆华:《农民工子女教育研究的立场》,《教育发展研究》2012 年第 7 期。

谢建社、牛喜霞、谢宇:《流动农民工随迁子女教育问题研究——以珠三角城镇地区为例》,《中国人口科学》2011 年第 1 期。

徐晨莺等:《异地高考政策中存在的问题及对策》,《教学与管理》2015 年第 4 期。

徐建:《社会排斥视角的城市更新与弱势群体》,博士学位论文,复旦大学,2008。

徐丽敏:《农民工子女在城市教育过程中的社会融入研究》,《学术论坛》2010 年第 1 期。

徐学俊:《进城农民工子女教育问题论析》,《湖北大学学报》(哲学社会科学版) 2007 年第 6 期。

薛晓阳:《学校精神文化建设的新视野》,《教育研究》2003 年第 3 期。

杨菊华:《从隔离、选择融入到融合:流动人口社会融入问题的理论思考》,《人口研究》2009 年第 1 期。

叶庆娜：《农民工随迁子女高中教育：现状、政策及障碍》，《中国青年研究》2011 年第 9 期。

叶一舵：《国内外关于亲子关系及其对儿童心理发展影响的研究》，《福建师范大学学报》2002 年第 2 期。

尤锐锐：《北京市外来务工人员随迁子女义务教育阶段后教育政策研究》，硕士学位论文，中央民族大学，2013。

余晖：《以普惠性为导向设定农民工随迁子女学前教育机构准入标准——基于北京市政策与实践的分析》，《学前教育研究》2013 年第 2 期。

余运红：《新生代乡—城流动人口社会融合研究——基于上海的调查分析》，《人口与经济》2012 年第 1 期。

袁娴：《在沪农民工随迁子女高中阶段入学问题研究》，硕士学位论文，上海交通大学，2013。

悦中山：《当代西方社会融合研究的概念、理论及应用》，《公共管理学报》2009 年第 2 期。

湛卫清：《农民工随迁子女融合教育的困惑与对策》，《教育发展研究》2008 年第 10 期。

张绘、郭菲：《美国流动儿童教育管理和教育财政问题及应对措施》，《比较教育研究》2011 年第 8 期。

张健：《多源流模型框架下的异地高考政策议程再分析》，《教育学报》2014 年第 3 期。

张蕾、王桂新：《第二代外来人口教育及社会融合调查研究——以上海为例》，《西北人口》2008 年第 5 期。

张文宏、雷开春：《城市新移民社会融合的结构、现状与影响因素分析》，《社会学研究》2008 年第 5 期。

张文宏、周思伽：《迁移融合，还是本土融合——农民工社会融合的二重性分析》，《湖南师范大学社会科学学报》2013 年第 5 期。

张兴杰、杨正喜：《非政府组织对流动农民工子女教育的支持——以广东省东莞市横沥镇隔坑社区服务中心为例》，《西北人口》2010 年第

2 期。

张运红：《教育在社会融合中的作用研究》，《经济体制改革》2012 年第 6 期。

赵利军：《农民的社区融入与社区支持研究》，《云南社会科学》2006 年第 6 期。

郑素侠：《媒介技术与移民儿童的社会融合——欧洲 CHICAM 项目及其启示》，《新闻大学》2013 年第 4 期。

郑欣：《新生代农民工的城市适应——基于传播社会学的视角》，《南京社会科学》2011 年第 3 期。

中央教育科学研究所课题组：《进城务工农民随迁子女教育状况调研报告》，《教育研究》2008 年第 4 期。

钟院生：《广东非户籍常住人口子女义务教育问题及对策》，《教育发展研究》2008 年第 3 期。

周皓：《流动人口社会融合的测量及理论思考》，《人口研究》2012 年第 3 期。

周皓、章宁：《流动儿童与社会的整合》，《中国人口科学》2003 年第 8 期。

周建芳：《发达地区育龄流动人口子女入学与社会融合调查》，《西北人口》2008 年第 1 期。

朱丹：《农民工城市融入与大众传媒报道的管理改进——基于符号资本视角的分析》，《管理现代化》2012 年第 1 期。

朱俊卿：《农村亲子关系模式及特点研究》，《心理科学》2004 年第 5 期。

左其亭、马军霞：《和谐论——一种新的研究社会科学的理论方法》，《社科纵横》2010 年第 3 期。

左学金：《我国进城农民工市民化模式探讨》，《西部论坛》2011 年第 1 期。

三　外文类

Alba, Richard D. & Victor Nee, *Remaking the American Mainstream*: *Assimilation and Contemporary Immigration* (Cambridge: Harvard University Press, 2003).

Becker, Howard Sowl, *Outsiders*: *Studies in the Sociology of Deviance* (New York: the Free Press, 1963).

Berger, Peter L. & Thomas Luckmann, *The Social Construction of Reality*: *A Treatise in the Sociology of Knowledge* (New York: Anchor Books, 1966).

Bloom, William, *Personal Identity*, *National Identity and International Relationship* (Cambridge: Cambridge University Press, 1990).

Brett, Caroline B. & James F. Hollifield, *Migration Theory*: *Talking across Disciplines* (New York: Rutledge, 2000).

Bronfenbrenner, U. , *The Ecology of Human Development*: *Experience by Nature and Design* (Cambridge: Harvard University Press, 1979).

Fishman, Joshua A. , *Language and Ethnicity in Minority Social-linguistic Perspective* (Cleveland-Philadelphia: Multilingual Matters, 1989).

Gans, Herbert J. , *The War Against the Poor*: *The Underclass and Antipoverty Policy* (New York: Basic Books, 1996).

Goodin, Robert E. , *Protecting the Vulnerable*: *A Reanalysis of Our Social Responsibilities* (Chicago: University of Chicago Press, 1985).

Henri, Tajfel, *Human Groups and Social Categories*: *Studies in Social Psychology* (Cambridge: Cambridge University Press, 1981).

Jurgen, Kocka, "Family and Class Formation: Inter-generational Mobility and Marriage Patterns in Nineteenth-century Westphalian Towns," *Journal of Social History* 3 (1984).

Lemert, Edwin M. , *Social Pathology*: *Systematic Approaches to the*

Study of Sociopathic Behavior (New York: McGowan-Hill, 1951).

Park, Robert Ezra, "Human Migration and the Marginal Man," *American Journal of Sociology* 33 (1928).

Parsons, Carl., "Social Inclusion and School Improvement," *Support for Learning* 14 (1999).

Portes, Alejandro E., *The New Second Generation* (New York: Russell Sage Foundation, 1996).

Rothstein, Stanley W., *Identity and Ideology: Sociocultural Theories of Schooling* (New York: Greenwood Press, 1991).

Schwarzweller, Harry K., "Parental Family Ties and Social Integration of Rural to Urban Migrants," *Journal of Marriage and Family* 26 (1964).

Waters, Mary C., *Ethnic Options: Choosing Identities in American* (Cambridge: Cambridge University Press, 1990).

附　录

调查问卷1（针对随迁学前儿童家长）

各位家长：

　　您好！为了了解您的子女在城市学前阶段的受教育状况以及您的基本情况对您子女教育的影响，请您根据自己的情况在下列选项上打钩，每题只能选择一项答案。本问卷为匿名填写，我们将会对您的信息保密，感谢您在百忙之中抽出时间参与我们的问卷调查。

1. 您的受教育程度是

　　A. 本科　　　　B. 大专　　　　C. 高中　　　　D. 初中及以下

2. 您的年龄是

　　A. 25 岁及以下　　　　　　B. 26 ~ 30 岁

　　C. 31 ~ 35 岁　　　　　　D. 36 ~ 40 岁

　　E. 40 岁以上

3. 您的孩子的年龄为

　　A. 3 岁以下　　B. 3 ~ 4 岁　　C. 4 ~ 5 岁　　D. 5 ~ 7 岁

4. 您孩子所在的教育机构类型

　　A. 民办小园　　B. 示范园　　C. 一级园　　D. 二级园

　　E. 早教机构

5. 您的家庭月收入

   A. 2000 元以下

   B. 2000～3000 元

   C. 3000～5000 元

   D. 5000 元以上

6. 您是否会让子女参加兴趣班、才艺班？

   A. 是，一直参加   B. 偶尔参加，坚持不长

   C. 从不参加（因为经济原因或觉得学不到什么东西）

7. 您获取儿童教育方面资讯的渠道为

   A. 网络   B. 电视   C. 报刊   D. 道听途说

8. 您经常利用余暇时间带领孩子游玩本市的名胜风景区吗？

   A. 是，经常   B. 偶尔，看情况

   C. 从来没有

9. 您征订过有关家庭教育或者儿童教育方面的书刊吗？

   A. 是，经常   B. 偶尔

   C. 从来没有

10. 您每天陪孩子游戏或阅读的时间有多长？

   A. 30 分钟以内

   B. 30 分钟至 1 小时

   C. 1～2 小时

   D. 2 小时以上

   E. 不清楚

11. 您每年用于子女教育方面的投资为

   A. 500 元以下   B. 500～1000 元

   C. 1000～2000 元   D. 2000 元以上

12. 经常参加学校举行的有关幼儿心理发展特点及心理保健等方面的讲座

   A. 非常符合   B. 符合   C. 不确定

   D. 不符合   E. 非常不符合

13. 经常向教师询问幼儿在园情况

    A. 非常符合　　　B. 符合　　　C. 不确定　　　D. 不符合

    E. 非常不符合

14. 经常义务帮助学校，为学校、教师和学生提供力所能及的支持，担当志愿者

    A. 非常符合　　　B. 符合　　　C. 不确定　　　D. 不符合

    E. 非常不符合

15. 能根据幼儿园提供的信息与意见指导孩子的学习生活

    A. 非常符合　　　B. 符合　　　C. 不确定　　　D. 不符合

    E. 非常不符合

16. 经常参加幼儿园教师组织的家长会

    A. 非常符合　　　B. 符合　　　C. 不确定　　　D. 不符合

    E. 非常不符合

17. 经常上网，或者听广播及通过其他方式获取教育孩子的知识、技巧

    A. 非常符合　　　B. 符合　　　C. 不确定　　　D. 不符合

    E. 非常不符合

18. 经常向幼儿园教师请教教育孩子的方法

    A. 非常符合　　　B. 符合　　　C. 不确定　　　D. 不符合

    E. 非常不符合

19. 幼儿园组织野游，能积极参加

    A. 非常符合　　　B. 符合　　　C. 不确定　　　D. 不符合

    E. 非常不符合

20. 经常带孩子到社区附近的麦当劳、肯德基或超市去参观

    A. 非常符合　　　B. 符合　　　C. 不确定　　　D. 不符合

    E. 非常不符合

21. 向您所在社区提出建一些关于幼儿活动的设施或举行幼儿相关的活动建议

    A. 非常符合　　　B. 符合　　　C. 不确定　　　D. 不符合

    E. 非常不符合

22. 带领孩子参加社区的相关活动或者服务于社区

    A. 非常符合 B. 符合 C. 不确定 D. 不符合 E. 非常不符合

23. 孩子回到家主动询问孩子在幼儿园的学习情况

    A. 非常符合 B. 符合 C. 不确定 D. 不符合 E. 非常不符合

24. 常带孩子去科技馆、博物馆拓展参观

    A. 非常符合 B. 符合 C. 不确定 D. 不符合 E. 非常不符合

25. 常在闲暇的时候带孩子去书店看书

    A. 非常符合 B. 符合 C. 不确定 D. 不符合 E. 非常不符合

26. 孩子经常和城市小孩一起玩、做游戏

    A. 非常符合 B. 符合 C. 不确定 D. 不符合 E. 非常不符合

27. 城市家长欢迎你家孩子去他家做客

    A. 非常符合 B. 符合 C. 不确定 D. 不符合 E. 非常不符合

28. 社区居民是否对孩子有语言歧视（例如乡下孩子）

    A. 经常 B. 偶尔 C. 无   D. 不清楚

29. 有因为说方言而受到幼儿园老师和孩子的嘲笑吗？

    A. 经常   B. 偶尔

    C. 从来没有   D. 不清楚

30. 经常引导孩子跟城市孩子沟通、游戏

    A. 非常符合 B. 符合 C. 不确定 D. 不符合 E. 非常不符合

调查问卷2（针对义务教育阶段随迁儿童）

各位同学：

    你们好！以下的答题内容请你根据自己的情况如实填写，请在与你自己情况符合的选项上打钩，每题选择一个答案。本题不属于考试内容，没有标准答案，请勿与他人商量，答完后不需要留下名字。

1. 你的性别是

    A. 男   B. 女

2. 家里有几口人？

　　A. 两口　　　　B. 三口　　　　C. 四口　　　　D. 四口以上

3. 你来这个学校多长时间了？

　　A. 一年以下　　B. 一到两年　　C. 两到三年　　D. 三年以上

4. 你的普通话情况如何？

　　A. 流利　　　　B. 基本流利　　C. 不太会讲　　D. 不会讲

5. 你来城市后回过家乡吗？

　　A. 经常　　　　B. 一般　　　　C. 很少　　　　D. 从来没有

6. 城市的学校与家乡的学校比，你更喜欢哪里的学校？

　　A. 城市　　　　B. 家乡　　　　C. 都不喜欢　　D. 一样喜欢

7. 你居住的社区与老家相比，你更喜欢哪个？

　　A. 老家　　　　　　　　　B. 城市

　　C. 一样喜欢　　　　　　　D. 都不喜欢

8. 你觉得你是城市人还是农村人？

　　A. 农村人　　　　　　　　B. 城市人

　　C. 既是城市人又是农村人　D. 二者都不是

　　E. 不清楚

9. 你希望未来在哪里生活？

　　A. 目前生活的城市　　　　B. 家乡

　　C. 其他地方　　　　　　　D. 不清楚

10. 你喜欢跟哪些地方的同学一起玩？

　　A. 老家来的同学　　　　　B. 其他省份来的同学

　　C. 本城市的同学　　　　　D. 都一样喜欢

11. 你和老师交流多吗？

　　A. 经常　　　　B. 偶尔　　　　C. 从不

12. 放学后，你除了做作业外，还经常做什么？

　　A. 帮父母干活　　　　　　B. 带弟弟妹妹

　　C. 看电视　　　　　　　　D. 与伙伴玩儿

　　E. 不干什么

13. 参加学校举办的课外活动吗？

   A. 经常参加　　　　　　　B. 有时参加

   C. 偶尔参加　　　　　　　D. 从不参加

14. 你能主动在课堂上回答问题吗？

   A. 经常　　　　B. 偶尔　　　　C. 从来不

15. 你对目前的学习成绩满意吗？

   A. 满意　　　　　　　　　B. 基本满意

   C. 不满意　　　　　　　　D. 没想过

16. 你在学习中遇到困难的处理办法是

   A. 问老师　　　　　　　　B. 问同学

   C. 自己解决　　　　　　　D. 直接放弃

17. 你经常与城市孩子一起玩吗？

   A. 经常　　　　B. 偶尔　　　　C. 从来不

18. 你去城市朋友家做客时，他们的父母欢迎你吗？

   A. 非常欢迎　　　　　　　B. 一般

   C. 不欢迎　　　　　　　　D. 不清楚

19. 父母在节假日带你出去玩吗？

   A. 经常　　　　B. 偶尔　　　　C. 从不

20. 父母经常与老师沟通你的学习情况吗？

   A. 经常　　　　B. 偶尔　　　　C. 从不

21. 父母经常检查你的作业或者辅导你学习吗？

   A. 经常　　　　B. 一般　　　　C. 很少　　　　D. 从不

22. 父母与你一起聊天吗？

   A. 经常　　　　B. 偶尔　　　　C. 几乎没有

23. 你对现在的居住条件满意吗？

   A. 满意　　　　　　　　　B. 一般

   C. 不满意　　　　　　　　D. 没想过

24. 父母与周围的城市人交往多吗？

   A. 经常往来　　B. 偶尔往来　　C. 很少往来

访谈：农民工随迁子女社会融合的访谈提纲

一　关于城市教师和学生部分

1. 您对从农村来城市务工人员及其子女的总体印象是什么？

2. 您愿意和农民工及其子女交往吗？

3. 农民工随迁子女的课堂表现如何？

4. 农民工随迁子女教育上的最大障碍是什么？如何解决？

二　关于城市小学校长与幼儿园园长

1. 您对于来城市务工人员有什么看法？

2. 贵校/贵园在接受农民工随迁子女时有什么特殊要求吗？

3. 您感觉随迁儿童的城市适应情况如何？学习、心理上都有什么变化？

4. 您认为随迁儿童的教育难点在哪里？

5. 您对融合教育有何理解与看法？

6. 贵校/贵园是否采取了促进随迁儿童社会融合的措施？如果有，有哪些？

致　谢

本书是在教育部人文社科项目"农民工子女社会融合教育研究"成果的基础上修改完善而成。农民工随迁子女社会融合，是一个宏大的课题，从酝酿至今，得到了很多人的指导和支持，不对诸位的关怀和付出做出感谢，总感觉缺憾太多，所以在成书付印之前，特别加上这篇书末的致谢，也算了结了自己的一番心愿。本书最终得以顺利出版，要感谢以下单位和人员的支持。

感谢教育部人文社科基金和黑河学院的支持，本书是我在黑河学院工作期间主持教育部项目"农民工子女社会融合教育研究"课题成果的基础上修改完善而成，项目立项及完成离不开黑河学院校领导、科研处的支持，以及课题组成员的辛勤付出。项目结题后，"黑河学院优秀学术著作出版基金"又给予了无私的资助，这是本书得以出版的基础。

感谢社会科学文献出版社的宋荣欣、赵晨等老师对本书提出细致合理的修改建议，使本书的逻辑性、流畅性和可读性更强，没有他们夜以继日的辛勤付出，就没有这本书的顺利出版。感谢琼台师范学院的领导和同仁，在本书修改完善的过程中，给我提供了充裕的时间和资料素材，弥补了我研究成果中部分资料的不足，对本书的充实和完善提供了诸多帮助，使我这方面的研究得以延续。

2018 年 4 月 18 日于琼台师范学院

图书在版编目（CIP）数据

农民工随迁子女的社会融合：基于教育的视角／乔
金霞著． －－北京：社会科学文献出版社，2018.6
ISBN 978 - 7 - 5201 - 2575 - 8

Ⅰ．①农… Ⅱ．①乔… Ⅲ．①流动人口 - 教育研究 -
中国 Ⅳ．①G52

中国版本图书馆 CIP 数据核字（2018）第 074260 号

农民工随迁子女的社会融合
—— 基于教育的视角

著　　者／乔金霞

出 版 人／谢寿光
项目统筹／宋荣欣
责任编辑／宋　超　赵　晨　马甜甜

出　　版／社会科学文献出版社（010）59367256
　　　　　地址：北京市北三环中路甲 29 号院华龙大厦　邮编：100029
　　　　　网址：www.ssap.com.cn
发　　行／市场营销中心（010）59367081　59367018
印　　装／三河市尚艺印装有限公司

规　　格／开　本：787mm × 1092mm　1/16
　　　　　印　张：15.5　字　数：215 千字
版　　次／2018 年 6 月第 1 版　2018 年 6 月第 1 次印刷
书　　号／ISBN 978 - 7 - 5201 - 2575 - 8
定　　价／75.00 元

本书如有印装质量问题，请与读者服务中心（010 - 59367028）联系